ハヤカワ文庫 NF
〈NF602〉

実力も運のうち
能力主義は正義か？

マイケル・サンデル
鬼澤　忍訳

早川書房
8989

THE TYRANNY OF MERIT

What's Become of the Common Good?

by

Michael J. Sandel

Translated by
Shinobu Onizawa
Published 2023 in Japan by
HAYAKAWA PUBLISHING, INC.
This book is published in Japan by
arrangement with
ICM PARTNERS acting in association with
CURTIS BROWN GROUP LIMITED
through THE ENGLISH AGENCY (JAPAN) LTD.

キクへ、愛を込めて

目次

第４章　学歴偏重主義
――容認されている最後の偏見――　149

第5章　成功の倫理学　207

第6章　選別装置――280

第7章　労働を承認する──348

結論──能力と共通善──392

実力も運のうち　能力主義は正義か？

プロローグ

　二〇二〇年に新型コロナウイルスの世界的大流行《パンデミック》が起きたとき、アメリカ合衆国はほかの多くの国々と同じく、準備ができていなかった。前年には公衆衛生の専門家がウイルスの世界的蔓延《まんえん》について警鐘を鳴らし、一月には中国がウイルスの流行と闘っていたにもかかわらず、アメリカは、その病気を抑え込めたかもしれない広範な検査を実施する能力に欠けていた。感染が広まるにつれ、世界一裕福なこの国は、医療用マスクをはじめとする防護装備を医療従事者に供給することさえできないことに気づいた。あふれかえる感染者を手当てするにはそれが必要だというのに。

　だが、物資供給の面で準備が不足していただけでなく、この国はパンデミックに対して道徳的な面でも備えが足りなかった。今般の危機に至るまでの歳月は深い分断の時期だった——経済的、文化的、政治的な分断の。二〇一六年、数十年にわたる不平等の高まりと文化的な敵意のせいで、怒れるポピュリストによる反動が生じ、ドナルド・トランプが大統領に当選する結果になった。危機が拡大するあいだも、党派的分断は続いた。共和党支持者のうち、報道機関がコロナウイルスについて確かな情報を提供していると信じる者はわずかだった（たった七％）。民主党支持者のうち、トランプが出す情報を信頼している者はほとんどいなかった（四％）(1)。

党派的な憎悪と不信が渦巻くなかで到来した伝染病は、戦時を除けば大半の社会がとても望めそうにない連帯を要求するものだった。世界中の人びとが、ソーシャルディスタンスを維持し、仕事を諦《あきら》めて家にとどまるよう求められたり、多くの場合はそう命じられたりした。リモートワークができない人びとは、減収や失職に直面した。さもなくば、ウイルスを避けるのが難しい職場で働くことで、健康や命を危険にさらす羽目に陥《おちい》った。

道徳的観点からすると、このパンデミックはわれわれの脆《もろ》さ、われわれの相互依存性を思い出させてくれた。「ここでは誰もがともにある」。官僚や広告主はこのスローガンにとっさに飛びついた。だが、この楽観的なスローガンはすぐに虚《むな》しく響くようになった。それは、相互に義務を負い犠牲を分かち合うという目下進行中の営為に見られる共同体意識を表現したわけではなかった。パンデミックがそれを明らかにしたのだ。コロナウイルス感染症が最も重くのしかかったのは、有色人種の人びとだった。彼らは、労働者を最大のリスクにさらす仕事に不釣り合いに多く就いていた。ラテンアメリカ系住民（Latino）の死亡率は白人より二二％高かったし、コロナウイルス感染症による黒人のアメリカ人の死亡率は、白人のアメリカ人よりも四〇％高かった[2]。

これらの無情な死亡記録は、特権と剝奪《はくだつ》という基礎疾患を反映するものだった。医療用マスクや薬剤の国内生産を不可能にしているのと同じ市場主導のグローバリゼーション・プロジェクトによって、不平等が深刻化し、きわめて多くの労働者が実入りのいい仕事や社会的敬意を奪われていた。

一方、グローバルな市場、サプライチェーン、資本移動の経済的恩恵を手にした人びとは、生産者としても消費者としても、自らの同胞への依存をますます減らすようになっていた。彼らの経済的展望やアイデンティティはもはや、地域や国のコミュニティを頼りとしてはいなかった。グローバリゼーションの勝者が敗者から距離を置いたとき、彼らは彼らなりのソーシャルディスタンス戦略を実行していたのだ。

勝者の説明によれば、問題となる政治的分断は、もはや左か右かではないという。そうではなく、開放的《オープン》か閉鎖的《クローズド》かなのだ。オープンな世界では、教育、つまりグローバル経済で競争して勝つための素養を身につけることが、成功を左右する。だとすれば、中央政府がぜひともやるべきことは、成功を左右する教育を受ける平等な機会をあらゆる人に保証することだ。だが、そうなると、トップに立つ人びとは自分たちは成功に値すると考えるようにもなる。そして、機会が本当に平等なら、後《おく》れを取っている人びともまたその運命に値することになる。

成功についてこうした考え方をすれば、「ここでは誰もがともにある」と信じることは難しくなる。高学歴のエリートは成功を自分の手柄と考えるだろうし、多くの労働者は成功者に見下されていると感じやすくなるからだ。グローバリゼーションのせいで取り残された人びとが怒りに燃えるのはなぜか、エリートをののしり、国境の回復を強い口調で約束する独裁的ポピュリストに引きつけられるのはなぜかが、これで理解しやすくなる。

二〇二〇年にジョー・バイデンが民主党の大統領候補に指名されたとき、彼は三六年ぶりにアイビーリーグ（アメリカ東部の名門大学グループ）の大学の学位を持たない民主党大統領候補となった。この事実は、バイデンがブルーカラーの労働者と、つまり民主党が近年どうにか気を引こうと悪戦苦闘してきた相手と信頼関係を築く助けとなるかもしれない。だが、大統領候補という彼の地位に関するこの新たな特徴は、われわれが公的生活において当然視するようになった学歴偏重主義という偏見について熟考を促すはずだ。この偏見は、国の官職への候補者選びを制約するだけではない。それはまた、主流派政党の政治家がその政治的立場にかかわらず、ここ数十年にわたる不平等と賃金停滞に向けて採った対策――労働者に大学の学位を取るよう忠告すること――を規定してもいるのだ。

現代政治における学歴偏重主義の衝動を最も率直に批判したのは、サウスカロライナ州選出の下院議員で、連邦議会における最も位の高いアフリカ系アメリカ人であるジェームズ・クライバーンだった。サウスカロライナ州の予備選挙でクライバーンがバイデンを支持したおかげで、候補者レースで劣勢にあったバイデンは救われ、指名への軌道に乗ることができた。そのクライバーンはバイデンを、民主党から労働者を遠ざけてきた容赦のない学歴偏重主義への代案を提示する存在と見ていた。「われわれの問題は次の点にありますす」と、クライバーンは語った。「あまりにも多くの候補者が、人びとと絆《きずな》を築こうとするよりも、自分がいかに賢いかを知らせようとすることに時間を費やしています」。彼は、民主党員は大学教育を強調しすぎだと考えていた。「候補者が、あなたは自分の子供を大学へ通わせる力を手にする必要があると言うとき」それは何を意味するのだろうか？

「これまで、あなたはそれを何度耳にしてきたでしょうか？　私はそれを聞きたくありません……聞く必要はないのです。なぜなら、われわれがともにあるのは、電気工になりたい人、配管工になりたい人、理髪師になりたい人だからです」[3]。クライバーンは、文字通り次のような言い方をしたわけではないものの、知らず知らずに労働者階級の有権者をさげすみ、トランプ当選への道を開いた能力主義的な政治プロジェクトに抵抗していたのだ。

選挙結果を覆そうとするトランプ支持者が連邦議会議事堂を暴力的に包囲攻撃したあとに大統領に就任したバイデンは、国を一つにすると約束した。それは容易ではないだろう。トランプは敗れたが、見放されたわけではなかった。パンデミックへの対応を誤り、人種間の対立をあおり、憲法上の規範を蔑《ないがし》ろにするのを目にしたあとでさえ、七四〇〇万人ものアメリカ人がトランプに投票したのだ。そのなかには、彼の減税策を好む昔ながらの裕福な共和党支持者もいた。だが、地方や労働者階級の有権者は、トランプの怒りの政治に引きつけられていた。政治的・文化的エリートに対するトランプの敵意が、彼らの憤懣《ふんまん》、彼らの屈辱感に訴えたのだ。トランプの政策が彼らの助けとなることはほとんどなかったにもかかわらず、彼らはトランプを自分たちの味方だと感じていた。確かに、トランプの敵意は人種差別主義と絡み合っていたし、白人至上主義者は彼の呼びかけに応じた。だが、トランプの怒りの政治は人種を超えた理由によって共感を呼んだのである。数十年にわたり、勝者と敗者の溝は深まり、われわれの政治を毒し、われわれを分断しているのだ。

バイデンが就任したとき、この国は大統領による修復くらいでは解決できないほど分極化していた。憎悪を消し去るには、主流派政党は、世界中の同じ立場の政党のように自らの使命と目的を再考する必要があるだろう。彼らが擁護した市場主導の能力主義的倫理がいかにして怒りに油を注ぎ、反動を促したかを理解する必要があるだろう。われわれの道徳的・市民的生活を刷新するという希望は、過去四〇年にわたって社会的絆と相互の敬意がどのように崩壊してきたかを理解することにかかっている。本書は、こうした事態がいかにして生じたのかを説明し、共通善の政治への道を見いだすにはどうすればいいかを考えようとするものである。

二〇二一年二月
マサチューセッツ州ブルックラインにて

序論——入学すること

二〇一九年三月、高校生が大学への出願の結果を心待ちにしていたときのこと、連邦検事が驚くべき発表をした。三三人の裕福な親を起訴したというのだ。イェール大学、スタンフォード大学、ジョージタウン大学、南カリフォルニア大学といった名門大学にわが子を入れるため、巧妙な不正工作に手を染めたというのがその罪状だった。(1)

この不正入試事件の中心人物は、ウィリアム・シンガーという悪辣《あくらつ》な受験コンサルタントだった。シンガーが営んでいたビジネスは、不安を抱える裕福な親の要望に応えるものだった。彼の会社がお手のものとしていたのが、競争の激しい大学入試システムを悪用することだ。この数十年で、こうした入試システムは成功と名声への第一関門となっていた。一流大学が要求する輝かしい学業証明書を手にしていない生徒のために、シンガーは堕落した迂回《うかい》策を考え出した——SATやACTといった標準テストの試験監督にお金をつかませ、解答用紙を書き換えることで得点を水増ししてもらうのだ。また、スポーツのコーチに賄賂を贈り、志願者がそのスポーツをしていないにもかかわらず、採用選手に指名してもらうこともあった。シンガーは偽の運動成績証明書まで用意した。画像処理ソフトを使い、本物の選手がプレーしている写真に志願者の顔を貼り付けたものだ。

シンガーの違法な入試サービスには安くないお金がかかった。さる有名法律事務所の会長は七万五〇〇〇ドルを支払った。シンガーがお金をつかませた試験監督が管理する試験場で娘に入学試験を受けさせ、必要な得点を手にするためだった。ある家族はシンガーに一二〇万ドルを支払い、娘をイェール大学にサッカー選手枠で入学させてもらおうとした。彼女はサッカーなどしていないにもかかわらずだ。シンガーは受け取ったお金のうち四〇万ドルを、イェール大学の協力的なサッカーコーチに賄賂として贈った。このコーチもまた起訴された。あるテレビ女優とその夫のファッション・デザイナーはシンガーに五〇万ドルを支払い、二人の娘をボートチームの偽の新人部員として南カリフォルニア大学に入れてもらおうとした。さらに別の著名人に、テレビドラマ『デスパレートな妻たち』での当たり役で有名な女優のフェリシティ・ハフマンがいた。彼女の支払い額はどういうわけか格安だった。たった一万五〇〇〇ドルで、シンガーはハフマンの娘のSATの得点操作

を請け負ったのだ。(2)

すべて合わせると、シンガーは大学入試で不正を働くことによって、八年間で二五〇〇万ドルを懐《ふところ》に入れていた。

この入試スキャンダルは万人の怒りを買った。アメリカ人の意見が何ひとつ一致しそうにない対立の時代に、この事件は政治的立場を超えて膨大な報道と非難を呼び起こした。フォックスニュースもケーブルテレビ局のMSNBCも、ウォール・ストリート・ジャーナル紙もニューヨーク・タイムズ紙も、こぞって取り上げたのだ。名門大学へ入学するための贈賄や不正行為が非難に値するという点では、誰もが同じ意見だった。だが、人びとの憤慨が表していたのは、違法な手段を使って子供を一流大学に入れようとした特権階級の親に対する怒りよりも深い何かだった。人びとが言葉にするのに苦労した通り、それは象徴的なスキャンダルだった。つまり、成功を収めるのは誰であり、それはなぜかという点について、いっそう大きな問いを提起していたのである。

憤慨の表現が政治的な色合いを帯びるのは避けられなかった。トランプ大統領の代弁者たちがツイッターやフォックスニュースに現れ、不正入試の罠《わな》にはまったハリウッドのリベラル派をののしった。「こうした人たちが誰なのかを見てください」大統領の義理の娘であるラーラ・トランプは、フォックスニュースで語った。「ハリウッドのエリートたち、リベラル派のエリートたちです。彼らは常日頃から万人の平等について語り、誰もが公平なチャンスを手にすべきだと言っていました。ここに見られるのは何よりも大きな偽善です。彼らは小切手を切って不正を働き、子供をこれらの大学に入れようとしました。その地位は本来、そこにふさわしくない子供たちに与えられるべきではなかったのです」[3]

一方リベラル派は、不正入試によって、入学資格のある生徒がしかるべき地位を奪われたという点では同じ意見だったものの、このスキャンダルを、より広範な不正義があからさまになった例だと見なしていた。つまり、違法行為ではなくても大学入試では富や特権が物を言うということだ。起訴を発表した際、連邦検事は彼が危機に瀕《ひん》していると考える一つの原則を強調した。「富裕層向けの別枠の入試制度があってはならない」と。[4]だが、メディアの論説委員たちがすぐさま指摘したところによれば、大学入試においてお金が物を言うのはありきたりのことであり、それは、アメリカの多くの大学が卒業生や多額の寄付者の子供に特別な配慮を払う点に顕著に現れているのだ。

不正入試スキャンダルでリベラル派のエリートをたたこうとするトランプ支持者に対し、リベラル派はこんな報道を持ち出して反撃した。大統領の義理の息子のジャレッド・クシュナーは、平凡な学業成績にもかかわらずハーバード大学に入学したが、これは裕福な不動産開発業者である父親が大学側に二五〇万ドルを寄付したあとのことだったというのだ。

トランプ自身、子供のドナルド・ジュニアとイヴァンカがペンシルヴェニア大学ウォートン校に入学した頃、一五〇万ドルを寄付したと報じられている(5)。

大学入試の倫理学

不正入試の黒幕であるシンガーは、巨額の寄付をすれば、入学資格を満たさない志願者でも「裏口」から入学できる場合があることを認めていた。だが彼は、費用対効果の高い代替案として、「通用口」と称する独自の手法を売り込んだ。依頼人に対しては、標準的な「裏口」戦略は自分の不正工作とくらべて「一〇倍のお金」がかかるうえ、確実性に劣ると語っていた。大学に大口の寄付をしたからといって、入学が保証されるわけではなかった。一方、賄賂と偽のテストスコアという「通用口」はそれを保証したのだ。「家族は保証が欲しいのです」と、彼は説明した(6)。

「裏口」から入ろうと「通用口」から入ろうと、お金で入学資格を買うことは同じであるにもかかわらず、この二つの方法は道徳的には異なっている。一つには、裏口が合法的であるのに対し、通用口はそうではない。連邦検事はこの点をはっきり述べている。「われわれが問題としているのは、建物を寄付すると、大学が寄付者の息子や娘を合格させやすくなるということではありません。ペテン行為、偽のテストスコア、偽の運動成績証明書、偽の写真、賄賂を受け取る大学当局者のことなのです[7]」

　シンガー、彼の顧客、賄賂を受け取ったコーチを起訴しつつも、連邦捜査局は大学に対し、新入生クラスの席を売ってはならないと言っていたわけではなかった。ただ不正な策謀をとがめたにすぎなかったのだ。法的な面はさておき、裏口と通用口は次の点で異なっている。親が多額の寄付によって子供の入学許可を買う場合、そのお金は大学に渡り、大学はそれを使ってすべての学生に提供する教育の質を向上させることができる。シンガーの不正工作の場合、お金は第三者の手に渡り、大学自体の支援にはほとんどあるいはまったく使われない（シンガーが賄賂を贈ったコーチの少なくとも一人――スタンフォード大学のヨット部のコーチ――は、練習プログラムの改善に賄賂を使ったらしい。それ以外の面々はお金を懐に入れた）。

　とはいえ、公正という観点からすると「裏口」と「通用口」を区別するのは難しい。ともに、裕福な親を持つ子供を優遇するものだからだ。彼らは、入学するのに自分よりふさわしい志願者に代わって入学を許される。どちらの入口も、お金が能力《メリット》に勝るのを認めるのである。

　能力に基づく入試は、「正門」からの入学を定義する。シンガーの言葉を借りれば、正門とは「自力で入ることを意味する」。この入学方法こそ、ほとんどの人が公正と考えるものだ。志願者は親のお金ではなく、本人の能力に基づいて入学を許されるべきなのである。

もちろん、実際にはそれほど単純な話ではない。裏口だけでなく正門にもお金がついてまわるのだ。能力の尺度を経済的優位性から切り離すのは難しい。SATのような標準テストは、それだけで能力を測るものであり、平凡な経歴の生徒も知的な将来性を証明できるとされている。だが実際には、SATの得点は家計所得とほぼ軌を一にする。生徒の家庭が裕福であればあるほど、彼や彼女が獲得する得点は高くなりやすいのだ。(8)

裕福な親は子供をSAT準備コースに通わせるだけではない。個人向けの入試カウンセラーを雇い、大学願書に磨きをかけてもらう。子供にダンスや音楽のレッスンを受けさせる。フェンシング、スカッシュ、ゴルフ、テニス、ボート、ラクロス、ヨットといったエリート向けスポーツのトレーニングをさせる。大学の運動部の新人として採用されやすくするためだ。こうした活動は、裕福で熱心な親が、入学を勝ち取れる素養を子供に身につけさせるための高価な手段の一つなのである。

さらに、授業料がある。十分な予算を持ち、学生の支払い能力に関係なく入学を認めることのできる一握りの大学を除いて、学資援助の必要がない志願者は、貧しいライバルとくらべて入学できる可能性が高い(9)。

これでは、アイビーリーグの学生の三分の二あまりが、所得規模で上位二〇%の家庭の出身なのも当然だ。プリンストン大学とイェール大学では、国全体の上位一%出身の学生のほうが、下位六〇%出身の学生よりも多い(10)。入学機会をめぐるこうした驚くべき不平等の原因は、一つにはレガシーアドミッション（卒業生の子供の優先入学）や寄付者への感謝（裏口からの入学）などにあるが、裕福な家庭の子供は正門からの入学を後押ししてくれる多くの恩恵を享受しているという事実にもあるのだ。

批判者は、こうした不平等は、高等教育がその主張するところとは違って能力主義《メリトクラシー》ではない証拠だと指摘する。この観点からすると、大学入試スキャンダルは、より広範に蔓延する不公正の行き過ぎた例だと言える。こうした不公正のせいで、高等教育は自ら公言する能力主義の原則に従うことができないのだ。

意見の不一致があるとはいえ、不正入試スキャンダルを標準的な入試慣行からのショッキングな逸脱と見なす人びとも、大学入試にすでに蔓延している風潮の極端な例と見なす人びとも、同じ前提を共有している。つまり、学生は自分でコントロールできない要因ではなく、自分自身の力量や才能に基づいて入学すべきだということだ。言い換えれば、大学への入学は能力に基づいて認められるべきだという点に異論はないのだ。彼らはまた、少なくとも暗黙のうちに、次の点にも同意している。能力に基づいて入学する学生は入学を勝ち取ったのだから、それによってもたらされる恩恵にあずかるに値するというのである。

よく目にするこうした見解が正しいとすれば、能力主義の問題は、その原則にではなく、われわれがそれに従っていない点にあることになる。保守派とリベラル派の政治的議論を見てもそれがわかる。われわれの国民的議論は、能力主義そのものではなく、いかにしてそれを実現するかに関するものだ。たとえば保守派は、人種や民族を入学者の選考要素とする積極的差別是正措置《アファーマティヴ・アクション》政策は、結局のところ、能力に基づく入試を裏切るものだと主張する。リベラル派は、いまだに残る不公正を是正する手段としてアファーマティヴ・アクションを擁護し、真の能力主義を実現するには、特権を持つ人びとと不利な立場にある人びとのあいだで条件を平等にするしかないと主張する。

だが、こうした議論は、能力主義にまつわる問題がより根深いものである可能性を見落としている。

もう一度、入試スキャンダルについて考えてみよう。世に湧き起こった憤慨の大半は、不正行為やその不公正さに向けられていた。だが、それと同じくらい問題なのは、不正行為を突き動かした考え方だ。スキャンダルの背後には、いまでは実にありふれているため気に留められることもほとんどない想定があった。つまり、名門大学への入学は喉から手が出るほど欲しがられている褒賞だというものだ。このスキャンダルが注目を集めた理由は、有名芸能人やプライベートエクイティ・ファンドの大物が関わっていたことだけではない。彼らがお金で買おうとした入学の権利が、多くの人が切望するものであり、熱狂的に追い求められる対象だった点にもあったのだ。

これはなぜだろうか。一流大学への入学が心底から切望されるようになり、特権を持つ親たちが不正を働いてまで子供を入学させようとするのはなぜだろうか。あるいは、不正を働くほどではないにせよ、子供のチャンスを高めるために個人向け入試コンサルタントや試験準備コースに数万ドルを費やし、数年間の高校生活を、APクラス［訳注：大学レベルのカリキュラムが学べるプログラム］、経歴の積み上げ、プレッシャーに満ちた競争といったストレスだらけの試練に変えてしまうのはなぜだろうか。名門大学への入学がわれわれの社会において大きな位置を占め、FBIが多大な法執行資源をつぎ込んでまで不正を探し出したり、入試スキャンダルのニュースが新聞の見出しを飾り、犯人の起訴から判決に至るまでの数カ月にわたって世の耳目を集めたりするようになったのはなぜだろうか。

大学入試への執着は、この数十年の不平等の拡大に端を発している。誰がどこに入るかにかかるものがいっそう大きくなっているという事実の反映なのだ。上位一〇％の富裕層が残りの人びとから離れていくにつれて、一流大学に入ることの賞金は増していった。五〇年前、大学への出願にまつわる悩みはもっと小さかった。四年制大学に進むのはアメリカ人の五人に一人にも満たなかったし、進学する者も地元の大学に入る傾向が強かった。大学ランキングは現在ほど重要ではなかった[11]。

だが、不平等が増すにつれ、また大学の学位を持つ者と持たない者の所得格差が広がるにつれ、大学の重要性は高まった。大学選択の重要性も同じように高まった。いまでは、学生は自分が入学できる最もレベルの高い大学を探し出すのが普通だ[12]。子育てのスタイルも、とりわけ知的職業階級で変わった。所得格差が広がれば、転落の恐怖も広がる。この危機を回避しようと、親は子供の生活に強く干渉するようになった。子供の時間を管理し、成績に目を光らせ、行動を指図し、大学入学資格を吟味するのだ[13]。

支配的で過干渉なこうした子育ての流行は、どこからともなく生じたわけではなかった。それは、高まる不平等への気がかりだが無理もない反応であり、中流階級《ミドルクラス》の生活の不安定さを子供に味わわせたくないという裕福な親の願いなのだ。有名大学の学位は、栄達を求める人びとの目には出世の主要な手段だと、快適な階級に居座りたいと願う人びとの目には下降に対する最も確実な防壁だと映るようになった。これこそ、自制心を失った特権階級の親が不正入試に手を染めてしまう心理なのだ。

だが、経済的不安がすべてを語るわけではない。シンガーの顧客は、下降に対する防衛策だけでなく、ほかのものも買っていた。目には見えにくいが、より価値のある何かを。子供を名門大学に入れるようにしてやることで、彼らは能力という借り物の輝きを買っていたのである。

能力への入札

不平等な社会で頂点に立つ人びとは、自分の成功は道徳的に正当なものだと思い込みたがる。能力主義の社会において、これは次のことを意味する。つまり、勝者は自らの才能と努力によって成功を勝ち取ったと信じなければならないということだ。

逆説的だが、これこそ不正に手を染める親が子供に与えたかった贈り物だ。彼らの本当の気がかりが、子供を裕福に暮らせるようにしてやることに尽きるとすれば、子供に信託ファンドを与えておけばよかったはずだ。だが、彼らはほかの何かを望んでいた。それは、名門大学への入学が与えてくれる能力主義の威信である。

シンガーは、正門が「自力による入学」を意味すると説明したとき、この点を理解していた。彼の不正工作は次善の策だった。言うまでもなく、操作されたSATの成績や偽の運動成績証明書を基に入学を認められることは、自力で入学することではない。大半の親が彼らの策謀を子供に隠しておく理由は、ここにある。通用口からの入学が正門からの入学と同じ能力主義の名誉を帯びるのは、不法な入学方法が隠されている場合に限られる。こんなふうに公言することを誇りに思う者はいないのである。「スタンフォード大学に入れたのは、親がヨットのコーチに賄賂を贈ってくれたおかげなんだ」

能力に基づく入学とのコントラストは明らかであるように思える。正真正銘の輝かしい成績によって入学した者は、自ら達成した成果に誇りを感じ、自力で入学したのだと考える。だが、これはある意味で人を誤らせる考え方だ。彼らの入学が熱意と努力の賜物であるのは確かだとしても、彼らだけの手柄だとは言い切れない。入学へ至る努力を手助けしてくれた親や教師はどうなるのだろうか？　自力ですべてをつくりあげたとは言えない才能や素質は？　たまたま恵まれていた才能を育て、報いを与えてくれる社会で暮らしている幸運についてはどう考えればいいだろうか？

競争の激しい能力主義社会で努力と才能によって勝利を収める人びとは、さまざまな恩恵を被っているにもかかわらず、競争のせいでそれを忘れてしまいがちだ。能力主義が高じると、奮闘努力するうちに我を忘れ、与えられる恩恵など目に入らなくなってしまう。こうして、不正も、贈収賄も、富裕層向けの特権もない公正な能力主義社会においてさえ、間違った印象が植え付けられることになる——われわれは自分一人の力で成功したのだと。名門大学の志願者に求められる数年に及ぶ多大な努力のせいで、彼らはほとんど否応なく、成功は自分自身の手柄であり、もし失敗すれば、その責めを負うのは自分だけなのだと信じ込むようになる。

これは、若者にとって重荷であるだけでなく、市民感情をむしばむものでもある。われわれは自分自身を自力でつくりあげるのだし、自分のことは自分でできるという考え方が強くなればなるほど、感謝の気持ちや謙虚さを身につけるのはますます難しくなるからだ。こういった感情を抜きにして、共通善に配慮するのは難しい。

大学入試は、能力をめぐって議論が起こる唯一の機会ではない。誰が何に値するかに関する論争は、現代政治の場にあふれている。表面的には、これらの論争は公正さをめぐるものだ。つまり、望ましい財や社会的地位を争うための真に平等な機会を全員が手にしているかということだ。

だが、能力をめぐるわれわれの意見の相違は、公正さに関するものだけではない。それはまた、成功と失敗、勝利と敗北をどう定義するかにも関わっている。さらに、勝者が自分ほど成功していない者に対して取るべき態度にも関係する。これらは激しい論争を招きそうな問題であり、われわれは自分の身に降りかかってくるまでそれを避けようとする。

現代の分裂した政治情勢を乗り越える道を見つけるには、能力の問題に取り組む必要がある。この数十年で、能力の意味はどう変容してきただろうか。そのせいで、労働の尊厳はむしばまれ、多くの人がエリートに見下されていると感じるようになってしまったのだ。グローバリゼーションの勝者は成功を自力で勝ち取ったのだからそれに値するという信念は、正当なものだろうか。それとも、能力主義に基づく思い上がりだろうか。

エリートに対する怒りが民主主義を崖っぷちに追いやっている時代には、能力の問題はとりわけ緊急に取り組むべきものだ。やっかいな政争の解決策は、能力の原則により忠実に生きることなのか、それとも、選別や競争を超えた共通善を追求することなのかを問う必要がある。

第1章　勝者と敗者

民主主義にとって危機の時代である。外国人嫌悪の高まりと、民主的規範の限界を試す独裁的人物への国民の支持拡大に、それが見て取れる。こうした動向はそれ自体がやっかいなものだ。同じく憂慮すべきなのは、主流派の政党や政治家が、世界中の政治をかき乱している不満についてほとんど理解を示していないという事実である。

ある人たちはポピュリスト的ナショナリズムの高まりを、移民や多文化主義に対する人種差別的な外国人嫌悪の反応にすぎないとして非難している。またある人たちは、主に経済的観点から、グローバル貿易と新たなテクノロジーによってもたらされた失業への抗議だと捉えている。

だが、ポピュリストによる抗議のなかに偏見だけを見るのは、あるいは、それを経済的な苦情にすぎないと考えるのは間違いだ。イギリスにおけるブレグジット（EU離脱）の勝利と同様に、二〇一六年のドナルド・トランプの当選は、数十年にわたって高まりつづける不平等と、頂点に立つ人びとには利益をもたらす一方で一般市民には無力感を味わわせるだけのグローバリゼーションに対する怒りの評決だったのだ。それはまた、経済や文化に置き去りにされていると感じる人びとの憤りに鈍感な技術官僚《テクノクラート》的政治手法への叱責《しっせき》でもあった。

厳しい現実は次のようなものだ。トランプは、不安、失望、正当な不満で満たされた水源の栓を抜くことによって当選したが、主流派の政党はそれらの感情に対する説得力ある答えを持っていなかったのである。ヨーロッパの民主主義も似たような苦境に立たされている。これらの政党は、国民の支持を取り返したいと望む前に、自らの使命と目的について考え直さなければならない。そのためには、自分たちを追い落としたポピュリストによる抗議から学ぶべきだ——その外国人嫌悪や声高なナショナリズムに倣《なら》うのではなく、こうした醜い感情が関わっている正当な不満を真摯《しんし》に受け止めることによって。

この点を考えるにはまず、これらの不満は経済的なものであるばかりでなく、道徳的・文化的なものでもあり、賃金や仕事に関わるだけでなく、社会的敬意にも関わるということを認識する必要がある。

ポピュリストによる抗議の標的にされている主流派の政党や政治エリートは、その抗議を理解しようと悪戦苦闘している。そこに見られる不満への診断として、彼らは二つのうち一つを取るのが普通だ。つまり、移民や人種的・民族的マイノリティへの敵意であるとするか、あるいはグローバリゼーションとテクノロジーの変化に直面しての不安であるとするのだ。これらの診断はともに、重要な何かを見落としている。

ポピュリストの不満を診断する

第一の診断では、エリートに対するポピュリストの怒りは、主として人種的・民族的・性的な多様性の高まりへの反発だと見なされる。トランプを支持する労働者階級の白人男性有権者は、社会的階級で優位を占めることに慣れているため、「自分たちの」国の中でマイノリティに、つまり「自分自身の土地でよそ者」になってしまうのではないかと恐れている。自分たちは女性や人種的マイノリティ以上に差別の犠牲者なのであり、「政治的に正しい」公共の言説の要求に迫害されていると感じている。傷つけられた社会的地位というこの診断で強調されるのは、ポピュリスト的心情の醜い特徴、つまりトランプをはじめとする国粋主義的ポピュリストが口にする移民排斥主義、女性嫌悪、人種差別などである。

第二の診断では、労働者階級の憤懣の根底には、グローバリゼーションとテクノロジーの時代の急速な変化がもたらした困惑と混乱があるとされる。新たな経済秩序においては、生涯のキャリアと結びついた仕事という概念は時代遅れだ。現代で重要なのは、イノベーション、柔軟性、起業家精神、新たなスキルを身につけようとする不断の意志である。ところが、この説によれば、多くの労働者が自己改革の要請にすげない態度をとっているあいだに、彼らがかつて手にしていた仕事は低賃金の国々に外注されたり、ロボットに任されたりしているのだ。彼らは昔を懐かしむかのように、過去の安定したコミュニティとキャリアを切望している。こうした労働者は、グローバリゼーションとテクノロジーという避けがたい力に直面して居場所を奪われたと感じ、移民、自由貿易、政治エリートに非難を浴びせている。だが、彼らの怒りは誤った方向を向いている。というのも、天気と同じくらい変えがたい力に不満をぶつけていることがわかっていないからだ。彼らの不安に対処する最善の方法は、職業訓練プログラムをはじめとするさまざまな手段によって、グローバリゼーションとテクノロジーによる変化の要請に適応できるよう手助けしてやることである。

これらの診断はいずれも一面の真理を含んでいる。だが、どちらの診断もポピュリズムを正当に扱っていない。ポピュリストによる抗議を邪悪であるとか見当違いであるなどと解釈すれば、労働の尊厳をむしばみ、多くの人が見下され、力を奪われていると感じるような状況をつくり出した政治エリートの責任を免除することになる。この数十年にわたる労働者の経済的・文化的地位の低下は、避けがたい力の帰結などではない。主流派の政党とエリートによる統治手法の帰結なのだ。

これらのエリートはいまや、トランプをはじめ、ポピュリストの支援を受けた独裁者が民主的規範に及ぼす脅威を懸念している。それは当然のことだ。ところが彼らは、ポピュリスト的反発へと至る怒りをあおることに自らが果たした役割がわかっていない。われわれが目撃している激動が、歴史的規模の政治的失敗への反応であることを理解していないのだ。

技術家主義《テクノクラシー》と市場に優しいグローバリゼーション

この失敗の核心は、過去四〇年にわたって主流派の政党がグローバリゼーションのプロジェクトを構想・遂行した方法にある。このプロジェクトの二つの側面から生じた状況が、ポピュリストの抗議を呼び起こしたのだ。一つはテクノクラート的な公益の構想、もう一つは能力主義的な勝者と敗者の定義である。

テクノクラート的な政治構想は、市場への信頼——束縛のない自由放任資本主義では必ずしもなく、市場メカニズムは公益を実現する主要な手段であるというより広い信念——と固く結びついている。政治に関するこうした考え方は、次のような意味でテクノクラート的だ。つまり、それは実質的な道徳論議をめぐる公的言説を無力化し、イデオロギー的に競合しそうな疑問を、あたかも経済効率の問題であり、専門家の領域にあるかのように扱うのである。

市場へのテクノクラート的な信頼は、いかにしてポピュリストの不満をお膳立てするのだろうか。それを理解するのは難しいことではない。市場主導型のグローバリゼーションは不平等を拡大したし、国民的なアイデンティティや忠誠心の価値を減じもした。財や資本が国境を越えて自由に移動したため、グローバル経済を股にかける人びとは、保護貿易主義、部族主義、対立といった偏狭で狭量なあり方に対して、コスモポリタン的なアイデンティティを進歩的で開明的な選択肢として持ち上げた。真の政治的分断は、もはや「左」対「右」ではなく「開放的《オープン》」対「閉鎖的《クローズド》」なのだと彼らは主張した。こうした言い分は次のように示唆するものだった。外部委託《アウトソーシング》、自由貿易協定、制限なき資本移動に批判的な者は、進取の気性に富む《オープン・マインデッド》というよりは了見が狭い《クローズド・マインデッド》のであり、グローバルというよりは部族主義的なのであると。[1]

一方、テクノクラート的な統治手法においては、多くの公共問題が、一般市民には理解できない技術的な専門知識の問題として扱われた。これが民主的議論の幅を狭め、公的言説の言葉を空洞化させ、無力感を増大させた。

市場に優しいテクノクラート的なグローバリゼーション概念は、左右の主流派政党によって受け入れられた。だが、グローバリゼーション・プロジェクトそのものにとって、また、それに続くポピュリストの抗議にとって何より重大なのは、中道左派政党による市場思考と市場価値の受容だった。トランプが当選する頃には、民主党はテクノクラート的リベラリズム（自由主義）の政党になっていた。こうした思想傾向は、かつて民主党の地盤を形成していたブルーカラーや中流階級の有権者よりも、知的職業階級とそりが合うものだった。ブレグジットの時点でのイギリス労働党や、ヨーロッパ各国の社会民主主義政党についても事情は同じだった。

こうした変化の起源は一九八〇年代にあった。[2] ロナルド・レーガンとマーガレット・サッチャーは、政治は問題であり、市場は解答だと主張した。彼らが政治の舞台を去ると、その後釜に座った中道左派の政治家たち――アメリカではビル・クリントン、イギリスではトニー・ブレア、ドイツでゲアハルト・シュレーダー――は市場への信頼を控えめながらも確固たるものとした。彼らは自由な市場のとげとげしい激しさを和らげたものの、レーガン－サッチャー時代の中心的前提を変えることはなかった。つまり、市場メカニズムは公益を実現する主要な手段だということだ。この信念に従って、彼らは市場主導型のグローバリゼーションを受け入れ、経済の金融商品化の拡大を歓迎した。

一九九〇年代、クリントン政権は共和党員と手を組んでグローバルな通商協定を推進し、金融業界の規制を緩和した。こうした政策の恩恵に浴したのは大部分が社会の頂点にいる人びとだったが、民主党員は、深まる不平等と政治における金の力の増大にほとんど取り組もうとしなかった。資本主義を抑制し、経済的強者の民主的な責任を問うという伝統的な使命から逸脱したリベラリズムは、人びとを鼓舞する力を失ってしまったのだ。

こうした状況が一変したように思えたのは、バラク・オバマが政治の舞台に登場したときのことだ。二〇〇八年の大統領選挙戦においてオバマは、リベラルな公的言説を特徴づけるようになっていた経営者的・テクノクラート的な語り口に対する感動的な代案を提示した。彼は、進歩的な政治が道徳的・精神的目的を持つ言葉を語れることを示したのだ。

だが、オバマが大統領候補としてかき立てた道徳的エネルギーと市民的理想主義が、任期中まで継続することはなかった。金融危機の真っただ中に就任したオバマは、クリントン政権時に金融自由化を推進した経済顧問を任命すると、彼らの勧めに従って銀行を救済した。それも、金融危機を招き、家を失った人びとへ救いの手をほとんど差し伸べなかった行状の責任は問わないという条件までついていたのだ。

道徳を語る声を弱めることで、オバマはウォール街へ向けられた国民の激しい怒りをはっきり表明するのではなく、むしろなだめたのだった。救済措置に対するなかなか収まらない怒りは、オバマの大統領としての地位に影を落とし、最終的にポピュリストによる抗議ムードをあおることになった。それは政治的立場を越えて広がっていった——左派ではオキュパイ運動とバーニー・サンダースの立候補へ、右派ではティーパーティー運動とトランプの当選へ。

アメリカ、イギリス、ヨーロッパにおけるポピュリストの蜂起は、一般的にはエリートに向けられた反発だが、その最も目に付く犠牲者はリベラルおよび中道左派の政党だった。つまり、アメリカの民主党、イギリスの労働党、ドイツの社会民主党（SPD）（二〇一七年の連邦選挙の得票率は歴史的な低さだった）、イタリアの民主党（得票率は二〇％を下回った）、フランスの社会党（二〇一七年の大統領選挙の第一回投票で、社会党の候補はわずか六％しか得票できなかった）などである。

国民の支持を取り戻したいと願う前に、これらの政党は市場志向のテクノクラート的統治手法を見直す必要がある。また、より捉えがたいが同じく重要な問題――この数十年間の不平等の拡大に伴う成功と失敗に対する態度――について再考する必要がある。新しい経済のもとでうまくいかなかった人びとが、勝者に軽蔑のまなざしで見下されていると感じる理由を問う必要があるのだ。

出世のレトリック

では、労働者階級と中流階級の多くの有権者がエリートに感じている怒りを駆り立ててきたものは何だろうか。その答えは、まず第一にこの数十年間の不平等の拡大であるが、そこで終わりではない。最終的には、社会的な承認と敬意を表す言葉遣いの変化に関わってくる。

グローバリゼーションの時代のご褒美は、控えめに言っても不平等に与えられてきた。一九七〇年代後半以降、アメリカでは国民の利子収入の大半が上位一〇%の人びとの懐に入る一方、下位半分の人びとはほぼ一銭も手にできなかった。労働年齢の男性の収入中央値は約三万六〇〇〇ドルだが、これは実質的には四〇年前よりも少ない金額だ。こんにち、最も裕福な一%のアメリカ人の収入の合計は、下位半分のアメリカ人の収入をすべて合わせたものよりも多い(3)。

だが、不平等のこうした爆発的拡大さえ、ポピュリストの怒りの主要な原因ではない。アメリカ人は昔から収入や富の不平等に寛容である。人生の出発点がいかなるものであれ、無一文から大金持ちになることは可能だと信じているからだ。社会的上昇へのこうした信頼こそ、アメリカン・ドリームの核心にあるものだ。

こうした信頼にのっとり、主流派の政党と政治家は、より大きな機会の平等に訴えること――グローバリゼーションとテクノロジーのせいで仕事を失った労働者を再教育すること、高等教育を受けやすくすること、人種、民族、ジェンダーの壁を取り除くこと――で、拡大する不平等に対処してきた。こうした「機会のレトリック」は次のようなスローガンに要約される。懸命に働き、ルールに従って行動する者は「彼らの才能が許すかぎり」出世できなければならない、と。

近年、両党の政治家たちが、このスローガンを呪文と言っていいほど繰り返してきた。共和党員では、ロナルド・レーガン、ジョージ・W・ブッシュ、マルコ・ルビオ、民主党員では、ビル・クリントン、バラク・オバマ、ヒラリー・クリントンといった面々が、その文句を持ち出した。オバマはこのテーマの変形版を、あるポピュラーソングから好んで引用した。「やればできる（You can make it if you try）」と。大統領の任期中、彼はスピーチや公式声明でこの歌詞を一四〇回以上使った。[4]

だが、「出世のレトリック」はいまや虚しく響いている。現代の経済において、社会的に上昇するのは容易ではない。貧しい親のもとに生まれたアメリカ人は、大人になっても貧しいままであることが多い。所得規模で下位五分の一に生まれた人びとのうち、上位五分の一に達するのは、だいたい二〇人に一人にすぎない。ほとんどの人は中流階級に上昇することさえないのだ。[5] カナダあるいは、ドイツ、デンマーク、その他のヨーロッパ諸国において貧困から社会的に上昇するのは、アメリカにおけるよりも簡単だ。[6]

こうした事態は、社会的流動性こそ不平等に対するアメリカの答えだという長年にわたる信念とは相容れない。われわれは自らにこう言い聞かせている。アメリカが階級に縛られているヨーロッパ社会ほど不平等について心配しなくていいのは、この国では社会的に上昇することができるからだ、と。アメリカ人の七〇％が貧しい人びとは自力で貧困から脱出できると信じているのに対し、そう思っているヨーロッパ人は三五％にすぎない。社会的流動性へのこうした信頼は、ヨーロッパの大半の主要国とくらべ、アメリカがより不寛容な社会保障制度をとっている理由を説明するかもしれない。[7]

だが、こんにち、最大の社会的流動性を備えている国々は、最大の平等性を実現している国々である場合が多い。社会的に上昇する能力は、貧困という動機よりも、教育や医療に加え、仕事の世界で成功するための素養を与えてくれるその他の資源が利用できるかどうかにかかっているようだ。

この数十年間における不平等の爆発的拡大によって、社会的上昇が活気づくことはなかった。それどころか、成功者がその優位性を確固たるものとし、自らの子供に受け渡すことができるようになったのだ。過去半世紀にわたり、名門大学は人種、宗教、ジェンダー、民族といった、かつて入学を特権階級の子息に制限していた障壁を取り除いてきた。大学進学適性試験（SAT）が生まれたのは、階級や家系ではなく学業成績に基づいて生徒を入学させることを保証するためだった。ところが、こんにちの能力主義は世襲の貴族社会へと硬直化してきたのだ。

ハーバード大学やスタンフォード大学の学生の三分の二は、所得規模で上位五分の一に当たる家庭の出身だ。気前のいい学資援助策にもかかわらず、アイビーリーグの学生のうち、下位五分の一に当たる家庭の出身者は四％にも満たない。ハーバード大学をはじめとするアイビーリーグの大学では、上位一％（年収六三万ドル超）の家庭出身の学生のほうが、所得分布で下位半分に属する学生よりも多い(8)。

勤勉で才能があれば誰もが出世できるというアメリカ人の信念は、もはや現場の事実にそぐわない。「機会のレトリック」がかつてほど人を奮い立たせることがないのは、そのためかもしれない。社会的流動性によって不平等を埋め合わせることはもはや不可能だ。貧富の差に真剣に対処しようとすれば、権力と富の不平等に直《じか》に取り組む必要がある。人びとが苦労してはしごを登る手助けをするプロジェクトで満足してはならない。はしごの一段一段の間隔はますます広がっているのだ。

能力主義の倫理

能力主義にまつわる問題は、その実践が理想に届いていないことだけではない。それが問題だとすれば、解決策は「機会の平等」を完全なものにすることだろう。人生の出発点にかかわらず、人びとの努力と才能が許すかぎり確実に出世できる社会を目指せばいいはずだ。しかし、道徳的にであれ政治的にであれ、完全な能力主義でさえ満足のいくものかどうかは疑わしい。

道徳的な観点からすると、才能ある人びとが、市場主導型の社会が成功者に惜しみなく与えてくれる巨額の報酬を受けるに値する理由は、はっきりしない。能力主義の倫理を支える論拠の中心には、自分で制御できない要素に基づいて報酬を受ける、あるいはお預けにされるのはおかしいという考え方がある。だが、ある才能を持っていること（あるいは持っていないこと）は、本当にわれわれ自身の手柄（あるいは落ち度）だろうか。そうでないとすれば、次の点を理解するのは難しい。自分の才能のおかげで成功を収める人びとが、同じように努力していながら、市場がたまたま高く評価してくれる才能に恵まれていない人びとよりも多くの報酬を受けるに値するのはなぜだろうか？

能力主義の理想を称賛し、自らの政治的プロジェクトの中心に置く人びとは、こうした道徳的問題を見過ごしている。彼らはまた、政治的により重要な部分を無視してもいる。勝者のあいだでも敗者のあいだでも、能力主義の倫理が促進する道徳的に魅力のない姿勢のことだ。能力主義の倫理は、勝者のあいだにはおごりを、敗者のあいだには屈辱と怒りを生み出す。こうした道徳的感情は、エリートに対するポピュリストの反乱の核心をなすものだ。ポピュリストの不満は、移民や外部委託《アウトソーシング》への抗議以上に、能力の専制に関わっている。こうした不満にはもっともな理由があるのだ。

公正な能力主義（社会的地位は努力と才能の反映であるとするもの）の創造を執拗《しつよう》に強調することは、われわれの成功（あるいは不成功）の解釈の仕方に腐食作用を及ぼす。そのシステムが才能と勤勉に報いをもたらすという考え方は、勝者をこうそそのかす。つまり、彼らの成功は彼ら自身の手柄であり、彼らの美徳の尺度だと考えるように——そして、彼らよりも運に恵まれていない人びとを見下すように、と。

能力主義的なおごりは勝者の次のような傾向を反映している。すなわち、彼らは自らの成功の空気を深く吸い込みすぎ、成功へと至る途中で助けとなってくれた幸運を忘れてしまうのだ。頂点に立つ人びとは、自分は自分の手にしている境遇にふさわしい人間であり、底辺にいる人びともまたその境遇にふさわしいという独りよがりの信念を持ちやすい。これは、テクノクラート的な政治につきものの道徳的姿勢である。

運命の偶然性を実感することは、一定の謙虚さをもたらす。「神の恩寵《おんちょう》がなければ、つまり幸運な偶然がなければ、私もああなっていただろう」と感じられるのだ。ところが、完全な能力主義は恵みとか恩寵といった感覚をすべて追い払ってしまう。共通の運命を分かち合っていることを理解する能力を損ねてしまうのだ。自分の才能や幸運の偶然性に思いを巡らすことで生じうる連帯の余地は、ほとんど残らない。こうして、能力は一種の専制、すなわち不当な支配になってしまうのである。

屈辱の政治

下から見上げると、エリートのおごりはいら立たしいものだ。他人に見下されて喜ぶ者はいない。ところが、能力主義の信念は傷に塩を塗る。自分の運命は自分の手の中にあるとか「やればできる」という考え方は諸刃の剣であり、人を元気づける面と不愉快にさせる面がある。こうした考え方は勝者を称える一方で敗者を——彼ら自身の目から見ても——傷つける。仕事が見つからない、あるいは生計を立てられない人びとにとって、意気消沈させるこんな考えから逃れることは難しい。彼らの失敗は自業自得であり、成功するための才能や意欲が欠けていたにすぎないのだ、と。

この点で、屈辱の政治は不正義の政治とは異なる。不正義への抗議は外側に向かう。その訴えは、こうした体制は不正に仕組まれたものだとか、勝者は頂点への道を都合よくゆがめてきた、あるいは操作してきたなどといったものだ。屈辱への抗議の場合、心理的な負担がもっと大きい。勝者への反感にどうしても自己不信がつきまとう。もしかすると、金持ちが金持ちなのは貧乏人よりもその地位にふさわしいからかもしれない、敗者は結局のところ自分の不幸の共犯者なのかもしれない、などと感じてしまうのだ。

こうした特徴が、屈辱の政治をほかの政治的見解より過激なものとする。それは、ポピュリストの抗議をあおる怒りと恨みの爆発しやすい混合物の重要な成分なのだ。ドナルド・トランプは自分自身が億万長者であるにもかかわらず、こうした怒りを理解し、利用した。絶えず「機会」について語ったバラク・オバマやヒラリー・クリントンとは異なり、トランプはその言葉をほとんど口にしなかった。代わりに、勝ち組と負け組について無遠慮に語ったのだ（興味深いことに、社会民主主義者のポピュリストであるバーニー・サンダースもまた、機会や社会的流動性についてはほとんど語らず、代わりに権力と富の不平等に焦点を当てている）。

エリートたちは、栄達へ至る道としても社会的敬意の土台としても、大学の学位に大きな価値を置いてきたため、能力主義が生み出すおごりや、大学に行っていない人に下す厳しい評価を理解するのが難しい。こうした態度こそ、ポピュリスト的反発とトランプの勝利の核心にあるものだ。

現在のアメリカ政治で最も深刻な政治的分断の一つは、大学の学位を持っている人びとと持っていない人びとのあいだに存在する。二〇一六年の選挙では、トランプは大学の学位を持たない白人有権者の三分の二の票を獲得したが、ヒラリー・クリントンは上級学位（修士号あるいは博士号）を持つ有権者のあいだで圧勝した。イギリスのブレグジットの国民投票でも同様の分断が現れた。大学教育を受けていない有権者は圧倒的にブレグジットへ賛成票を投じたが、大学院の学位を持つ有権者の大多数は残留に投票したのだ。[9]

それから一年半後、ヒラリー・クリントンは自らの大統領選挙戦を振り返り、敗北の一因となった能力主義的なおごりを露わにした。二〇一八年にインドのムンバイで開かれた集会でこう語ったのだ。「私はアメリカの国内総生産（ＧＤＰ）の三分の二に相当する地位を獲得しました」「つまり、楽観的で、多様性があり、ダイナミックで、先進的な地位を勝ち取ったのです」。対照的に、トランプは「黒人が権利を手にするのが好きではない」「女性が……職に就くのが好きではない」人びとから支持を集めたという。クリントンはグローバリゼーションの勝者の票を獲得したが、トランプは敗者の票を得たのである(10)。

民主党はかつて、特権階級に対抗して農民や労働者のために闘っていた。いまや能力主義の時代にあって、敗北した民主党の指導者は、国内でも裕福で意識の進んだ地域の住民が自分に投票したと言って自慢していたのだ。

ドナルド・トランプは屈辱の政治にはっきりと気づいていた。経済的公正の観点からすると、彼のポピュリズムは偽物であり、ある種の金権的ポピュリズムだった。彼は自分の支持者である労働者階級の多くに向けた医療の削減につながる健康保険を提案し、富裕層に大きな減税をもたらす税制法案を成立させた。だが、偽善だけに焦点を当てると、問題の核心を見失ってしまう。

アメリカが気候変動に関するパリ協定から離脱した際、トランプは、ありそうにないことだが、アメリカの雇用を守るためにそうするのだと主張した。だが、彼の決断の真のポイント、その政治的根拠は、やや脱線気味に思えるこんな発言に含まれていた。「アメリカはいつから落ちぶれてしまったのか？　いつから国として笑われるようになり始めたのか？……他国やその指導者に笑われるのはもうごめんだ」[11]

パリ協定の想定される負担からアメリカを解放することは、実は雇用とも地球温暖化とも無関係だった。トランプの政治的想像の中では、屈辱を回避することに関わっていたのだ。この点が、トランプに投票した人びと、それも気候変動に関心のある人びとの心にまで響いたのである。

テクノクラート的能力と道徳的判断

有能な者が統治すべきだという考え方は、それ自体としては現代に特有のものではない。古代中国では孔子が、徳と能力に秀でた者が国を治めるべきだと説いた。古代ギリシャではプラトンが、公共心のある守護者の支持を受けた哲人王が率いる社会を思い描いた。アリストテレスはプラトンの哲人王を否定したものの、やはり能力のある者が公務において最も大きな力を持つべきだと主張した。アリストテレスにとって、統治のために役立つ能力とは、富や高貴な生まれではなく、市民的美徳とフロネシス（共通善について論理的に考えるための実践知）に優れていることだった。[12]

アメリカ共和国の建国者たちは、自らを「有能な男たち」と呼び、自分たちのような有徳で博識な者が公職に選出されることを願った。世襲の貴族制には反対していたが、扇動政治家《デマゴーグ》を権力の座に就かせかねない直接民主制には乗り気ではなかった。彼らが設計しようとしたのは、米国上院や大統領の間接選挙といった、有能な者による統治を可能とする制度だった。トマス・ジェファソン［訳注：一七四三〜一八二六年。アメリカ合衆国第三代大統領］は「富と生まれに基づく人工的な貴族制」ではなく、「美徳と才能」を土台とする「自然な貴族制」を支持した。彼は「この形態の政府が最善なのは」「こうした自然な貴族だけを選んで公職に就かせるためだ」と書いている。(13)

それぞれ違いはあるものの、昔ながらのこれらの政治的能力主義――儒教バージョンから、プラトン・バージョン、さらには共和主義バージョンに至るまで――は、統治に関わる能力には道徳的・市民的な美徳が含まれるという考え方を共有している。というのも、これらすべてのバージョンが、共通善の少なくとも一部は市民の道徳教育にあるという点で見解が一致しているからだ。

現代のテクノクラート・バージョンの能力主義は、能力と道徳的判断のつながりを断ち切ってしまう。経済の領域では、共通善はGDPによって定義され、人びとの貢献の価値は彼らが販売する財やサービスの市場価格にあるとされるにすぎない。政治の領域では、能力はテクノクラート的専門知識を意味するとされる。

次のような事態にそれが見て取れる。政策顧問として経済学者の役割が大きくなっていること。公益の定義と実現をますます市場メカニズムに頼るようになっていること。そして、政治的議論の中心となるべき道徳的・市民的な大問題を公的言説が扱えていないこと。すなわち、不平等の拡大をどうすべきか、国境の道徳的意義とは何か、労働の尊厳を生み出すものは何か、われわれは市民としてお互いにどんな義務を負っているか、といった問題だ。

能力や公益についてこうした道徳的に視野の狭い考え方をしたせいで、民主主義社会はいくつかの点で弱体化してきた。第一の点は最も明らかだ。過去四〇年にわたり、能力主義的エリートが手際よく国を治めてきたとは言いがたい。一九四〇年から一九八〇年にかけてアメリカを統治していたエリートは、はるかにうまくやった。第二次世界大戦に勝利し、ヨーロッパと日本の再建に貢献し、社会保障制度を強化し、人種差別を廃止し、四〇年にわたる経済成長を牽引《けんいん》して富裕層にも貧困層にもその恵みを施した。対照的に、その後国を治めてきたエリートがわれわれにもたらしてきたのは、以下のようなものだった。大半の労働者の賃金の四〇年にわたる低迷、一九二〇年代以来見られなかった所得と富の不平等、イラク戦争、アフガニスタンでの一九年に及ぶ決着のつかない戦争、金融の自由化、二〇〇八年の金融危機、インフラの崩壊、世界最高の受刑率、民主主義を形骸化する選挙資金システムと都合よく改変された下院選挙区。

テクノクラート的な能力は、統治手法として成果を上げられなかっただけではない。市民的プロジェクトの幅を狭めてしまったのだ。こんにち、共通善は主に経済的な観点から理解されている。共通善は、連帯感を育《はぐく》んだり市民の絆を深めたりすることよりも、GDPで測られる消費者の嗜好《しこう》を満足させることに関わっている。これでは、公的言説が貧弱なものになってしまう。

近ごろ政治的議論として通用しているものは、次のどちらかから成っている。すなわち、誰の心にも響かない、偏狭で、経営者的で、テクノクラート的な語りか、さもなくば、聞く耳を持たない党派的な人びとの話のかみ合わない怒鳴り合いか。政治的な立場にかかわらず、市民はこうした空虚な公的言説にいら立ちと無力感を覚えている。活発な公的議論がないからといって、政策が決定されていないとは限らないことを彼らは正しく感じ取っている。単に、公の目の届かないどこか別の場所で決定が下されているにすぎないのだ。決定を下しているのは行政機関（規制対象の業界に取り込まれている場合が多い）、中央銀行や債券市場、選挙献金で官僚への影響力を買っている企業のロビイストなどである。

だが、それで終わりではない。テクノクラート的能力による支配は、公的言説を空洞化させたばかりか、社会的評価の条件を再構成してきた。そのあり方は、資格を有する知的職業階級の威信を高める一方で、大半の労働者の貢献を見くびり、彼らの社会的な地位と評価を損なうものだった。現代の険悪で二極化した政治の最も直接的な原因は、テクノクラート的能力のこうした一面なのだ。

ポピュリストの反乱

六〇年前、マイケル・ヤングというイギリスの社会学者が、能力主義《メリトクラシー》が引き起こすおごりと怒りを予想した。実のところ、この用語を生み出したのが彼だった。『The Rise of the Meritocracy』（一九五八年）〔訳注：邦訳は『メリトクラシー』窪田鎮夫・山元卯一郎訳、講談社エディトリアルなど〕という著書の中で、彼はこう問うた。いつの日か階級間の障壁が乗り越えられて、誰もが自分自身の能力だけに基づいて出世する真に平等な機会を手にしたとしたら、何が起こるだろうか？(14)

ある面で、これは祝福すべき事態だろう。ついに、労働者階級の子供が特権階級の子供と肩を並べ、公正に競い合うことになるのだ。ところが、それは純然たる勝利ではないとヤングは考えた。というのも、勝者の中にはおごりを、敗者のあいだには屈辱を育まずにはおかないからだ。勝者は自分たちの成功を「自分自身の能力、自分自身の努力、自分自身の優れた業績への報酬にすぎない」と考え、したがって、自分より成功していない人びとを見下すことだろう。出世できなかった人びとは、責任はすべて自分にあると感じるはずだ(15)。

ヤングにとって、能力主義は目指すべき理想ではなく、社会的軋轢《あつれき》を招く原因だった。彼は数十年前に、能力主義の無情な論理に感づいていた。それは、いまやわれわれの政治を汚染し、ポピュリストの怒りをかき立てている。能力の専制に虐げられていると感じる人びとにとって、問題は低迷する賃金だけではなく、社会的敬意の喪失でもあるのだ。

テクノロジーや外部委託《アウトソーシング》に起因する失業に伴って、労働者階級が携わる仕事に対する社会の敬意が低下していると感じられるようになった。経済活動がモノをつくることから資金を運用することへと移行し、ヘッジファンド・マネジャー、ウォール街の銀行家、知的職業階級などに対して社会が途方もない報酬を気前よく与えるようになると、昔ながらの仕事に払われる敬意は脆く不確かなものになった。

主流派の政党やエリートは、政治のこうした特徴を見落としている。彼らの考えでは、市場主導型のグローバリゼーションにまつわる難点は分配の正義の問題にすぎない。つまり、グローバル貿易、新たなテクノロジー、経済の金融化から利益を得てきた人びとは、損をしてきた人びとに十分に補償していないというのだ。

だが、これはポピュリストの不満を誤解するものであり、テクノクラート的な統治手法の欠陥を反映してもいる。道徳的・政治的判断を、市場あるいは専門家やテクノクラートに外注できるかのように公的言説を展開してきたせいで、意味や目的をめぐる民主的議論は空虚になった。公共的な意味のこうした空白を絶えず埋めているのは、粗暴で権威主義的なアイデンティティと帰属意識だ――宗教的原理主義あるいは声高なナショナリズムという形で。

これが、こんにちわれわれが目にしている状況だ。四〇年にわたる市場主導型のグローバリゼーションが、公的言説を空洞化し、一般市民の力を奪い、ポピュリストの反発を引き起こした。この反発が、不寛容で復讐《ふくしゅう》心に燃えるナショナリズムによって、無防備な公共の広場を覆い隠そうとしているのだ。

民主政治を再び活気づけるには、道徳的により強健な公的言説へと至る道を見つける必要がある。それは、能力主義的な努力が、われわれの日常生活を構成する社会的絆に及ぼす腐食効果を真剣に受け止める言説である。

第2章 「偉大なのは善だから」
——能力の道徳の簡単な歴史

能力に基づいて人を雇うのは悪いことではない。それどころか、正しい行為であるのが普通だ。トイレを直してもらうために配管工が、あるいは歯の治療のために歯科医が必要だとすれば、私はその仕事に最適の人物を見つけようとする。いや、世界中を探すわけではないから、最適とは言えないかもしれない。とはいえ、その仕事に適任の人物を雇いたいのは間違いない。

仕事をあてがう際に能力が重要な理由は、少なくとも二つある。一つ目は有効性。配管工や歯科医が無能であるよりも有能であるほうが、私の置かれた状況は改善するだろう。二つ目は公正さ。人種的・宗教的・性差別的偏見から、その仕事に最もふさわしい応募者を差別し、ふさわしくない人物を代わりに雇うのは間違いだ。自分の偏見のおもむくままに、私が粗雑な配管修理や歯根管治療を進んで受け入れたとしても、差別が不公正であることに変わりはない。その仕事によりふさわしい候補者が、自分は不正の犠牲者だと不平を言うのは当然である。

能力に基づいて人を雇うことが良識ある優れた行為だとすれば、一体全体、能力主義の何が悪いというのだろうか？　能力主義ほど有益な原則が、世界中の民主的社会の政治を一変させてしまうほどの激しい怒りをかき立てるなどということが、どうすればありうるのか？　能力が毒を含むようになったのは、正確にはいつのことであり、またその経緯はいかなるものだったのだろうか？

能力が重要なのはなぜか

社会は、経済的報酬や責任ある地位を能力に従って割り当てるべきだという考え方が魅力的な理由は、いくつかある。そのうちの二つは、人を雇う際は能力に従うべきである論拠——有効性と公正さ——を一般化したものだ。努力、創造性、才能に報いる経済システムは、貢献にかかわらずあらゆる人に同じだけ支払うシステム、あるいは情実に基づいて望ましい社会的地位を分配するシステムよりも生産性が高そうだ。厳密に能力に基づいて人びとに報いることは、公正さという美徳も備えている。業績以外の基準で差別されることはないからだ。

能力に報いる社会は、上昇志向という面でも魅力がある。効率を上げ、差別を絶つだけでなく、一定の自由概念を支持するからだ。つまり、自分の運命は自分の手中にある、自分の成功は自分に制御できない力によるものではない、成功は自分のおかげである、という考え方だ。われわれは環境の犠牲者ではなく運命の支配者であり、努力、才能、夢があるかぎり、自由に出世できるのである。

これは、人間の主体性に関する心躍る見解であり、われわれは自分にふさわしいものを手に入れるのだという、道徳的に励みになる結論と密接に関連している。私の成功が私の手柄、つまり才能と努力によって獲得した何かであるとすれば、私はそれを誇りにできるし、自分の業績がもたらしてくれる報酬を受け取るに値すると確信できる。だとすれば、能力主義の社会は二重の意味で人を鼓舞する。すなわち、それは強力な自由の概念を支持するとともに、自力で獲得し、したがって受け取るにふさわしいものを人びとに与えるのだ。

人を鼓舞するにもかかわらず、能力の原則は専制的なものに転じることがある——社会がそれに従いそこねるときだけでなく、実はとりわけ、社会がそれに従うときにも。能力主義的理想の影の側面《ダークサイド》は、その最も魅力的な約束、つまり支配と自己実現の約束に埋め込まれている。この約束にはとても背負いきれないような重荷が伴っているのだ。能力主義の理想は個人の責任という概念をきわめて重視する。人びとに自分の行動の責任をある程度まで負わせるのはいいことだ。道徳的主体として、また市民として、自分で考えて行動する能力を尊重することになる。だが、道徳的に行動する責任を負わせることと、われわれ一人ひとりが自分の運命に全責任を負っていると想定することはまったく別である。「自分の運命」という表現さえ、際限のない責任へのある種の制限を示唆する道徳的語彙《ごい》に依存している。人の「運」について語るとすれば、頭に浮かぶのはくじ引きだ。くじ引きの結果は、巡り合わせ、運勢、あるいは神意によって決まるのであり、われわれ自身の努力によってではない(1)。それは、能力や選択を超えた幸運や機会、ある意味では神の恵みの領域を指し示している。ここで思い出されるのは、能力にまつわる最も重大な初期の議論は、収入や仕事ではなく、神の恩寵に関するものだったことだ。つまり、能力とはわれわれが天賦の才として受け取る何かなのだろうか、ということである。

果てしなき能力主義

自分の運命は自分の能力や功績《メリット》の反映だという考え方は、西洋文化の道徳的直観に深く根付いている。聖書神学は、自然の出来事には何らかの理由があると教える。好天や豊作は善行に対する神からのご褒美だし、旱魃《かんばつ》や疫病は罪を犯した罰なのだ。船が嵐の海に出くわせば、人びとは乗組員のうちの誰が神を怒らせたのかと問う(2)。

科学時代である現代から見ると、こうした考え方は素朴、あるいは幼稚だとすら思えるかもしれない。だが、それは当初思えるほど時代遅れとは言えない。それどころか、こうした物の見方は能力主義的な考え方の起源なのだ。そこに反映されている信念は、道徳の宇宙は成功を功績と結びつけ、苦難を悪事と結びつけるように構成されているというものだ。これは、富は才能と努力のしるしであり、貧困は怠惰のしるしであるというおなじみの現代的見解とそれほど異なるものではない。

聖書的な物の見方の二つの特徴が、現代的な能力主義を暗示している。その一つが人間の主体性の強調、もう一つが不運に見舞われた人に対する厳しさだ。現代の能力主義が人間の主体性と意志を強調するのに対し、聖書バージョンのそれはあらゆる力を神のせいにするように思えるかもしれない。洪水、旱魃、恵みの雨といった罰や褒美を与えるのは、結局のところ神なのである。

だが、実のところ、これはきわめて人間中心的な見方だ。神は自分の時間の大半を費やして、人間の催促に応じている――つまり、人間の善に褒美を与え、罪を罰するのだ。神は、逆説的ながら人間に対して義務を負うことになり、公正であるかぎり人間が勝ち取った待遇をもたらさざるをえない。褒美や罰を与える立場にあるにもかかわらず、神は自分の好き勝手にではなく、人びとの功績に応じてそれを行なう。よって、神がいたとしても、人間は自分の運命を勝ち取るのであり、したがってそれを手にするに値すると見なされるのである。

次に、この能力主義的な考え方は、不運に見舞われた人びとに対する厳しい態度を生み出す。苦難が深刻であればあるほど、犠牲者が自らそれを招いたのではないかという疑いが深まるのだ。『ヨブ記』を思い出してみよう。公正で高潔な人物であるヨブは、嵐に見舞われて息子や娘を亡くしてしまうなど、筆舌に尽くしがたい苦難にさらされる。いかなる時も神に忠誠を尽くしてきたヨブは、そうした苦難が自分の身に降りかかる理由が理解できない（彼は自分が天上の賭けの犠牲者であることがわからない。この賭けでは神がサタンに対し、ヨブがいかなる困難に出くわそうともその忠誠は揺るがないことを証明しようとする）。

ヨブが家族の死を嘆き悲しんでいると、彼の友人たちが（友人と呼べればの話だが）、彼はとんでもない罪を犯したに違いないと断じ、その罪がどんなものかを想像してみるようヨブに迫る。(3) これこそ、能力の専制の初期の事例である。苦難は罪を犯したしるしだという想定のもとに、ヨブの友人たちは残酷にも彼の苦難をいっそう大きくする。何らかの罪のために、ヨブは息子や娘を死に追いやった責めを負うべきだと言いつのるのだ。自分が潔白であることを知っているにもかかわらず、ヨブは能力の神学を仲間と共有しているせいで、高潔な人間である自分がなぜ苦しめられているのかと神に向かって叫ぶ。

とうとう神はヨブに語りかけると、犠牲者を非難する残酷な論理をはねつける。ヨブと仲間たちが共有している能力主義的想定を否定するのだ。この世で起こるあらゆることが人間の行為に対する報いや罰であるわけではないと、神はつむじ風の中から語る。すべての雨が高潔な人びとの作物に水をやるために降るわけではないし、あらゆる旱魃が悪人を罰するために起こるわけでもない。結局のところ、雨が降るのは誰も住んでいない土地、つまり荒野であり、そこに人間の命は存在しないのだ。天地創造は人間のためだけのものではない。擬人化されたイメージで示されるよりも宇宙は大きく、神の手際はより謎めいているのだ。(4)

神はヨブの高潔さを確かなものと認めつつも、神の支配の道徳的論理を理解しようなどとはおこがましいとして厳しく叱責する。ここに見られるのは、『創世記』や『出エジプト記』を特徴づける能力の神学からの徹底的な逸脱だ[5]。自分が果てしなき能力主義を先導しているという考えを否定することで、神は自分の無限の力を誇示し、ヨブに謙虚であれとの教訓を示す。神への信仰が意味するのは、創造の威厳と神秘を受け入れることであり、各人の功績や価値に応じて神が褒美や罰を割り振るよう期待することではないのである。

救済と自助

能力や功績の問題が再び姿を現すのは、救済をめぐるキリスト教の議論においてだ。キリスト教徒は宗教的儀式や善行を通じて救済を得られるのだろうか、それとも、神は人びとがどんな生き方をしようと、誰を救済するかをまったく自由に決めるのだろうか[6]。第一の選択肢のほうが公正に思えるのは、それが善に報い、罪を罰するからだ。ところが、神学的な観点からすると、この選択肢には問題がある。それは、神の全能性に疑問を投げかけるからだ。人間は救済を獲得できるのであり、したがってそれに値する存在になれるのだとすれば、神はわれわれの功績を認めるよう、言わば拘束されていることになる。救済は少なくとも部分的には自助の問題となるが、これでは神の無限の力に限界があることになってしまう。

第二の選択肢は、救済を努力では獲得できない贈り物と見なし、神の全能性を肯定する。だが、それによって別の問題を引き起こしてしまう。つまり、神が世界中のあらゆる出来事に責任を負っているとすれば、悪の存在にも責任を負わねばならなくなるのだ。しかし、神が正義にかなう存在だとすれば、自分の力で防げるはずの苦難や悪を野放しにするなどということがあるだろうか。神が全能だとすれば、悪の存在は、神が正義にもとる存在であることを暗示しているように思える。神学的見地からすると、次の三つの見解を同時にとることは、不可能ではないにせよ困難である——神は正義にかなう存在である、神は全能である、悪が存在する。(7)

この難題を解決する一つの方法は、人間の自由意志を認めることだ。これによって、悪への責任は神から人間へ移行する。神はルールを決めるだけでなく、それに従うか否かを決める自由をわれわれ一人ひとりに与えたのだとすれば、われわれが正しい行ないよりも悪事を選んだ場合、その責任は人間にあることになる。現世であれ来世であれ、悪事に手を染める者は、神からどんな罰を下されても仕方がないだろう。彼らの被る苦難は何ら悪いものではなく、むしろ、犯した罪に対する罰にすぎないのである。(8)

こうした解決策の初期の主唱者が、五世紀のイギリスの修道士、ペラギウスだ。ペラギウスはあまり有名な人物ではない。だが、最近の注釈者の中には、初期のキリスト教神学における自由意志と個人の責任の擁護者として、ペラギウスをリベラリズムの先駆者とする者もいる。(9)

とはいえ、彼が生きた時代には、その解決策は激しい反発を招いた。とりわけ激しかったのは、当時の最も偉大なキリスト教哲学者であるアウグスティヌスによるものだった。アウグスティヌスにとって、人間の自由意志を認めることは、神の全能性を否定し、神の究極の贈り物である十字架にかけられたキリストという犠牲の意味を損ねることだ。人間が自己充足的な存在であり、善行や「秘跡《サクラメント》」を通じて自力で救済を獲得できるとすれば、「受肉」は不要なものになってしまう。神の恩寵を前にしての謙虚さが、自らの努力に対する誇りに取って代わられてしまうのだ。(10)

アウグスティヌスは神の恩寵のみによる救済にこだわったが、それにもかかわらず、教会の慣行が能力や功績を呼び戻した。洗礼、祈り、ミサへの出席、秘跡の実行といった儀式や典礼を長く続けるには、参加者が何らかの効能を感じられるようにしなければならない。献身的な宗教的行事や善行が神の気に入ることはないし、それが神の目に功績と映ることもないという信念は、容易には維持できないのだ。教会の一連の複雑な慣行による仲介・強化を通じ、信仰が表面的な儀式に具体化されるとき、感謝と恩寵の神学が誇りと自助の神学へと滑り落ちるのは避けがたい。少なくともこれが、マルティン・ルターが彼の時代のローマ・カトリック教会に対してとった見方である。アウグスティヌスが功績による救済を激しく批判した一一世紀のちのことだ。

宗教改革は、功績を認めない議論として起こった。当時のカトリック教会へのルターの異議は、免罪符の販売に対する部分的なものにすぎなかった。免罪符とは、それによって裕福な人びとが救済への道を買おうとする腐敗した慣行だ（厳密に言えば、その際の支払いは贖罪《しょくざい》を早め、煉獄《れんごく》での滞在を短縮するためのものと考えられていた）。ルターのより一般的な主張は、アウグスティヌスと同じく、救済はすべて神の恩寵の問題であり、善行であれ儀式の遂行であれ、神の歓心を買うためのいかなる努力にも影響されないというものだった。われわれは天国への道をお金で買えないのと同様、祈りによって手に入れることもできないのだ。ルターにとって、神に選ばれることは自力では決して得られない贈り物である。聖体を拝領したりミサに出席したり、あるいはほかの方法で自分の功績を神に納得してもらうことでチャンスを増そうとするのは、神への冒瀆《ぼうとく》と言っていいほどおこがましい行為なのである。(11)

神の恩寵をめぐるルターの厳格な教義は、断固たる反能力主義だった。それは善行による救済を拒絶し、人間の自由すなわち自助の余地を残さなかった。ところが、逆説的なことに、彼が始めた宗教改革は、清教徒《ピューリタン》［訳注：一六－一七世紀に英国国教内に起こった新教徒の一派］とその後継者がアメリカに持ち込むことになるきわめて能力主義的な労働倫理をもたらした。『プロテスタンティズムの倫理と資本主義の精神』において、マックス・ヴェーバーはその経緯を説明している。(12)

ルターと同じく、ジャン・カルヴァン（彼の神学はピューリタンに霊感を与えた）は、救済とは神の恩寵の問題であり、人間の能力や功罪によって決まるものではないと考えた。誰が救われ、誰が地獄に落ちるかは、あらかじめ運命づけられているのであり、人びとの生き方に応じて変わることはない。聖礼典《サクラメント》でさえ助けにはならない。それは神の栄光を増すために行なわれなければならないが、「恩寵を獲得する手段ではない」のだ。(13)

カルヴァン主義の予定説［訳注：この世に起こる出来事はすべて神によって予定されているとする説］は耐えがたい不安を生み出した。その理由を理解するのは難しくない。現世で気にかけているいかなるものよりも、来世の居場所のほうが重要だと信じているとすれば、自分が選ばれる側にいるのか、地獄に落ちる側にいるのかを是が非でも知りたいはずだ。ところが、神がそれを前もって告知することはない。人びとの行状を見ても、誰が選ばれ、誰が地獄に落とされるかを知ることはできない。選ばれた者は「神の見えざる教会」に属し

ているのである。(14)

ヴェーバーは書いている。「私は選ばれた者の一人だろうかという疑問が、遅かれ早かれあらゆる信者に生じ、それ以外のあらゆる関心を背景へ追いやってしまったに違いない。どうすれば、現に恩寵を受けている状態にあることを確信できるのだろうか」。こうした疑問に執拗につきまとわれ、カルヴァン派の信者はある種の労働倫理へと導かれた。あらゆる者が天職に就いて働くよう神に召されているのだから、その召命に従って熱心に働くことは、救済のしるしなのだ。(15)

そうした労働の目的は、それが生み出す豊かさを享受することではなく、神の栄光を称えることだ。ぜいたくな消費のために働くことは、こうした目的からの逸脱であり、ある種の堕落となるだろう。カルヴァン主義は激しい労働を禁欲主義と結びつけた。ヴェーバーは、労働へのこうした規律ある取り組み――懸命に働き、ほとんど消費しないこと――が資本主義を促進する富の蓄積をもたらすと指摘している。当初の宗教的動機が失われたとしても、プロテスタントの労働倫理と禁欲主義は、資本主義的蓄積のための文化的基盤を提供する。

だが、われわれの目的にとって、このドラマの意義は功績と恩寵のあいだで生じる緊張関係にある。天職に就いて規律ある労働に励む生涯は、もちろん救済への道ではなく、ある人が（すでに）選ばれた者の一人なのかどうかを知る手段である。それは救済のしるしであって、その原因ではない。

とはいえ、現世のそうした活動を選ばれた者のしるしと見なすことが、選ばれる原因と見なすことへとすり替わってしまうことを拒むのは、不可能ではないにしても難しかった。心理的に言えば、神が自らの栄光を高めるための忠実な労働にまるで気づかないという考えは受け入れがたいものだ。いったん、自分は立派な仕事をしているのだから選ばれた者の一人なのだと推論するよう促されれば、自分は立派な仕事のおかげで選ばれたのだと考えてしまうのも無理はない。神学的な観点からすると、労働による救済という能力主義的な発想は、すでに背景に存在していた。カトリックにおいて儀式や秘蹟が重視されることにも、法に従い、シナイ契約の倫理的戒律を守ることによって神に気に入られようとするユダヤ的な考え方にも、それが見て取れる。

天職における労働というカルヴァン主義者の考え方がピューリタン的な労働倫理へ発展したとき、その能力主義的な含意にあらがうのは容易ではなかった。つまり、救済は獲得されるものであり、労働は救済の単なるしるしではなくその原因であるというものだ。「実際のところ、これは天は自ら助くる者を助くということを意味している」と、ヴェーバーは述べている。「したがってカルヴァン主義者は、ときに言われるように、自分自身で自分自身の救済を生み出す、あるいはより正確に言えば、救済の確信を生み出すのである」。ルター派の中には、そうした見解は要するに「労働による救済という教義への逆戻り」であるとして抗議する者もいた。それこそまさに、ルターが神の恩寵への侮辱だと見なした教義だからだ⑯。

カルヴァン主義者の予定説は、選ばれた者は天職における労働を通じて自分が選ばれたことを証明しなければならないという思想と結びつき、現世の成功は誰が救済される運命にあるかのよい目安だという考え方へ至る。「例外なくあらゆる人に対し、神の摂理は天職を用意している。あらゆる人がその天職を公言し、それに携わって労働すべきなのだ」と、ヴェーバーは説明する。この考えは労働の分業に神の承認を与え、「神の摂理を通じた経済秩序の解釈」を支えるものだ⑰。

現世の活動を通じて自分が恩寵を受けていると証明することは、能力主義を呼び戻す。中世の修道士は一種の「宗教的貴族社会」を形成し、現世の仕事とはかけ離れた禁欲主義的な天職を追求した。だが、カルヴァン主義とともに、キリスト教的な禁欲主義が「人生の市場へずかずかと入ってきて」「背後で修道院のドアをバタンと閉めた」。すべてのキリスト教徒が労働に従事し、現世の活動によって信仰を証明するよう求められることになった。カルヴァン主義は「その倫理の土台を予定説に置くことによって」「世界の外側、世界を超えたところにある修道士の宗教的貴族社会」の代わりに「運命づけられた聖徒による世界の内側の宗教的貴族社会」を築いたのだ(18)。

自分たちは神に選ばれたと確信しているせいで、この宗教的貴族社会は、地獄に落ちる運命にあるように見える人びとを軽蔑して見下した。ここでヴェーバーは、能力主義的おごりの初期バージョンとでも言うべきものを垣間見ている。「選ばれた聖人が抱く神の恩寵の意識には、隣人の罪に対するある態度が伴っていた。それは、自分自身の弱さに基づく共感的理解ではなく、永遠の地獄行きのしるしを帯びた神の敵として嫌悪し、軽蔑する態度だ(19)」

したがって、プロテスタントの労働倫理は資本主義の精神を育むだけではない。それはまた、自助と自分の運命への責任という、能力主義的な考え方に沿った倫理を促すのだ。こうした倫理は、不安に駆られての精力的な奮闘を呼び起こす。それは莫大な富を生み出す一方で、責任と自己実現の影の側面を明るみに出す。神の恩寵を前にしての無力さから生じる謙虚さは、自己の能力への自信から生じるおごりに道を譲るのである。

神の摂理という思想——当時と現在

ルターやカルヴァン、さらにはピューリタンにとって、能力や功績をめぐる議論は救済をめぐる議論だった——選ばれた者はその立場を自力で獲得したのであり、したがってそれに値するのだろうか、それとも救済は自力では制御できない神の恩寵という贈り物なのだろうか。現代に生きるわれわれにとって、能力や功績をめぐる議論は現世の成功をめぐる議論である——成功を収めた人びとはそれを自力で獲得したのであり、したがって成功に値するのだろうか、それとも幸福は自力では制御できない要因のおかげなのだろうか。

一見したところ、これらの二つの議論に共通点はほとんどないように思える。一方は宗教的であり、他方は世俗的だ。しかし、もう少し詳しく調べてみると、現代の能力主義にはその源泉である神学的論争の痕跡が見て取れる。プロテスタントの労働倫理は、恩寵と功績、無力さと自助の緊迫した対立として始まった。最終的に、能力や功績が恩寵を駆逐した。支配と自己実現の倫理が、感謝と謙虚さの倫理を圧倒した。予定説というカルヴァン主義者の考え方や、救済のしるしを求める不安な探索を離れ、労働と努力そのものが責務となったのだ。

支配と能力の勝利は、現代の世俗的傾向のせいだと考えたくもなる。神への信仰が薄れるにつれ、人間の主体性への自信が強まっていく。われわれが自らを自己実現的・自己充足的な存在だと見なすようになるほど、自分の成功について恩義や感謝を感じる理由は少なくなる。

だが、こんにちでさえ、成功に対するわれわれの態度は、ときに思われるほど神の摂理への信仰と無縁なわけではない。われわれは自由な人間主体であり、自分自身の努力によって出世も成功もできるという考え方は、能力主義の一面にすぎない。同じく重要なのは、成功を収める人びとはその成功に値するという信念である。能力主義のこうした勝利主義的側面は、勝者のあいだにおごりを、敗者のあいだに屈辱を生み出す。そこに反映しているのは、依然として残る神の摂理への信仰である。それは、ほかの点では世俗的な社会の道徳的語彙のなかに根強く存在しているのだ。

「幸運な人物が幸運であるという事実に満足することはめったにない」と、マックス・ヴェーバーは述べている。「それだけでは飽き足らず、彼は自分の幸運に対する権利があることを知らねば気がすまない。自分はそれに値するし、何よりも他人とくらべてそれに値するのだと確信したがる。また彼は、あまり幸運でない人も当然の報いを受けているにすぎないという信念が認められることを望んでいる」(20)

能力の専制の少なくとも一部は、こうした衝動から生じる。こんにちの世俗的な能力主義的秩序において、成功の道徳的解釈は、神の摂理へのかつての信仰を繰り返したようなものとなる。つまり、成功を収める人びとの権力や富は神の介入のおかげではない——彼らは自分自身の努力と苦労のおかげで出世する——ものの、その成功は彼らの崇高な美徳を反映しているというのだ。裕福な人びとが裕福なのは、貧しい人びとよりもそれにふさわしいからなのである。

能力主義のこうした勝利主義的側面は、神のいない——少なくとも人間の事柄に介入する神のいない——一種の摂理主義だ。成功を収める人びとは自分自身でそれをなしとげる。だが、彼らの成功は彼らの美徳の証明なのだ。こうした考え方は、経済的競争の道徳的賭け金を引き上げる。それは勝者を神聖化し、敗者の名誉を傷つける。

文化史家のジャクソン・リアーズは、予定説や人間の生来の罪深さといったカルヴァン主義者の考え方が廃れたあとでさえ、摂理主義的な思想がいかにして存続してきたかを説明している。カルヴァンやピューリタンにとっては「神の目から見れば誰もが同じように卑しい存在である」。誰もが報いを受けるに値しないのだから、救済は神の恩寵にすがるしかなかった。(21)

ところが、リベラル化した神学者が自らを救う人間の能力を強調しはじめると、成功は個人の功績と摂理による予定の収斂《しゅうれん》を意味するようになった。じわじわと途切れ途切れにではあるが、間違いなく、神の摂理に対するプロテスタントの信仰は……経済的現状を宗教的に承認する手段となった……神の摂理は富の不平等を暗黙のうちに裏書きしたのだ。[22]

リアーズはアメリカの公共文化の中に、幸運の倫理とより筋肉質な支配の倫理との互角とは言いがたい争いを見ている。幸運の倫理は、人間の理解や支配を超えた人生の特質を尊重する。そこには、宇宙は功績と報酬を必ずしも一致させるわけではないとの認識がある。神秘、悲劇、謙虚さの余地を残している。『伝道の書』に見られる次のような感性だ。「私は戻ってきて日の下を見たが、競走は速い者が勝つわけではないし、闘いは強い者が勝つわけでもない。パンは賢い者が口にするわけではないし、富は聡明な者が手にするわけでもなく、恵みは知恵のある者が得るわけでもない。だが、時と災難はあらゆる者の身に起こる」[23]

対照的に、支配の倫理は「人間の選択を宗教的秩序の中心に」据える。[24] これが意味するのは神の否認ではなく、摂理における神の役割の改変だ。リアーズは、支配と制御の倫理は福音派プロテスタントの内部から現れ、最終的に優位を占めていることを示している。それがもたらすのは「恩寵の契約」から「ルターがののしったもの、つまり労働の契約」への変化である。一八世紀の半ばには「問題となる仕事は（伝統的なカトリック信仰におけるように）神聖な儀式ではなく、世俗的な道徳的努力となっていた」[25]。だが、こうした世俗的努力は依然として、摂理による予定からその徳性を引き出していた。

プロテスタントの信仰に従って、神の摂理は依然としてすべてを律していた……だが、人間は神の予定の展開に加わるかどうかを自由に選べたし、どういうわけか神の目的に合わせることもできた。福音主義の合理性が、すべてに先んじる神の摂理への信仰と人間の努力のかつてない賛美とのバランスをとったのである[26]。

人間の努力と神の摂理による承認を結びつけることで、能力主義を推進するロケット燃料が生み出される。それによって幸運の倫理は駆逐され、世俗的成功と道徳的資格の一致が約束される。リアーズは、こうした事態を道徳の喪失と捉えている。「運命を支配する個人の責任にこだわらない文化は、もっと包容力があり、寛容で、慈悲深いものだ」。幸運や運命の移り気な性質をよりはっきりと意識していれば「幸運な人びとは次のように促されるかもしれない。自らの不幸を想像して能力主義神話の傲慢を乗り越えるように、そして、人びとが自らが値するものを手に入れる過程が、いかに気まぐれで予測不能なものかを認めるように」[27]。

リアーズは、容赦のない言葉で道徳的・市民的な悪影響を評価している。

支配の文化が支えつづけているのは、独りよがりで世俗的な形のキリスト教的摂理主義だ。それは二世紀にわたってアメリカの道徳を形づくってきたものの、そこで好まれる言葉遣いはいまや宗教的というよりもむしろテクノクラート的である。摂理的見解のおごりは、俗人を神聖化するその傾向にある。つまり、口先だけでこんなふうに保証するのだ。われわれ全員が神の——すなわち「進化的な」——予定の一部であるだけでなく、世に広まっている社会的・経済的な仕組みの中に、さらには世界的な権力争いの帰結にさえ、われわれはその予定が実際に機能しているのを見ることができるのだ、と[28]。

人びとは自分が値するものを手に入れるという摂理主義的な考え方が、現代の公的言説にこだましている。それは二つの形をとる。一つは傲慢な形、もう一つは懲罰的な形だ。

両者とも、成功であれ悲劇であれ、われわれが出くわす運命への責任をめぐる苛酷な考え方を主張する。二〇〇八年の金融危機の際、摂理主義的おごりの典型的な例が現れた。ウォール街の銀行による危険で強欲な行動のせいで、世界経済は崩壊寸前にまで追い込まれ、公的資金による救済措置が必要になった。住宅の所有者や中小企業が必死で立ち直ろうとしていた時期だというのに、ウォール街の主要な銀行家は、事件のほとぼりも冷めぬうちに数百億ドルのボーナスを自らに支払っていた。一般大衆の激しい怒りが渦巻くなか、そうした巨額の支払いをどう擁護できるのかと問われ、ゴールドマンサックスCEO（最高経営責任者）のロイド・ブランクファインはこう答えた。彼や同僚の銀行家は「神の仕事をして」いるのだと。(29)

懲罰的な形の摂理主義は近年、破壊的なハリケーンなどの災害のあとで、一部のキリスト教保守派によって表明されてきた。二〇〇五年にハリケーン「カトリーナ」がニューオーリンズを壊滅状態に陥れたとき、フランクリン・グラハム牧師は、この嵐はマルディグラ、すなわち「性倒錯」や乱痴気騒ぎをはじめとする罪深い活動で知られる「邪悪な街」への天罰であると言い放った。(30)二〇〇九年にハイチで二〇万人以上の命を奪う地震が起きたときには、テレビ伝道師のパット・ロバートソンが、災害の原因は一八〇四年にハイチの奴隷がフランスに対して反乱を起こした際に悪魔と交わしたとされる契約にあると述べた。[31]

ニューヨークのワールドトレードセンターへの9・11テロ攻撃の数日後、ロバートソンのキリスト教系テレビ番組に出演したジェリー・フォールウェル牧師は、その攻撃をアメリカの罪に対する天罰だと解説した。

堕胎医はこの件についてある程度の責任を負わねばなりません。というのも、神は欺けないからです。四〇〇〇万もの小さく無垢《むく》な赤ん坊の命を奪えば、神を怒らせることになります。私は心からこう信じています。異教徒、堕胎医、フェミニスト、盛んにそれを新たなライフスタイルにしようとしているゲイやレズビアン、ACLU（米国自由人権協会）……アメリカを世俗化しようとしてきたこれらすべての人びと、私は彼らの顔を指さし、こう言いたい。「あなた方はこの事件が起こる手助けをしたのです」[32]

大災害を神の罰として説明することは、キリスト教的な摂理主義に限られた現象ではない。二〇一一年に壊滅的な地震と津波が日本を襲い、原子力発電所のメルトダウンを引き起こしたとき、東京都知事で歯に衣着せぬナショナリストの石原慎太郎は、この出来事を日本の物質主義に対する「天罰」であるとした。「津波をうまく利用して我欲を一回洗い落とす必要がある。積年たまった日本人の心のあかをね」と、彼は語っている。(33)

健康と富

ここ数十年のあいだに、アメリカのキリスト教は、「繁栄の福音」と称する摂理主義的信仰の楽天的な新種を生み出した。国内最大級のいくつかの巨大教会《メガチャーチ》に属するテレビ伝道師や説教師によって広められているこの福音は、神は信仰に対して富と健康をもって報いると教える。神の恩寵は自力では獲得できない神秘的な贈り物であるなどとは考えず、人間の主体性と意志を強調する。この運動の基礎を築いた二〇世紀初頭の伝道師であるE・W・ケニヨンは、キリスト教徒にこう宣言するよう説いた。「神の力は私のもの。神の強さは私のもの。神の成功は私のもの。私は勝者だ。私は征服者だ」(34)

「繁栄の福音」を研究した歴史家のケイト・ボウラーは、その教義は「私は神に祝福されている」という文句に要約されると書いている。ここで、祝福されている証拠は健康で裕福であることだ。(35) 著名な繁栄の伝道師で、ヒューストンに全米最大の教会を構えるジョエル・オスティーンは、オプラ・ウィンフリーを相手にこう語っている。「イエスは、われわれが豊かな生活を送れるようにと亡くなったのです」[36]。ベストセラーとなった彼の著作には、信仰から生じる神の祝福の例として、彼が住んでいる大邸宅や飛行機でビジネスクラスに格上げしてもらったときの話などが挙げられている[37]。祝福の福音が促すのは、幸運に直面しての謙虚さであり、健康や富は美徳のしるしだという能力主義的信念ではないように思えるかもしれない。だがボウラーが述べるように、「祝福されている」という言葉は贈り物と報酬の区別を曖昧《あいまい》にする。

それは純粋な感謝の言葉とも考えられる。「ありがとう、神様。私は自力ではこれを手に入れられなかったかもしれません」。だが、手に入るのは当然という意味にもとれる。「ありがとう、私。自分がきちんとやる人間であることに感謝」。これは、アメリカ社会にぴったりな言葉である。この社会では、アメリカン・ドリームを支えるのは幸運ではなく多大な努力であるはずだと言われているからだ[38]。

約一〇〇〇万人のアメリカ人が「繁栄の福音」を説くメガチャーチに通っているが、その教えは、努力と自助へのアメリカ人の信仰と響き合い、より広範な影響を与えている。タイム誌が行なった世論調査によると、アメリカのキリスト教徒の三分の一近くが「神にお金を寄付すれば、神はさらに多くのお金で祝福してくれる」という見解を支持し、六一％が「神は人びとが裕福になることを望んでいる」と信じているという[39]。

二一世紀の初頭までに「繁栄の福音」は、勤勉、上昇志向、ポジティブ思考に訴えるという点で、アメリカン・ドリームそのものと区別がつきにくくなっていた。「繁栄運動はアメリカ人に、たたき上げの男の国にふさわしい福音を与えただけではなかった」と、ボウラーは書いている。「個人の企業心が依って立つ基本的な経済構造を肯定したのだ」。それはまた、繁栄は美徳のしるしであるという信念を強化した。かつての成功の福音と同じように、この運動は市場が「繁栄あるいは没落として褒美や罰を与えてくれるものと信頼している。有徳な人びとは十分な報酬を得る一方、邪《よこしま》な人びとは結局は失敗するはずなのだ」[40]。

「繁栄の福音」の魅力の一つは、「自らの運命に対する個人の責任」を強調するところにある[41]。これは、気分を高揚させ、人を力づける考え方だ。神学的に見ると、その主張は救済を成果であると、つまり自力で獲得するものだとすることだ。世俗的な観点からすると、十分な努力と信仰があれば健康と富を手にできるという自信を人びとに与える。こうした教えは、徹底して能力主義的なものだ。あらゆる能力主義的倫理がそうであるように、ここで称揚される個人責任の概念は、物事がうまくいっているときには満足感をもたらすが、うまくいかないときには自信を失わせるし、懲罰的なものにさえなる。

健康について考えてみよう。自分の健康は自分の思い通りになる、病人は祈りによって治せる、豊かに暮らし、神を愛することで病気は避けられる、などといった信念ほど人を力づけてくれるものはないだろう。だが、こうした過度の主体性には影の側面がある。病気にかかった場合、それは不幸というだけでなく、われわれの美徳に関する審判でもある。死ですら傷に塩を塗るものとなる。「信者が病気にかかって亡くなると」と、ボウラーは書いている。「恥辱が悲しみに輪をかける。亡くなってしまった愛する者は——信仰のテストの落第者にすぎないのだ」[42]

「繁栄の福音」的な思考の無慈悲な顔は、医療をめぐる議論に見ることができる。[43] ドナルド・トランプと共和党国会議員がオバマケアの廃止と差し替えを試みた際、ほとんどの人はこう主張した。市場に優しい自分たちの代替案は競争を増してコストを減らしつつも、持病のある人びとを保護するものであると。ところが、アラバマ州選出で保守的な共和党下院議員のモー・ブルックスは異なる主張をした。彼は、共和党案がより多くの医療を必要とする人びとにより多くの支払いを求めるものになることを認めた。だが、これは美徳でありこそすれ、悪徳ではないという。なぜなら、善良に暮らしている人びとに報いをもたらすからだ。保険会社が、より高い医療費のかかる人びとにより高い保険料を要求できるようにすることは、費用効率に優れているだけではなく、道徳的に見ても正しい。病人に課す保険料を上げれば「善良に暮らしている人びと」が支払うコストは減る。「彼らは健康であり、自分の体を健康に保つためにやるべきことをやってきました。ところが現状では、これらの人びと、つまり物事を正しく行なってきた人びとが、自分たちの支払うコストがうなぎ登りに上昇しているのを目の当たりにしているのです[44]」

この議員によるオバマケアへの反対論は、ピューリタンから「繁栄の福音」にまで及ぶ無慈悲な能力主義的論理を繰り返すものだ。つまり、繁栄が救済のしるしだとすれば、苦難は罪のしるしである、と。こうした論理は、必ずしも宗教的な想定と結びついているわけではない。それは、人間の自由を束縛のない意志の実践と考え、人間には自分の運命に対して徹底的な責任があるとするあらゆる倫理の特徴なのだ。

オバマケアが初めて議論された二〇〇九年、ホールフーズ創業者のジョン・マッキーはウォール・ストリート・ジャーナル紙に論説を寄せ、医療を受ける権利に反対した。彼の議論は宗教的というよりリバタリアン（自由至上主義者）的な想定に依拠するものだった。それでも、「繁栄の福音」の説教師たちと同じように、彼は極端な個人責任の概念を主張し、良好な健康状態はおおむねわれわれ自身の手柄なのだと論じた。

われわれの医療問題の多くは自ら招いたものだ。アメリカ人の三分の二はいまや太りすぎで、三分の一は肥満体だ。医療費全体の約七〇%を占める死を招く病——心臓病、ガン、脳卒中、糖尿病、肥満——は、適切な食事、運動、禁煙、最小限のアルコール消費、その他の健康的ライフスタイルを通じて、ほとんど防げるのである。(45)

健康障害の犠牲となっている人びとの多くが自業自得だと、彼は主張した。それは、神への信仰が欠けているせいではなく、次のことを示す科学的・医学的証拠に注意を向けていないせいだという。すなわち、野菜中心で低脂肪の食事が「治療が高額で命に関わるほとんどの変性疾患を防ぎ、しばしば改善させる助けとなる。われわれは九十代になっても、さらには一〇〇歳を過ぎてさえ、おおむね病気と無縁の生活を送れるはずだ」。彼は、病気になる人はその病気にふさわしいとは明言しなかったものの、そうした人びとは同胞からの助けを期待すべきではないと主張した。「われわれはみな、自分自身の生活と健康に責任を負っている」(46)

マッキーにとっては、「繁栄の福音」の伝道師にとってと同じく、良好な健康状態は美徳のしるしである——それを追い求める場所がメガチャーチの信者席であろうと、ホールフーズの有機野菜売り場であろうと。

リベラルな摂理主義

健康や富を称賛や非難の問題と見なすことは、人生を能力主義的に見るということだ。幸運や恩寵の役割は認められず、自分の運命の全責任がわれわれに押しつけられる。世に起こるあらゆることは、われわれがなす選択への、またわれわれの生き方への報酬あるいは罰なのだ。こうした考え方は、徹底した支配と制御の倫理を称賛し、能力主義的なおごりを生み出す。そのせいで、成功を収めた人びとは自分が「神の仕事をしている」と信じるようになる一方、ハリケーン、津波、健康障害といった災難の犠牲者を、彼らの陥った状況について非があるとして見下すようになる。

そうしたおごりは、「繁栄の福音」の保守主義者や社会保障制度を批判するリバタリアンのあいだに見られるだけではない。それは、リベラルで進歩的な政治の際立った特徴でもある。一例として、アメリカの力と繁栄を摂理的な観点から、神によって定められた、すなわち正当な地位の帰結として説明する修辞的な表現が挙げられる。二〇一六年の民主党の大統領候補指名受諾演説で、ヒラリー・クリントンはこう宣言した。「結局、問題はドナルド・トランプが理解していない点に帰着します。すなわち、アメリカが偉大なのは、アメリカが善だからなのです」[47]。彼女は選挙期間中この言い回しをしばしば用い、有権者に次のように納得させようとした。「アメリカを再び偉大に」するというトランプの約束は、彼の敵意や金銭ずくの行為とは矛盾するものなのだ、と。

だが、善であることと偉大であることに必然的なつながりはない。個人にとっても国家にとっても、正義にかなうことと権力や富を持つことはまったく別だ。歴史を少し振り返ってみれば、大国が必ずしも公正な国ではないし、道徳的に称賛される国が必ずしも強国ではないことがわかる。

「アメリカが偉大なのは、アメリカが善だから」という文句は、いまではおなじみになっているため、その摂理的な想定が忘れられている。それは、長年にわたる次のような信念と響き合っている。つまり、アメリカは神に授けられた使命を世界の中で持っている、大陸を征服する、あるいは世界を民主主義にとって安全な場所にするという自明の運命《マニフェスト・デスティニー》を持っているという信念だ。だが、神の命令という感覚が薄らいでいるにもかかわらず、政治家は、われわれの偉大さは善であることに由来するという主張を繰り返し口にする。

このスローガン自体は比較的最近のものだ。それを使った最初の大統領はドワイト・D・アイゼンハワーだった。彼はその言葉を、『アメリカのデモクラシー』という古典的作品を著したアレクシ・ド・トクヴィルのものであるとしたが、これは誤りだ。一九五三年に演説した際、アイゼンハワーは、アメリカの成功の原因を探るべく「わが国にやってきたある聡明なフランス人の訪問者」に言及した。アイゼンハワーはその訪問者の言葉を次のように引用した。「アメリカの教会へ足を踏み入れ、聖職者たちの正義感あふれる説教を耳にしてようやく、私はこの国の気風と力の秘密を理解した。アメリカが偉大なのはアメリカが善だからだ――アメリカが善でなくなることがあれば、アメリカは偉大でもなくなるだろう」[48]

こうした文章はトクヴィルの著作には見当たらないが[49]、その後のとりわけ共和党の大統領の人気を博した。ジェラルド・フォード、ロナルド・レーガン、ジョージ・H・W・ブッシュといった面々が、信心深い聴衆に語りかける際にはしばしば、感動的な場面でそれを使った[50]。一九八四年、キリスト教福音派の集会での演説で、ロナルド・レーガンはこのスローガンの摂理的基盤にはっきりと訴えた。

われわれのあらゆる物質的富、あらゆる影響力は、神への信仰とその信仰から生じる基本的価値観を土台にして築かれてきました。フランスの偉大な哲学者であるアレクシ・ド・トクヴィルは、一五〇年前にこう述べたと言われています。アメリカが偉大なのはアメリカが善だからだ。アメリカが善でなくなることがあれば、アメリカは偉

大でもなくなるだろう。(51)

一九九〇年代、民主党員は自分たちの語りに崇高な響きを加えようと、このスローガンを口にしはじめた。大統領としては、ビル・クリントンが九度それを使った。ジョン・ケリーとヒラリー・クリントンはともに、大統領選挙期間中にそのスローガンに訴えた。(52)

歴史の正しい側

アメリカが偉大なのはアメリカが善だからだという主張は、ハリケーンは罪への罰だという考え方の明るく励みとなる側面だ。それは、国家に応用された能力主義的信仰である。長きにわたる摂理主義の伝統に従えば、現世での成功は救済の、すなわち世俗的な言葉で言えば善きものであることのしるしだ。しかし、歴史におけるアメリカの役割をこのように解釈することは、リベラル派に難題を突きつける。裕福で強力な国家がその力を美徳に負っているとすれば、裕福で強力な市民についても同じことが言えるのではないだろうか？

多くのリベラル派や進歩主義者、なかでも平等主義にこだわる人びとは、金持ちが金持ちなのは貧しい人びとよりもそれにふさわしいからだという主張に反対する。彼らはこれを、度量の狭い道徳的議論だと見なす。生活困窮者を助けるために金持ちに課税することに反対する人びとが、それを利用しているというのだ。裕福さは崇高な美徳を示すという主張に対して、平等主義のリベラル派は富の偶然性を強調する。市場社会における成功や失敗は、人格や徳性に劣らず幸運や環境に依存すると、彼らは指摘する。勝者と敗者を分ける要因の多くは、道徳的観点からすれば恣意的なものなのだ。

だが、強力な国家はその善性のおかげで偉大なのだという摂理的な道徳観念を受け入れる一方で、裕福な個人はその美徳のおかげで富を手にしているという能力主義的な道徳観念を拒絶するのは難しい。国家にとって力が正しさを示すとすれば、「一%の人びと」についても同じことが言えるのではないだろうか。道徳的・神学的に考えれば、国外向けの摂理主義と国内向けの能力主義は、共生するか共倒れになるかのどちらかなのだ。

ここ数十年の政治家たちはこの緊張関係をはっきりとは認識していなかったものの、能力主義的な考え方を国内外で受け入れることによって、それを徐々に解消した。「偉大なのは善だから」という摂理主義に内在する能力主義的な態度は、連帯、責任、社会保障制度をめぐる国内の論争に似たような表現をとって現れた。一九八〇年代から一九九〇年代を起点として、リベラル派は個人の責任という厳しい概念を含め、社会保障制度に対する保守的な批判の要素を次々に受け入れた。彼らはあらゆる健康と富が有徳な行動のおかげだとまでは言わなかったが、アメリカではビル・クリントン、イギリスではトニー・ブレアといった政治家が、福祉の適格性を受給者の個人的責任や功罪にいっそう密接に結びつけようとした[53]。

現代のリベラリズムの摂理的側面は、外交政策と国内政策の双方に関わるもう一つの修辞的表現にも見られる。自らの政策や政治的盟友を「歴史の正しい側」にあるとして擁護し、敵対者を「歴史の誤った側」にあるとして批判する習慣のことだ。歴史の「正しい側」と「誤った側」をめぐる論争は、冷戦中に最高潮に達したはずだと思う人がいるかもしれない。当時は共産主義と反共産主義の超大国同士がにらみ合い、将来に成功を収めるのは自分たちの体制だと主張していたからだ。ところが、驚いたことに、冷戦中の論争の只中にあって、こうした言葉を使ったアメリカ大統領はいなかったのである[54]。

歴史の「正しい側」と「誤った側」が政治的レトリックの定番となったのは、一九九〇年代から二〇〇〇年代にかけてようやくのことだった。当時その流れを押し進めたのはほとんどが民主党員だった。ジョージ・W・ブッシュ大統領がこの表現を使ったのは一度だけだった。二〇〇五年に陸軍兵士の聴衆に向かって、中東のテロリストは「この争いに敗れる。彼らは歴史の誤った側にいるからだ」と語りかけたのだ。ブッシュはさらに、アメリカのイラクへの侵攻のおかげで「自由の潮流」が中東全体に押し寄せているとも言った。一年後、ブッシュ政権の副大統領だったリチャード・チェイニーは、ある空母の艦上での演説で、イラク戦争を擁護しつつ米軍に対してこう断言した。「われわれの大義は必要であり、われわれの大義は正義である、そして、われわれは歴史の正しい側にいるのだ」(55)

だが、ほとんどの場合、この勝利主義的レトリックを口にしたのは民主党の大統領だった。ビル・クリントンは大統領の任期中に二五回、バラク・オバマは三二回、それを使った(56)。オバマはときに、ブッシュやチェイニーと同じように、その表現を使ってイスラム教徒による過激なテロリズムとの苦闘について語った。ウェストポイントの陸軍士官学校での演説では「アルカーイダとその支援者は歴史の誤った側にいる卑劣な連中だ」と明言した。空軍士官学校での式辞では、ＩＳＩＬのテロリストは決して「アメリカ人やわれわれの生き方を破滅させるほど強くはない」、それは「われわれが歴史の正しい側にいるから」でもあると語った(57)。

しかし、クリントンとオバマは、この勝利主義的レトリックを別の文脈でも使った。そこには彼らの自信が反映されていた。ベルリンの壁の崩壊とソ連の解体を受けて、リベラルな民主主義と自由市場の拡大に向かう歴史の動きはもはや避けられないという自信だ。一九九四年、クリントンは、民主的に選ばれたロシア初の大統領であるボリス・エリツィンの将来について楽観的な見方を示し、「彼は民主主義を信じているし、歴史の正しい側にいる」と語った。オバマは最初の大統領就任演説で、イスラム世界における民主的な兆しに反応し、独裁者や暴君に向かって厳しい警告を発した。「腐敗と欺瞞《ぎまん》、異論の抑圧によって権力にしがみついている人びとよ、あなた方は歴史の誤った側にいることを知らねばならない」(58)

二〇〇九年にイランの人びとが抑圧的な政権に対して街頭抗議を繰り広げたとき、オバマは彼らを称賛し「正義のために立ち上がる人びとは、つねに歴史の正しい側にいる」と言った。二〇一一年のアラブの春によって、北アフリカと中東で民主主義が独裁政治に取って代わるという希望がふくらんだとき、オバマはやはり歴史の審判を引き合いに出した。リビアの独裁者であるムアンマル・カダフィは「歴史の誤った側に」いるので、権力の座から追放することを支持すると述べたのだ。エジプトのタハリール広場で民主化を求めて抗議する人びとに対し、オバマ政権の支持が弱い点について問われると、彼はこう答えた。「結局は歴史が記録することになると思います。エジプトの情勢におけるあらゆる岐路において、われわれが歴史の正しい側にいたことを」(59)

それが生じる前に歴史的観点から何かを主張することには、二つの問題がある。第一に、事態がどうなるかを予言することは、周知の通りきわめて難しい。サダム・フセインを追放しても、中東に自由と民主主義が到来することはなかった。アラブの春の希望でさえ、あっというまに新たな独裁と抑圧の冬に道を譲った。ウラジーミル・プーチンのロシアという観点から振り返ると、エリツィンの民主的時代はいまや束の間のものに思える。

第二に、歴史の進路が予言できたとしても、それが道徳的判断の基盤を提供するわけではない。結果的に見ると、少なくともロシアを統治する独裁的手法が勝利を収めたという意味では、歴史の正しい側にいたのはエリツィンではなくプーチンだった。シリアでは独裁者のバッシャール・アル・アサドが苛烈な内戦を生き延びたのであり、この意味で彼は歴史の正しい側にいた。しかし、だからといって、彼の政権が道徳的に擁護できるわけではないのである。

道徳の宇宙の弧

自らの大義を歴史の正しい側にあるとして擁護する人びとは、もっと長い歴史の流れが念頭にあるのだと答えるかもしれない。だが、こうした答えはさらなる想定に依存している。十分な時間があれば、また進歩のペースは不規則ながら、歴史は正義へ向かって進んでいくという想定だ。この想定が明るみに出すのは、歴史の正しい側に訴える議論に潜む摂理主義である。こうした議論の根底には、歴史は神に導かれて、あるいは道徳的な進歩と改善へ向かう現世的な傾向に沿って展開するという信念がある。

バラク・オバマはこうした見解を持っており、それについてよく語った。彼はマーティン・ルーサー・キング・ジュニアの「道徳の宇宙の弧は長いが、それは正義へ向かっている」という言葉を頻繁に使った。オバマはこの引用句が大のお気に入りで、大統領時代に演説や声明で三三回も言及し、大統領執務室の絨毯《じゅうたん》に織り込んだほどだった(60)。

こうした摂理的信仰が、歴史の「正しい側」と「誤った側」についての語りに道徳的根拠を与える。それはまた、アメリカ（あるいはどんな国であれ）が偉大なのはアメリカが善だからという主張も支持する。というのも、国家が神の仕事をしている場合にのみ、つまり、自由と正義へ向かう歴史の歩みを促している場合にのみ、その偉大さがその善さのしるしとなりうるからだ。

あるプロジェクトや目的が神の予定と同調している、すなわち、歴史の中で展開する自由と正義のビジョンと同調していると信じることは、とりわけ不正と闘っている人びとにとって強力な希望の源泉である。道徳の宇宙の弧が「正義へ向かっている」というキングの教えは、一九五〇年代から一九六〇年代にかけて公民権デモ行進に参加した人びとを奮い立たせた。おかげで、差別主義者による暴力的な反発に直面したときでさえ、彼らが歩みを止めることはなかったのだ。キングはこの印象的な文句を、一九世紀のマサチューセッツで暮らした奴隷廃止論者で牧師のセオドア・パーカーの説教から採用した。パーカーのバージョンは、キングのものほど簡潔ではないのだが、抑圧されている人びとの希望の源泉として摂理的神学がいかに役立つかを示すものだった。

世界の実情に目を向けましょう。正しいことがたゆみなく一歩ずつ勝利を重ねているのがわかります。私は道徳の宇宙を理解しているふりをしようとは思いません。その弧は長く、私の目はほんのわずかしか届きません。視界の経験によってはその曲線を推定できないし、その形を完成できません。私は良心によってそれを察知できます。物事は長く不当に扱われることを拒否するものです。ジェファソンが身震いしたのは、奴隷制について考え、神が正義にかなうものであることを思い出したときでした。やがて、アメリカ全体が身震いすることになるでしょう。(61)

パーカーと同じくキングの手にかかると、道徳の宇宙の弧は正義へ向かっているという信念が、不正に立ち向かおうという、奮起を促す預言的な呼びかけとなる。だが、力を持たない人びとに希望を抱かせる同じ摂理的信仰が、力を持つ人びとにはおごりをもたらすこともある。これは、この数十年で変わりつつあるリベラリズムの感性に見て取れる。つまり、公民権運動期の道徳的緊迫感が、冷戦後の独りよがりの勝利主義に取って代わられたのだ。

ソ連の解体とベルリンの壁の崩壊のせいで、西側諸国の多くがこう想定するようになった。リベラルな民主主義と自由市場資本主義という自分たちのモデルの正しさが、歴史によって立証されたのだと。こうした想定に力を得て、西側諸国は新自由主義版のグローバリゼーションを推進した。それを構成していたのは、自由貿易協定、金融自由化、さらには商品、資本、人の国境を越えた流れを容易にするその他の手段だった。西側諸国は自信満々でこう予想していた。グローバル市場の拡大によって、世界的な相互依存関係が増し、国家間の戦争の可能性が減り、ナショナリスト的なアイデンティティが抑制され、人権の尊重が促されるはずだと。世界貿易と新たな情報技術の有益な影響によって、独裁的な政権の支配は緩み、リベラルな民主主義へ向かうよう説得できるかもしれないとさえ考えられた。

事態はそうはならなかった。グローバリゼーションのプロジェクトがもたらしたのは、二〇〇八年の金融危機であり、その八年後の強烈な政治的反動だった。ナショナリズムと独裁主義は消え去るどころか、世界中で勢いを増し、民主主義社会の中でリベラルな制度や規範を脅かすようになった。

しかし、一九八〇年代から一九九〇年代にかけて、市場に優しいグローバリゼーションが勢いを増したとき、それを推進したエリートたちは、歴史がどこへ向かっているのかについてほとんど疑いを抱いていなかった。一九八〇年代初頭から二〇〇八年にかけて、「歴史の正しい側」という表現の使用例が、グーグルに記録されている書籍の中で八倍以上に増えていたのだ(62)。

グローバリゼーションの支持者は、歴史は自分の側にあると確信していた。一九九三年、ビル・クリントンはNAFTA（北米自由貿易協定）を承認するよう議会をせっつく一方で、その協定によってアメリカの労働者の雇用の先行きが脅かされるという恐怖を和らげようとした。だが、彼が最も懸念していたのは、NAFTAの頓挫がグローバリゼーションへの打撃となることだった。「私が何より案じているのは、それによってアメリカが歴史の誤った側に立たされてしまうことです……われわれが二一世紀へ向かっているときに。この問題の前では、ほかのあらゆる懸念は取るに足りないものです」。一九九八年にベルリンで演説した際、クリントンは「グローバル経済への困難な移行を進めている」としてドイツを称賛した。多くのドイツ市民が「まだ恩恵を感じていないかもしれない」にもかかわらず、ドイツがグローバリゼーションを受け入れれば「歴史の正しい側に立つことになるのは明らか」だと、彼は語った(63)。

リベラル派にとって、歴史の正しい側にいるとは、無制限の自由市場経済を受け入れるということではなかった。そうではなく、国外でグローバル資本主義を促進する一方、国内では差別と闘い、平等な機会を拡大するということだった。医療保険制度改革、家族・医療休暇法、大学学費の税控除、連邦政府との契約事業者にＬＧＢＴの従業員への差別を禁じる大統領令といった政策が、クリントンやオバマによってたびたび「歴史の正しい側」にあるとされた。二〇〇八年の民主党全国委員会におけるオバマを支持する演説で、クリントンは自身が勝利した大統領選挙の際、共和党員から最高司令官となるには若すぎるし経験が浅すぎると攻撃されたものだと語った。「一九九二年にこうした批判がうまくいかなかったのは、われわれが歴史の正しい側にいたからです。そして、二〇〇八年にもそれはうまくいかないでしょう。バラク・オバマは歴史の正しい側にいるからです」(64)

差別反対や機会の拡大は価値ある大義だ。ヒラリー・クリントンは、それらを二〇一六年の大統領選挙の中心テーマに据えた。だがその頃には、新自由主義的なグローバリゼーションによって、所得と富の途方もない不平等、金融が支配する経済、市民よりもお金が物を言う政治システム、荒れ狂うナショナリズムの上げ潮といったものが生み出されていたせいで、機会の不平等の改善というプロジェクトはもはや不十分であり、摂理的希望の弱々しい表明にすぎないように思えた。

オバマが正義へ向かう道徳の宇宙の弧について語ったとき、彼はキングがしなかった保証を付け加えた。「いずれ、アメリカはきちんと決着をつけます」[65]。だが、これがキングのメッセージの精神を変えてしまった。

時を経るにつれ、オバマの摂理主義は預言者による変化の呼びかけというよりも、一種の正しい停滞となってしまった。それは、アメリカ例外論を慰めのように重ねて主張するものだった。二〇一二年にカリフォルニアのビバリーヒルズで開かれた資金集めのイベントで、オバマは、進歩というものは「つねに直線的に進むものではありません」と説いた。「それはジグザグに進みます。国家が方向を誤る場合もあれば、人びとが取り残される場合もあります。しかし、アメリカを例外的な国とするのは、いずれはきちんと決着をつけるということです。キング牧師が道徳の宇宙の弧と呼んだもの、それは正義へと向かっています。これがアメリカを際立たせる点であり、アメリカを特別にする点なのです」[66]

一八九五年、ウェルズリー・カレッジ教授にして社会改革家のキャサリン・リー・ベイツは、『アメリカ・ザ・ビューティフル』という愛国詩を発表した。一五年後、ある教会のオルガン奏者がその詩に曲をつけた。この歌はアメリカの善に寄せる頌歌《オード》であり、アメリカで最も人気のある愛国歌の一つとなった。多くの人が国歌になってほしいと願っていた。(67)

アメリカの正式な国歌である『星条旗』とは違い、『アメリカ・ザ・ビューティフル』は平和の讃歌だった。それが讃えたのはこの国の「深紅の山々の雄大さ」であり、「ロケット弾の赤い閃光、空中で炸裂《さくれつ》する爆弾」ではなかった。その歌のリフレインは神の恩寵を請う祈りだった。

アメリカ！　アメリカ！
神よ、この国に恩寵を与えたまえ
その善には兄弟愛を授けたまえ
大西洋から太平洋まで！(68)

しかし、神の恩寵にまつわるこの詩句は二通りの解釈が可能だった。それは願望の表現として読める。つまり「神よ、この国に恩寵を与えたまえ」と。あるいは、事実を述べたものとして過去時制で読むこともできるだろう。つまり「神はこの国に恩寵を与えたもうた」と。[69]

残りの歌詞から、この詩が前者、つまり神の恩寵への祈りを意図しているのは明らかだ。次の行を読めばその点がはっきりする。それは、神がこの国の善に兄弟愛を「授けた」とは言っておらず、神はそうするはずだという希望を表明しているからだ。

避けがたいことだが、多くのアメリカ人がそれを後者の意味に、つまり事実を述べたものとして解釈する。ここには、アメリカ的摂理主義の上昇志向というよりはむしろ独断的な要素が反映している。神の恩寵は自力では獲得できない贈り物などではなく、われわれにふさわしい、実際に獲得できる何かなのだ。「アメリカが偉大なのは、アメリカが善だから」なのである。

功績と恩寵のバランスを保つのは容易ではない。ピューリタンから「繁栄の福音」の説教師に至るまで、獲得と達成の倫理はほとんど抵抗できない魅力を放ってきた。希望と祈り、感謝と贈り物の謙虚な倫理が、それに踏みつぶされてしまう恐れはつねにある。能力や功績は恩寵を駆逐する、さもなくば、われわれがそれに値するものとして、それ自体のイメージを作り変えるのだ。

二〇〇一年一〇月二八日、9・11のテロ攻撃からわずか数週間後、幼少の頃より盲目のアフリカ系アメリカ人、伝説的なソウルシンガーにしてミュージシャンのレイ・チャールズが、ワールドシリーズ第二戦の試合前に『アメリカ・ザ・ビューティフル』の感動的な演奏を披露した。レイ・チャールズは、誰にもまねできないやり方でその歌を歌い、やるせない悲しみと救いの喜びを呼び起こすことで有名だった。その夜、彼はいつものようにリフを付け加えた。それは、聴衆がこう結論するのを許すものだった。アメリカの恩寵は希望や祈りではなく、既成事実なのだと。

アメリカ！　アメリカ！
神はこの国に恩寵を与えたもうた。そう、与えたもうた。
この国の善に栄誉を授け——忘れていないだろうか——兄弟愛をお救いくださった、
大西洋から太平洋まで。[70]

最後の和音が球場にこだましたとき、四機のF-16戦闘機が頭上を勢いよく通過した。チャールズの歌がまとっていた痛切な憂いが、よりとげとげしく、より不寛容な何かに取って代わられた。そこには、摂理的信仰の独断的な顔があった。道徳の宇宙の弧は正義へ向かっている。だが、神は自ら助くる者を助くのである。

第3章　出世のレトリック

こんにち、われわれが成功についてとる見解は、かつてピューリタンが救済についてとったものと同じだ。つまり、成功は幸運や恩寵の問題ではなく、自分自身の努力と頑張りによって獲得される何かである。これが能力主義的倫理の核心だ。この倫理が称えるのは、自由（自らの運命を努力によって支配する能力）と、自力で獲得したものに対する自らのふさわしさだ。私が収入や富、権力や名声といった現世の資産の少なからぬ割合を自らの力で手にしたとすれば、私はそれらにふさわしいに違いない。成功は美徳のしるしなのだ。私の豊かさは私が当然受け取るべきものなのである。

こうした考え方は勢いを増しつつある。それは、人びとにこう考えるよう促す。私は自分の運命に責任を負っており、自力では制御できない力の犠牲者ではないのだ、と。だが、これには負の側面もある。自分自身を自立的・自足的な存在だと考えれば考えるほど、われわれは自分より恵まれない人びとの運命を気にかけなくなりがちだ。私の成功が私の手柄だとすれば、彼らの失敗は彼らの落ち度に違いない。こうした論理によって、能力主義は共感性をむしばむ。運命に対する個人の責任という概念が強くなりすぎると、他人の立場で考えることが難しくなってしまう。

過去四〇年にわたり、能力主義的な想定は、民主的社会において一般の人びとの生活に深く浸透してきた。不平等が極度に広がってきたにもかかわらず、公共文化において、われわれは自分の運命に責任があるし、自力で手に入れたものに値するという考え方が強まってきた。まるで、グローバリゼーションの勝者が、自分自身や他人をこう説得する必要があるかのようだ。つまり、頂点を占める人びとも底辺に甘んじる人びとも、自分の居るべき場所に立っているのだと。あるいはそうでないとしても、機会に対する不公平な障壁を取り除きさえすれば、誰もが自分の居るべき場所に到達するはずだと。この数十年間の主流派政党における中道右派と中道左派の政策論争は、主として機会の平等をどう解釈し、どう実現するかをめぐるものだった。その目的は、人びとが自らの努力と才能の及ぶかぎり出世できるようにすることなのだ。

努力と正当な報い

私が能力主義的な気運の高まりに最初に気づいたのは、学生の声を通じてのことだった。一九八〇年からハーバード大学で政治哲学を教えてきたため、ときどき、その間に学生の意見はどう変わってきたかとたずねられることがある。この問いに答えるのは概して難しいものだ。私が教えているテーマ――正義、市場と道徳、新しいテクノロジーの倫理――に関する教室での討論で、学生たちは実にさまざまな道徳的・政治的見解を口にするのが常である。私は明確な傾向には気づかなかったが、一つだけ例外があった。その傾向は一九九〇年代に始まり、現在まで続いているのだが、次のような信念に魅力を感じる学生がますます増えているようなのだ。つまり、自分の成功は自分の手柄、自分の努力の成果、自分が勝ち取った何かであるという信念だ。教え子のあいだで、こうした能力主義的信念が強まってきたのである。

私は当初、これは、彼らがロナルド・レーガンの時代に成人し、その時代の個人主義的哲学を吸収したせいだと考えていた。だが、学生の大半は政治に関して保守的ではなかった。能力主義的直観は政治的立場を超えて広がっている。それが姿を現すのは、大学入試における積極的差別是正措置《アファーマティヴ・アクション》をめぐるとりわけ激しい議論の際だ。アファーマティヴ・アクション制度への賛否にかかわらず、大半の学生はこんな信念を口にする。自分はハーバード大学への入学資格を手にするために懸命に努力したのであり、したがって、現在の地位を得たのは当然なのだと。入学できたのは、彼らに制御できない幸運その他の要因のおかげではないかとほのめかされると、激しく反発する。

難関大学の学生のあいだで能力主義の気運が高まっている理由を理解するのは難しくない。過去半世紀にわたり、名門大学への入学はますます厳しいものになってきた。少し前の一九七〇年代半ばには、スタンフォード大学は志願者の三分の一近くを受け入れていた。一九八〇年代の初め、ハーバード大学とスタンフォード大学は志願者の五人に一人ほどの入学を認めていた。二〇一九年、両大学の合格者は二〇人に一人にも満たなかった。入学競争が厳しさを増すにつれ、一流大学を目指す（あるいは親が目指す）子供の青春時代は、すさまじい努力の戦場と化してきた——それは、きわめて計画的で、プレッシャーが大きく、ストレスを生む期間であり、大学レベルの科目履修《アドバンスト・プレースメント・コース》、個人向け入試カウンセラー、SAT対策の家庭教師、スポーツをはじめとする課外活動、入学審査委員会に好印象を与えることを目的とした僻地におけるインターンシップや奉仕活動などで埋まっている。そして、子供のために最善を追求する心配性で過干渉な親によって、すべてが監督されているのだ。

ストレスと苦闘に満ちたこの試練を乗り切るには、人生におけるいかなる成功も、努力と勤勉によって手に入れたのだと信じる必要がある。こう信じているからといって、学生が利己的で狭量になるわけではない。多くの学生が公共サービスをはじめとする立派な仕事に多くの時間を費やしている。しかし、過去の経験が彼らを頑なな能力主義者にする。先祖のピューリタンと同じように、彼らは自分が、自らの多大な努力によって勝ち取った成功に値すると信じているのだ。

私が大学生のあいだに見いだしてきた能力主義の感性は、アメリカだけの現象ではない。二〇一二年、私は中国の南東岸にある厦門《アモイ》大学で講義をした。テーマは市場の道徳的限界についてだった。少し前の新聞の見出しが、iPhoneとiPadを買うために腎臓の一つを売った十代のある中国人の話題を伝えていた(1)。私は学生たちにこの事例をどう思うかとたずねた。その後の討論で、多くの学生がリバタリアン的な見解を述べた。つまり、その十代の人物が圧力や強制を受けたわけではなく、腎臓の売却に自由意思で同意したのであれば、彼にはそうする権利があるはずだというのだ。一部の学生はこれに異議を唱え、富める者が貧しい者から腎臓を買って命を長らえられるのは公正でないと主張した。会場の後方にいたある学生はこう答えた。裕福な人びとは自分で富を築いたのだから、報酬を受ける資格があり、したがって長生きするに値すると。

私は、能力主義的な思想がこれほど臆面もなく応用されることに面食らった。いまにして思えば、それは、健康や富を神の好意のしるしだとする「繁栄の福音」の信仰と道徳的に同種のものであることがわかる。もちろん、その考えを口にした中国人学生は、ピューリタン的な、あるいは摂理的な伝統に深くなじんでいたわけではないだろう。だが、彼やそのクラスメートは中国が市場社会へと転換する時期に成人していたのだ。

成功を収めている人びとは彼らが稼ぐお金に値するという考え方は、これまで一〇年間、私が中国の多くの大学を訪れて出会った学生たちの道徳観に深くしみついている。文化的な差異はあれど、こうした中国人学生はハーバード大学の私の教え子と同じく、超競争的な市場社会を背景に展開される超競争的な入学選考の勝者だ。彼らが、自分の成功は何らかの恩恵のおかげだという考え方に反発し、社会のシステムが努力と才能に与えるあらゆる報賞は自力で勝ち取るものであり、したがって自分はそれに値するという考え方に引かれるのも不思議ではない。

市場と能力

一九七〇年代末から一九八〇年代初頭にかけて、鄧小平が中国の市場改革に着手していた頃、イギリスのマーガレット・サッチャーとアメリカのロナルド・レーガンは、自国社会の市場への依存度をいっそう強めようとしていた。この時期の市場への信頼は、その後の数十年にわたる能力主義的な価値観・慣行の隆盛をお膳立てすることになる。

確かに、市場は必ずしも能力主義的想定に基礎を置いているわけではない。市場の擁護論として最もよく見られるのは、効用と自由に関するものだ。第一の議論は、市場が生み出すインセンティブによって国内総生産（GDP）が増大し、一般の福祉が最大化されると主張する。第二の議論は、市場を通じて人びとは、自分が交換する財にどれだけの価値を置くかを自由に決められると説く。

だが、一九八〇年代の市場勝利主義が、第三の能力主義的な論拠を明瞭に表現するよう促した。平等な機会がある公正なシステム内で市場が運営されていれば、人びとは市場を通じて自分に値するものを得られるのだ、と。誰もが平等な競争の機会を手にしているかぎり、市場は結果として能力に報いるのである。

能力主義の倫理は、ときとして、サッチャーやレーガンの自由市場保守主義に暗に含まれているものだった。しかし、二人の後を継いだ中道左派の人びとの政策では、これ以上ないほどはっきりと表現されるようになった。その原因は、一九九〇年代以降の中道左派の政策論議の際立った特徴にある。つまり、トニー・ブレアやビル・クリントンといった政治家は、サッチャーやレーガンの市場信仰の前提に異議を唱えるのではなく、それを受け入れ、その最も無慈悲な特質を緩和しようとしたのだ。

彼らは、市場メカニズムは公益を実現するための主要な道具であるというレーガン＝サッチャーの考えを受け入れた。だが、市場が間違いなく公正な条件下で運営されるようにしたかった。すべての市民は、人種や階級、宗教や民族、性別や性的指向などにかかわらず、市場が与えてくれる報酬を目指して同一条件で競争できなければならない。中道左派のリベラル派にとって、機会の平等の実現には差別がないだけでは不十分だった。そのためには、人びとが労働市場で実際に競い合うことを可能とする教育、医療、保育、その他のサービスが利用できることも必要だというのだ。

したがってここに、一九九〇年代から二〇一六年にかけての中道左派の市場に優しいリベラリズムの主張があった。すなわち、すべての人が同じ条件で競い合えるようにすることとは、市場社会と相性がいいだけでなく、その基本原則に従う方法でもあるというのだ。そうした二つの原則が、公正と生産性だった。差別をなくして機会を拡大すれば、市場はより公正になるはずだし、より広範な才能の協力を得れば、市場はいっそう生産的になるはずだ（ビル・クリントンは「無駄にしてもよい人間などいないのです」と語ることで、生産性の議論の形を借りて公正の議論を提示することが多かった(2)）。

だがリベラル派の主張は、公正と生産性にとどまらず、市場擁護論に内在するいっそう強力な第三の理念を指し示してもいた。つまり、人びとが努力と才能だけを基に競い合えるようにすれば、市場の結果は能力と一致するはずだというのだ。機会の平等が真に実現している社会では、市場は人びとに正当な報いを与えることだろう。

過去四〇年にわたり、能力や「値する」といった言葉が公的言説の中心を占めるようになってきた。能力主義への転換の一つの特徴は、能力主義の過酷な側面を示すものだ。それは、個人の責任という厳しい考え方に現れている。この考え方に伴って、社会保障制度を抑制し、リスクを政府や企業から個人へ移そうという試みがなされてきた。(3) 能力主義への転換の二つ目の特徴は、いっそうの上昇志向だ。それが見て取れるのが、出世のレトリックとでも言うべきもの、つまり、懸命に努力し、ルールに従って行動する人びとは、才能と夢が許すかぎりの出世に値するという保証である。個人の責任というレトリック、また出世のレトリックは、この数十年の政治論議を活気づけてきたが、結果として、能力主義に対するポピュリスト的な反発の一因となったのだ。

責任のレトリック

一九八〇年代から一九九〇年代にかけて、社会保障制度をめぐる論争では、責任のレトリックが際立った役割を演じた。二〇世紀の大半を通じて、社会保障制度をめぐる議論は連帯をめぐる議論であり、われわれは市民としてお互いにどう依存しあっているかをめぐる議論だった。連帯についてより多くを期待する考えの人びともいれば、より制限的な考えの人びともいた。一九八〇年代以降、社会保障制度をめぐる論争は、連帯よりも、恵まれない人びとは自らの不幸にどこまで責任があるかという点をテーマとするようになった。個人の責任についてより厳しい見解をとる人びともいれば、より限定的な見解をとる人びともいる。

個人の責任を拡張する考え方は、能力主義的な想定が働いているという手がかりになる。自分の運命への自己責任が徹底されればされるほど、自分の人生の成り行きに関して称賛されたり非難されたりするのがますます当然のこととなる。

社会保障制度に対するレーガン＝サッチャー的な批判は、次のようなものだった。人間は自分の福利について自ら責任を負っていると考えるべきであり、コミュニティが手を差し伸べるのは、その人の不幸が本人の落ち度ではない場合に限られる。「われわれは、自らに落ち度がないにもかかわらず、公助に頼らざるをえない人びとを決して見捨てません」と、レーガンは一般教書演説で明言した。「しかし、福祉依存から脱し、自立可能な人びとがどれくらいいるかを調べさせていただきたい」[4]。「自らに落ち度がないにもかかわらず」という言い回しは示唆に富んでいる。それは、寛容さを表す修辞表現として使われ始めている。つまり、「自らに落ち度がないにもかかわらず」困窮している人びとは、コミュニティに助けを求める権利があるというわけだ。しかし、責任の帰属の話となればいずれも同じだが、その考え方には厳しい面もある。周囲の事情のせいで苦境に陥っている人がコミュニティの支援を受けるに値するとすれば、自ら不幸の種をまいた人がそれに値しないのは言うまでもない。

大統領のレトリックとして「自らに落ち度がないにもかかわらず」という文句を初めて使ったのは、カルヴィン・クーリッジとハーバート・フーヴァーだった。それは、個人の責任に関する厳格な考え方を示唆していた。つまり、貧困や健康障害が本人の誤った選択のせいだとすれば、そうした人びとは政府の支援を受けるに値せず、自力で何とかすべきだというのだ。フランクリン・D・ローズヴェルトは、大恐慌によって仕事を失った人びとは失業について責任を問われることはないはずだと論じる中で、この表現をときどき使った[5]。

ロナルド・レーガンは、政府の役割を軽減しようと、それまでのどの大統領よりも頻繁にこの文句を口にした。しかし、レーガンの後を継いだ共に民主党のビル・クリントンとバラク・オバマは、レーガンの二倍以上もその表現を使った。[6] そうすることで、二人はレーガンと同じく、援助を受ける資格のある貧困者とそうでない貧困者を暗黙のうちに区別したのだ。自ら制御できない力のせいで困窮している人びとは、政府援助を受ける資格があった。しかし、自分の不幸に責任を負うべき人びとは、おそらくその資格がなかった。

一九九二年、クリントンは「これまでのような福祉に終止符を打つ」を公約に掲げ、大統領選挙を戦った。大統領に就任すると、彼は責任のレトリックと出世のレトリックを結びつけ、能力主義の厳しい面と期待を抱かせる面をともに思い出させた。「これぞアメリカ、という行動をとらねばなりません」と、クリントンは最初の就任演説で宣言した。「すべての国民にさらなる機会を与え、いっそうの責任を果たしてもらいましょう。自分は何もせずに政府や同胞に期待するという悪しき習慣を絶つべきときです」[7]

責任のレトリックと出世のレトリックには、次のような共通点があった。すなわち、どちらも自立と自己形成の理想を指し示していたのだ。一九八〇年代から一九九〇年代にかけて、責任とは福祉を脱して仕事を見つけることを意味し、機会とは労働市場で効率よく競争するための教育と技能を身につけることを意味していた。機会が平等であれば、人びとは自らの努力と才能を頼りに出世するはずだし、彼らの成功はその功績を測る尺度であるはずだ。「すべてのアメリカ人は権利だけでなく、天賦の才と決意の許すかぎり出世する厳粛な責任を負っています」と、クリントンは宣言した。「機会と責任。この両者は手を携えて進みます。一方がなければ他方もありえません」(8)

クリントンは、福祉の対象を「自らに落ち度がないにもかかわらず」困窮している人びとに限るべきだというレーガンの主張を繰り返した。「政府の役割は」と、クリントンは述べた。「経済的機会を創出し、自らに落ち度がないにもかかわらず経済的負担に耐えてきた人びとを援助することです」(9)。一九九六年、クリントンは民主党員の同僚の多くが反対するなか、福祉制度改革法案に署名し法律として成立させた。それは「個人の責任」を要求し、生活保護の受給者に就労を求め、福祉の受給期間を制限するものだった(10)。

責任の新たな強調とその能力主義的な含意は、大西洋の向こう側にまで達した。クリントンが「個人の責任」という旗印の下に福祉制度改革を遂行しつつあったとき、まもなくイギリス首相に就任することになるトニー・ブレアが似たようなメッセージを発していた。「われわれは、機会と責任が調和する新時代に向けて、福祉に関する新たな合意を必要としています」。ブレアは自分の政策の能力主義的なインスピレーションについて明確に語った。「新しい労働党は能力主義に取り組んでいます」と、彼は書いている。「われわれは信じています。人間は生まれや特権によってではなく、自分の才能によって出世できるはずだと、われわれは信じています」(11)

を正当化した。数年後、ドイツでは、ゲアハルト・シュレーダー首相が似たような言葉で福祉制度改革

これらの法案によって、われわれはグローバリゼーションの大嵐に立ち向かうべく、社会保障制度に耐候性を与えようとしています。そのためには、あらゆる面において責任を増す必要があります。すなわち、われわれ自身のためにいっそうの自己責任を、子供たちの機会のためにいっそうの共同責任を……社会政策の観点から言えば、それが意味するのは、あらゆる人が同じ機会を手にしているということです。しかし、それはまた、あらゆる人が機会をつかみとる義務を負っているということでもあります。(12)

責任のレトリックは、いまではあまりにもなじみ深いものになっているため、この数十年におけるその独特の意味や、成功に関する能力主義的理解との結びつきは見落とされやすい。政治指導者は昔から責任について語ってきた。国家や同胞に対する国民の義務に言及するのがその典型だ。しかし、ヤシャ・モンクが指摘するように、責任はいまや「自分自身の面倒を見る責任、そしてそれに失敗すれば、結果は自分で引き受ける責任」の意味で使われている。社会保障制度は「責任緩衝」機能を弱め、「責任追及」機能を強めてい

間違った行動ではなく、不運のせいで苦境にある人びとだけに福祉受給資格を限定する。ることは、人間を能力や功績に応じて処遇しようという試みであり、その一例である。[13]

才能の許すかぎり

出世のレトリックは、注目されにくいという意味でもいままでにないものだ。平等な機会と立身出世という理想は、昔からアメリカン・ドリームの一部をなしていた。それはまた、アメリカ以外の多くの社会を鼓舞してもいる。人間は「才能と努力の許すかぎり」出世できるのが当然だという考え方は、決まり文句とも言えるほどおなじみになっている。それが議論を呼ぶことはほとんどない。主流派の政治家は絶えずそれを口にする。異論を唱える者はいない。

だから、このスローガンが比較的新しいことを知るとびっくりさせられる。アメリカの政治的言説の中で目につくようになったのは、この四〇年のことにすぎない。ロナルド・レーガンは、それを自らの政治的レトリックの支柱とした最初の大統領だった。政権の黒人メンバーに対するホワイトハウスでのブリーフィングで、レーガンは功績と出世の権利の結びつきを明確に述べた。「すべてのアメリカ人に個人の功績のみに基づいて評価される権利がある」し、「また、本人の夢と努力が許すかぎり出世する権利がある」。レーガンにとって、出世のレトリックは差別の克服に関わるだけではなかった。それには多くの用途があったのだが、その一つが減税を支持することだった。税金を減らせば「成功への道をふさぐ壁が崩れ落ち、結果としてすべてのアメリカ人が、努力、技能、構想力、創造力の許すかぎり前進できるようになる」[14]。

ビル・クリントンもレーガンのスローガンを取り入れ、しばしば利用した。「われわれ全員が糧として育ったアメリカン・ドリームは、単純ながら力強いものです。すなわち、懸命に努力し、ルールに従って行動すれば、天賦の才の許すかぎり前進する機会を与えられるべきなのです」。二〇〇〇年代には、出世のレトリックは超党派による反射行動と化していた。共和党のジョージ・W・ブッシュ、ジョン・マケイン、マルコ・ルビオは全員それを語った。しかし、バラク・オバマほどそのスローガンを好んだ大統領はいなかった。オバマはそれまでの大統領全員を合わせたよりも多く、その表現を使った。実のところ、それが彼の大統領任期中の中心テーマだったことはほぼ間違いない[15]。

「高等教育に関して言えば」と、オバマはホワイトハウスで開かれた教育者の集会で語った。「最終的に重要なのは『聡明で意欲ある若者が……彼らの才能、労働倫理、夢が許すかぎり前進できる機会を必ず手にできるようにすることです」。オバマは、大学教育を社会的地位向上の主要な手段と見なしていた。「目下のところ、国として平等な結果を約束するわけにはいきません。しかし、われわれは、すべての人が成功への平等な機会を手にすべきだという理念を基に国を築きました。誰であろうと、どんな見た目であろうと、出自がどうであろうと、成功できるのです。それが、アメリカの根本的な約束なのです。出発点によって終着点が決まってはなりません。したがって、誰もが大学進学を望んでいることをうれしく思います」[16]

また別の機会には、オバマは妻のミシェルを引き合いに出した。ミシェルは労働者階級の家庭で育ったが、プリンストン大学とハーバード大学ロースクールで学び、世に出ることができた。「ミシェルと彼女の兄は信じられないほど素晴らしい教育を受け、夢の許すかぎり前へ進めたのです」。このことが、オバマのこんな信念の土台となった。「アメリカを卓越した国にするもの、きわめて特別な国にするものは、こうした基本的契約、こうした考え方です。つまり、この国では、どんな見た目であろうと、出自がどうであろうと、名字が何であろうと、どんな挫折を味わおうと、懸命に努力すれば、自ら責任を引き受ければ、成功できるのです。前へ進めるのです」[17]

レーガンやクリントンをまねたかのように、オバマの出世のレトリックは能力主義を志向していた。それは差別がないことを強調し（「どんな見た目であろうと、出自がどうであろうと」）、努力を求め、自ら「責任を負う」よう国民を戒めた。こうして、出世のレトリックと能力主義の倫理が結びついたのだ。すなわち、機会が真に平等ならば、人びとは才能と努力の許すかぎり出世できるだけでなく、その成功は彼ら自身の手柄なのであり、したがって、彼らは人生において手にする報酬に値するのである。

自分が値するものを手に入れる

出世のレトリックが目立つようになると、「功績」や「値する」という言葉が大衆文化の中で使われるケースが増えていった。一九七〇年代から一九八〇年代にかけてマクドナルドが使っていたおなじみのキャッチフレーズ（およびCMソング）を思い出してほしい。「今日、あなたはひと休みするに値します」。あるいは、本や新聞について考えてみよう。本の中の単語や語句の出現頻度を検出するグーグル・Nグラムによれば、「あなたは値する」という語句の使用例は、一九七〇年から二〇〇八年にかけて三倍以上に増えた。ニューヨーク・タイムズ紙の場合、二〇一八年に「あなたは値する」という表現が登場した頻度は、ロナルド・レーガンが大統領に就任した年の四倍以上だった[18]。

「値すること」への言及の一部が能力主義の考え方と結びついていたのは明らかだ。たとえば、一九八八年のニューヨーク・タイムズ紙のある記事は、大洋の波音の背後でささやかれる催眠術的なサブリミナル・メッセージの入ったやる気を高めるテープの市場拡大を報じていた。そうしたメッセージの一つはこう語るものだった。「私は父さんよりうまくやるのに値する。私は成功に値する。私は目標を達成するのに値する。私は裕福になるのに値する」。だが、「値すること」の言語が大衆文化の中に吹き込まれると、それは気持ちを落ち着かせ、成功を約束する万能の表現になった。たとえば、最近のニューヨーク・タイムズ紙の料理レシピに付けられた見出しはこうだった。「あなたはもっとジューシーなチキンに値する」（あなたが値する柔らかいチキンを調理する秘訣は？「焼きすぎないこと」)[19]

功績や報いを表す言語が日常生活で目立つようになった頃、同じようなことが学術的な哲学の分野でも起こっていた。一九六〇年代から一九七〇年代にかけて、英米の指導的哲学者は能力主義を拒否していた。人びとが市場で獲得するものは、本人には制御《せいぎょ》できない偶然――たとえばある人の才能に対する需要や、その才能がありふれたものか希有《けう》なものかなど――に左右されるからだ。ところが、一九八〇年代から一九九〇年代になると、ある有力な哲学者グループが、おそらくは当時の政治において優勢だった「責任のレトリック」を反映して、能力の擁護論をよみがえらせた。「運の平等論者」として知られる彼らは、恵まれない人びとを助ける社会の義務は、困窮している人の中で、自らの不幸に責任がある人びとと、不運の犠牲者にすぎない人びとを見極めることにかかっていると論じた。自らの窮状に責任のない人びとだけが、政府の援助を受けるに値するというのだ。[20]

政治家のあいだでは、功績や「値すること」を表す言語には出世のレトリックがつきものだった。一九六〇年代から一九七〇年代にかけて、アメリカ大統領が聴衆に向けて、彼らが何に値するかを語ることで気持ちを揺さぶろうとすることはほとんどなかった。ジョン・F・ケネディ大統領が「あなたは値する」という言葉を使ったことは一度もない。それが変わったのは、レーガン大統領の時代だ。レーガンは「あなたは値する」という言葉を、前任の五人の大統領が束になっても及ばないほど頻繁に口にした。[21]たとえば一九八三年にあるビジネスリーダーのグループに話をした際、レーガンは、自らの努力で成功を収めた人はその見返りを得るに値すると語った。

この国はねたみや恨みの上に建てられたわけではありません。私はこんな夢をつねに信じてきました。誰であろうと、出自がどうであろうと、懸命に働き、自分を向上させ、成功を収めれば、きっと、あなたは人生の褒賞に値するのです。そして、そうした褒賞を手にしようと頑張ってきたおかげで、アメリカは地球上で最も偉大な国となったのです。[22]

レーガンの後、「あなたは値する」は大統領の談話における超党派の定番句になった。クリントンはこの表現をレーガンの二倍使った。オバマは、日常的な話題から重要なテーマに至るさまざまな文脈で三倍も使った。新たな雇用を生み出す国防総省管理センターが置かれることになったある街で、クリントンはこう語った。「みなさんがそれを手にしたのは、それに値するからです」。倉庫労働者のあるグループを前にしての演説で、オバマはこう強調した。「みなさんが厳しい一日の仕事に携わっているとすれば、それに対する相応の支払いを受けるに値するのです」。オハイオ州のコミュニティ・カレッジでの演説では、オバマは中流階級への減税を擁護し、こう語った。「みなさんは一息つくのに値します。何らかの援助に値するのです」[23]

イギリスでは、一九九〇年代にトニー・ブレアが表明した能力主義への信念が、ブレグジットの国民投票後も政界に浸透しつづけた。二〇一六年、首相に就任してまもないテリーザ・メイは、自らの「真に能力主義的なイギリスのためのビジョン」を発表した。「普通の労働者階級の人びと」について、メイは「彼らはよりよい待遇に値する」と明言した。彼女が示したよりよい待遇とは、能力主義的原則に従って暮らすことだった。[24]

私はイギリスが世界で最も偉大な能力主義の国であってほしいと思います――誰もが才能と努力の許すかぎり前進できる公平な機会を持っている国です……イギリスが、特権ではなく能力を強みの土台とする国であってほしいと思います。重要なのは才能と努力であり、どこの生まれか、親は誰か、どんな訛《なま》りがあるかは問題でない国であってほしいと思います。(25)

出世や「値すること」について語りながらも、アメリカの政治家の大半は能力主義については明言しない。オバマは例外だった。たとえば、ＥＳＰＮ〔訳注：スポーツ番組専門のケーブルテレビ局〕の解説者によるインタビューで、彼は感慨深げにこう語った。スポーツが人びとを引きつけるのは「スポーツが真の能力主義の支配する数少ない場所の一つだからです。理学士号を持つ者は多くありません。最終的に、誰が勝つか、誰が負けるか、誰がいいプレーをするか、誰がミスをするか――そのすべてが目の前で展開されるのです」。(26)

二〇一六年の大統領選挙戦のあいだ、ヒラリー・クリントンは出世と「値すること」のレトリックをしばしば口にした。「私たちの選挙戦は基本的信念に関わる戦いです。つまり、ここアメリカでは、どんな見た目であろうと、誰であろうと、誰を愛していようと、努力と夢の許すかぎり前進できる機会を誰もが持つべきだという信念です」。彼女は、自分が当選したら「みなさんが享受するに値する機会を必ず手にできるようにします」と誓った。選挙中のある集会では、こう明言した。「この国に真の能力主義を根付かせたいのです。不平等にはもううんざりです。努力すれば成功できるとみなさんに感じてほしいのです」(27)

ポピュリストの反発

ヒラリー・クリントンにとっては不運なことに、二〇一六年には、出世のレトリックは人を鼓舞する力をすでに失っていた。クリントンを破った候補者のドナルド・トランプは、社会的地位の向上や、アメリカ人は才能と努力の許すかぎり出世できるという信念について語らなかった。私が確認したかぎりでは、トランプが選挙運動中にこのスローガンを口にしたことは一度もなかったし、大統領になってからも口にしていない。代わりに、トランプは勝者と敗者について無遠慮に語り、アメリカを再び偉大にすると約束した。だが、トランプの言う偉大さのビジョンは、それまで四〇年にわたってアメリカの公的言説を活気づけてきた能力主義のプロジェクトの実現とは何の関係もなかった。

　実のところ、能力主義エリートに対するポピュリストの嫌悪が、トランプの当選に、また、同年それに先立ってなされたイギリスのEU離脱という驚くべき票決に一役買ったという考えには、それなりの理由がある。選挙とは複雑な事象であり、有権者にそう投票させたものは何かを断定するのは難しい。だが、アメリカでトランプを、イギリスでブレグジットを、その他の国々でさまざまなポピュリスト政党を支持していた労働者階級の多くの人びとは、社会的地位の向上の約束よりも、国家の主権、アイデンティティ、威信の再主張に関心があるようだった。彼らは、能力主義エリート、専門家、知的職業階級を嫌悪していた。こうした人びとは、市場主導のグローバリゼーションを称賛し、その恩恵に浴し、労働者を外国との競争という試練にさらしたばかりか、同胞ではなくグローバル・エリートに親近感を抱いているように思えた。

　既成秩序に対するポピュリストの不満のすべてが、能力主義的なおごりへの反感というわけではなかった。外国人嫌い、人種差別、多文化主義への敵意などが絡み合っている部分もあった。だが、ポピュリストの反発の少なくとも一部は、こんないら立ちによって引き起こされていた。すなわち、能力のヒエラルキーの上に仁王立ちした人びとが、自分たちほど功績を挙げていないと見なす人びとを軽蔑して見下しているのだ、と。ポピュリストのこうした不満は根も葉もないものではない。能力主義エリートは数十年にわたり、懸命に働きルールに従って行動する人びとは、その才能の許すかぎり出世できると呪文のように唱えてきた。彼らは次の点に気づかなかった。底辺から浮かび上がれなかったり、沈まないようもがいている人びとにとって、出世のレトリックは将来を約束するどころか自分たちをあざ笑うものだったのだ。

トランプに一票を投じた人たちには、ヒラリー・クリントンの能力主義の呪文がそんなふうに聞こえたのかもしれない。彼らにとって、出世のレトリックは激励というより侮辱だった。これは、彼らが能力主義を拒否していたからではない。それどころか、彼らは能力主義を受け入れていた。だが、それはすでに働いている物事の仕組みを説明するものだと考えていた。彼らは能力主義を、政府のさらなる措置によって、その実現のために障害を取り除く必要のある未完のプロジェクトとは考えていなかった。それは一つに、こうした介入は民族的・人種的なマイノリティに有利に働き、したがって、彼らが考えるような能力主義を支持するどころかむしろ侵害するのではないかと恐れていたからだ。だが、それだけではない。ささやかな成功を手に入れるために懸命に働いてきた彼らは、自らの立場で市場の厳しい審判を受け入れ、道徳的にも心理的にも市場に取り込まれていたからでもある。

二〇一六年の大統領選後に行なわれたある調査で、トランプの支持者と非支持者が、アメリカ合衆国が能力主義の原則にどの程度従っているかを述べたいくつかの項目について、賛成か反対かを問われた。たとえば「全体として、アメリカ社会は平等で公正だ」「人びとは社会における自分の地位に個人として責任を負っている」「経済的発展への機会は、それを求める人なら誰でも手にできる」「アメリカ社会は、白人であろうと人種的／民族的なマイノリティであろうと、平等な成功の機会を持つに至っている」といった項目だ。[28]当然ながら、裕福な回答者は、経済的背景で劣る回答者よりもこれらの項目に積極的に賛成した。ところが、社会階層とは無関係に、トランプの支持者はこうした項目のそれぞれに、非支持者よりも強く賛成したのだ。[29]トランプの支持者は、リベラル派の出世のレトリックに憤慨していた。それは、彼らが能力主義を拒否していたからではなく、能力主義は広く行き渡った社会秩序を説明するものだと思っていたからだ。彼らはその規律に服してきたし、自らの功績に関して言い渡される厳しい判決も受け入れてきたのだから、ほかの人びともそうすべきだと思っていたのである。

能力の専制を生み出すのは出世のレトリックだけではない。能力の専制の土台には一連の態度と環境があり、それらが一つにまとまって、能力主義を有害なものにしてしまった。第一に、不平等が蔓延し、社会的流動性が停滞する状況の下で、われわれは自分の運命に責任を負っており、自分の手にするものに値する存在だというメッセージを繰り返すことは、連帯をむしばみ、グローバリゼーションに取り残された人びとの自信を失わせる。第二に、大卒の学位は立派な仕事やまともな暮らしへの主要ルートだと強調することは、学歴偏重の偏見を生み出す。それは労働の尊厳を傷つけ、大学へ行かなかった人びとをおとしめる。第三に、社会的・政治的問題を最もうまく解決するのは、高度な教育を受けた価値中立的な専門家だと主張することは、テクノクラート的なうぬぼれである。それは民主主義を腐敗させ、一般市民の力を奪うことになる。

やればできる?

政治家が神聖な真理を飽き飽きするほど繰り返し語るとき、それはもはや真実ではないのではという疑いが生じるのはもっともなことだ。これは出世のレトリックについても言える。不平等が人のやる気を失わせるほど大きくなりつつあったときに、出世のレトリックがひどく鼻についたのは偶然ではない。最も裕福な一%の人びとが、人口の下位半分の合計を超える収入を得ているとき[30]、所得の中央値が四〇年のあいだ停滞したままでいるとき[31]、努力や勤勉によってずっと先まで行けるなどと言われても、空々しく聞こえるようになってくる。

こうした空々しさは二種類の不満を生む。一つは、社会システムがその能力主義的約束を実現できないとき、つまり、懸命に働き、ルールに従って行動している人びとが前進できないときに生じる失望。もう一つは、能力主義の約束はすでに果たされているのに、自分たちは大損したと人びとが思っているときに生じる落胆だ。後者のほうがより自信を失わせるのは、取り残された人びとにとって、彼らの失敗は彼らの責任ということになるからである。

アメリカ人はとりわけ、努力は成功をもたらす、自分の運命は自分の手中にあると固く信じている。世界規模の世論調査によると、大半のアメリカ人（七七％）が、懸命に働けば成功できると信じているのに対し、ドイツ人でそう信じているのは全体の半分にすぎない。(32)フランスと日本では、大半の人が懸命に働いても成功は保証されないと答えている。「人生で成功するために非常に重要」な要素は何かという質問には、アメリカ人の圧倒的多数（七三％）が努力を第一に挙げている。古くから続くプロテスタントの労働倫理を反映してのことだ。ドイツでは、成功のためには努力が肝心と考える人はやっと半数であり、フランスでは四人に一人にすぎない。(33)

こうした調査ではいずれも同じことだが、人びとが示す態度は質問の立て方に応じて変化する。裕福な人もいれば貧しい人もいる理由を説明するとなると、アメリカ人は、一般論として労働と成功についてたずねられた場合より、努力の役割について確信が持てなくなる。裕福な人が裕福なのは、ほかの人より懸命に努力するからなのか、それとも、人生における利点を持っていたからなのかとたずねられると、アメリカ人の意見は半々に分かれる。人びとが貧しい理由をたずねられると、本人に制御できない環境のせいと答える人が多数派であり、貧乏なのは努力が足りないせいだと言う人は一〇人中三人にすぎない(34)。

労働は成功へ至る有効なルートだという信念は、さらに広範な信条を反映している。すなわち、われわれは自分の運命の主人であり、自分の運命は自分の手中にあるというものだ。大半の他国の市民とくらべ、アメリカ人は人間の支配力に対してより大きな信頼を表明する。アメリカ人の多く（五七％）は、「人生の成功は自分の支配できない力によってほぼ決定される」という言説に同意しない。対照的に、大半のヨーロッパ諸国を含むほとんどの他国では、多くの人びとが、成功は主に自分の支配できない力によって決定されると考えている(35)。

労働と自助をめぐるこうした見解は、連帯と市民の相互義務に大きな影響を与える。懸命に働くすべての人が成功を期待できるとすれば、成功できない人は自業自得だと考えるしかないし、他人の助けを頼むことも難しくなる。これが能力主義の過酷な側面だ。

社会の最上位に立つ人びとも、底辺に落ち込んでいる人びとも、自らの運命に対して全責任を負っているとすれば、社会的地位は人びとが値するものを反映していることになる。裕福な人びとが裕福なのは、彼らの行ないのおかげなのだ。だが、社会の最も幸福なメンバーの成功が何か——幸運、神の恩寵、コミュニティの支援など——のおかげだとすれば、お互いの運命を共有するための道徳的な根拠はより強力になる。ここでは誰もがともにあるのだと、主張しやすくなる。

われわれは自らの運命の主人なのだと頑なに信じているアメリカに、ヨーロッパの社会民主主義国ほど寛大な社会保障制度がない理由は、ここにあるのかもしれない。ヨーロッパ諸国の国民は、自分の生活環境は自分に支配できない力によって決まると考える傾向がある。努力と勤勉によって誰もが成功できるとすれば、政府はあらゆる人が仕事や機会を実際に手にできるようにするだけでいいことになる。アメリカの中道左派と中道右派の政治家は、機会の平等を実現するにはどんな政策が必要かという点では意見が一致しないかもしれない。だが、人生の出発点にかかわらず、あらゆる人に出世のチャンスを与えることが目標だという想定は共有している。言い換えれば、社会的流動性が不平等の解決策であり、出世する人びとは成功を自らの手で勝ち取るのだという点では意見が一致しているのだ。

しかし、努力とやる気によって出世する能力へのアメリカの信頼は、もはや現実にそぐわない。第二次大戦後の数十年間、アメリカ人は自分の子供が自分より経済的に豊かになることを期待できた。こんにち、これはもはや事実ではない。一九四〇年代生まれの子供の場合、ほぼ全員（九〇％）が親より収入が多かった。一九八〇年代に生まれた子供では、親の収入を超えたのは半数にすぎなかった[36]。

貧困層を脱して富裕層へとよじ登ることも、社会的上昇への一般的な信念が示唆するほど容易ではない。実のところ、貧しい生まれのアメリカ人のうち、頂点まで登り詰める人はほとんどいない。実のところ、ほとんどが中流階級にすら届かない。社会的上昇の研究では、所得レベルを五段階に分けるのが普通だ。最低の階層に生まれた人のうち、最高の階層にまで上昇するのは四～七％ほどにすぎない。中間以上の階層に達する人もわずか三分の一程度だ。厳密な数字は調査ごとに異なるものの、アメリカン・ドリームにおいて称賛される「立身出世」の物語を実現する人は、きわめて限られている[37]。

実のところ、アメリカの経済的流動性はほかの多くの国々よりも低い。ドイツ、スペイン、日本、オーストラリア、スウェーデン、カナダ、フィンランド、ノルウェイ、デンマークなどとくらべ、経済的な優劣が、ある世代から次の世代へと引き継がれる頻度が高いのだ。アメリカとイギリスでは、高収入の親の経済的優位性の半分近くが子供に受け継がれる。これは、カナダ、フィンランド、ノルウェイ、デンマーク（流動性が最も高い国）

などで子供が受け継ぐ所得優位性の二倍を超えている。[38]

デンマークとカナダの子供は、アメリカの子供とくらべ、貧困を脱して裕福になれる可能性がはるかに高いことがわかる。[39]これらの基準からすると、アメリカン・ドリームが無事に生き残っているのはコペンハーゲンなのだ。

アメリカン・ドリームは北京でも健在だ。最近、ニューヨーク・タイムズ紙のある記事がこんなシナリオを提示した。

賭けをしなければならないと想像してほしい。一八歳の二人の若者が、一人は中国に、もう一人はアメリカにいる。ともに貧しく、将来の見込みは明るくない。あなたは、社会的地位が向上するチャンスの大きいほうを選ばなければならない。

さて、どちらを選ぶだろうか？

つい最近まで、答えは簡単だと思えたかもしれない。何と言っても「アメリカン・ドリーム」は、懸命に努力する者に対してよりよい生活へ至る道を長いこと約束してきたからだ。

ところが、こんにちでは、その答えは驚くべきものだ。つまり、中国が急成長をとげたせいで、その国で人生の地位を向上させるチャンスのほうが、アメリカにおける

それをはるかに上回っているのだ。(40)

一九八〇年以降の中国における前例のない経済成長を考えれば、こうした結論もそれほど驚くようなものではない。中国では富める者も貧しき者も所得の増加を実感していたのに対し、アメリカでは経済成長の果実が頂点に立つ人びとにほぼ渡ってしまっていた。一人当たりの豊かさでは、アメリカは依然として中国をはるかに上回っているものの、こんにちの中国の若者世代は親世代より裕福である。(41)

さらに驚くべき事実は、世界銀行によれば、中国における所得格差のレベルはアメリカとほぼ同じだということだ。そのうえ、中国における世代間移動はいまやアメリカを上回っている。これは次のことを意味する。チャンスの国と言われるアメリカのほうが中国よりも、どれだけ成功するかがどこから人生を始めるかに強く結びついているのだ。(42)

私の教え子たちはこうした知見に接すると落ち着かなくなる。ほとんどの学生はアメリカ例外論を本能的に信じている。つまり、アメリカは懸命に努力する人びとが出世できる場所だという考え方だ。立身出世へのこうした信念は、不平等に対するアメリカの伝統的回答である。なるほど、アメリカにはほかの民主主義諸国より大きな所得格差があるかもしれないと、彼らは論じる。だがこの国では、より硬直的で階級に縛られたヨーロッパ社会とは異なり、不平等はさほど問題にならない。というのも、自分の出身階級に閉じ込められている人はいないからだ。

しかし、アメリカはほかの多くの国々よりも不平等で流動性も低いことを知ると、学生たちは悩み、当惑する。自分自身が努力して成功した経験を持ち出して、流動性のデータが示すことを否定する者もいる。私の教え子でテキサス出身のある保守的な学生は、自分の経験では、本当に重要なのはどれほど懸命に努力するかだけだと答えた。「私の高校では誰もがそのルールを理解していました」と彼は言った。「学校で一生懸命勉強してよい成績を挙げれば、よい大学へ進み、よい仕事に就くことになります。さもなければ、油田で働くことです。それが世の成り行きというものです」。一方、高校時代の猛烈な努力を思い出しつつも、自分の成功を支えてくれた人や組織に感謝する学生もいる。

アメリカン・ドリームが事実と異なっているとしても、そのニュースを広めないことが大切だと主張する学生もいる。才能と努力の許すかぎり出世できると人びとが信じつづけるよう、その神話を守るほうがいいというのだ。これは、アメリカン・ドリームをプラトンの言う「高貴な嘘」に変えることを意味する。真実ではないにもかかわらず、ある程度の不平等を理にかなったものとして受け入れるよう人びとを説き伏せ、市民的調和を維持するための方便だ。プラトンの場合、それは次のような神話だった。神はそれぞれの魂に異なる金属を含む人間を創造し、一人の哲人王に率いられた守護者階級が都市を統治する体制を承認したというのだ[43]。われわれの場合、それはこんな神話になることだろう。アメリカでは、富者と貧者のあいだにきわめて大きな格差があるものの、底辺にいる人びとでさえ、やればできるのだ、と。

出世の見込みについて誤解しているのは、私の教え子だけではない。研究者がアメリカとヨーロッパの一般の人たちに、それぞれの国で貧困層から富裕層へと上昇できる可能性はどのくらいかとたずねたところ、欧米の回答者はたいてい思い違いをしていた。ところが、興味深いことに、彼らはそれぞれ逆の意味で間違っていた。アメリカ人は出世のチャンスを過大評価し、ヨーロッパ人は過少評価していたのだ[44]。

見ることと信じること

これらの結果は、われわれが社会的・政治的な仕組みをどう理解するかについて、重要なことを明らかにしている。われわれは、希望や恐怖を背景に世界を認識している。一見すると、人びとは自分たちの社会で機能している流動性について、十分な情報を持っていないだけだと思えるかもしれない。しかし、興味深く、かつ解釈を必要とするのは、誤った認識がある一定の形をとることだ。アメリカより平等で流動性の高い社会を有するヨーロッパ人が、出世の可能性について過度に悲観的である一方、アメリカ人は過度に楽観的だ。これはなぜだろうか。

どちらの場合も、信念と確信が認識を形成する。アメリカ人の個人の自主性への強い愛着は、不平等を受け入れようとする意思と相まって、彼らが努力による出世の可能性を誇張することにつながる。個人の努力はすべてに勝るという考え方へのヨーロッパ人の懐疑主義は、不平等に対するより低い許容度と相まって、彼らが出世の可能性を過小評価することにつながる。

自らの理想や期待のレンズを通して世界を見るこうした傾向は、能力主義的な約束が、労働者階級や中流階級の有権者にとってどれほど自信を失わせるものか、さらには屈辱的なものでさえあるかを理解するヒントとなる。一見すると、これは不可解である。障壁を打ち壊し、条件を公平にし、教育の機会を広げることによって、特権階級に生まれた者だけでなく、誰もがアメリカン・ドリームを実現するチャンスを持てるようにしようという提案に反対する者がいるだろうか？　出世のレトリックは労働者階級や中流階級の有権者の心には響かないのだろうか？　彼らは、教育の機会、職業訓練、保育、家族休暇をはじめ、リベラル派や進歩派が提案しているその他の政策から恩恵を受けるはずだというのに。

いや、必ずしもそうではない。二〇一六年に、一般労働者に対するグローバリゼーションの悪影響が明らかになったとき、リベラル派のエリートが提示した出世のレトリックが伝えるメッセージは無慈悲なものだった。不平等が拡大していたにもかかわらず、それはこう主張していた。われわれは自分の運命に責任を負っており、したがって、自分の身に起こる成功も災難も自分に値するのだと。

こうした不平等の見方が、能力主義のおごりを肥大させた。グローバリゼーションの恩恵を被った人びとはその賜物に値し、取り残された人びとはわずかな分け前に値するという信念を強化したのだ。オバマ大統領の経済顧問だったラリー・サマーズは、ぶっきらぼうにこう言い放った。「われわれの社会が抱える難題の一つは、現実とは言わば不平等化装置だということです。われわれの社会で不平等がおそらく高まってきた理由の一つは、人びとが現に扱われているあり方が、人びとが本来扱われるはずのあり方に近づいているということなのです」(45)

出世のレトリックを擁護して、こんな主張がなされるかもしれない。それは、平等な条件で競い合う機会を、目指すべき理想として述べているのであって、われわれが生きている世界の事実であると言っているわけではないのだと。だが、能力主義は行き過ぎてしまう傾向がある。理想として始まったものが、現状に関する主張に滑り落ちてしまうのだ。

出世のレトリックは願望を表し、まだ果たされていない約束を指し示しているにもかかわらず、それをはっきり表現すると必ず祝福の言葉に変わってしまう。「ここアメリカでは、懸命に努力する者は誰もが出世できるのです」。大半の力強いレトリックと同じく、そこでは願望と祝福が混ざり合っている。希望があたかも事実であるかのように主張されているのだ。

オバマのレトリックは好例だ。二〇一二年のラジオ演説で、彼はこう語った。「ここは、どんな見た目であろうと、出自がどうであろうと、懸命に学び、働く気があれば、才能の許すかぎり前進できる国です。やればできるのです」(46)

オバマの演説を聴いた人びとが、こう考えたのは間違いないだろう。自分たちの大統領は、より平等で、より流動性の高い社会を実現したいと願って理想を示しているのではなく、アメリカの現実のあり方を語っているのだと。オバマは祝福するような口ぶりで、受け継いだ特権ではなく、懸命な努力が成功の鍵となる社会を実現したとして、アメリカを称賛した。

しかし、彼は続けて、祝意から抱負へと話を移した。「私がいまこうしてアメリカ合衆国大統領の地位にあるのは、ひとえに、教育が私に与えてくれたチャンスのおかげです。アメリカのすべての子供がそうしたチャンスを得てほしいと願っています。私はそのために闘っているのです。大統領の地位という特権を手にしているかぎり、それこそが私の闘いつづける目的なのです(47)」

事実から希望へと移り、また元に戻るこうした傾向は、口が滑ったわけでも考えが混乱したわけでもなく、政治的なレトリックの特徴だ。それは、出世のレトリックにおいて特別な辛辣《しんらつ》さを伴っている。希望と事実がこうして混ざり合うと、勝ち負けの意味が曖昧になってしまう。能力主義が願望の対象だとすれば、そこからこぼれ落ちた人はいつでも社会システムを非難できる。だが、能力主義が事実だとすれば、うまくいかない人は自責の念に駆られることになる。

近年、こうした人びとは、とりわけ大学の学位を得られなかったことに自責の念を感じてきた。能力主義的なおごりの最もいら立たしい特徴の一つは、その学歴偏重主義なのである。

第4章 学歴偏重主義
——容認されている最後の偏見

マイケル・コーエンは長年にわたり、ドナルド・トランプの顧問弁護士として事件のもみ消し役を務めてきた。二〇一九年二月、彼は議会で証言した。当時はすでに、かつての主《あるじ》に反旗を翻し、トランプのために手を染めた不埒《ふらち》な活動の一部を白日の下にさらそうとしていた。たとえば、あるポルノ女優に口止め料を払い、トランプとの関係を表沙汰にしないよう頼んだこともその一つだ。証言の中でコーエンは、トランプの指示で行なったもう一つの仕事についても白状した。トランプの大学での成績やSATのスコアを公にしたら訴えると言って、トランプが通った大学や大学入試委員会《カレッジボード》を脅したというのだ[1]。

トランプは、おそらく自分の学業成績を恥ずかしく思ったのだろうし、それが公開されれば大統領への立候補資格に、あるいは少なくとも自分の評判に傷がつくと恐れたようだ。

コーエンは、トランプが学業成績を隠そうとすることの偽善性を強調した。トランプは数年前、オバマ大統領は学業成績を公開すべきだと主張していたのだ。「オバマはひどく出来の悪い学生だったと聞いている。とにかくひどいのだと」。二〇一一年、トランプはそう公言した。「不出来な学生がどうやってコロンビアへ、さらにはハーバードへ進むというのか？……彼の成績を見せてもらおうではないか」(2)

トランプの大学での成績やSATのスコアを世間の目から隠しておこうとしたことをコーエンが告白しても、ポルノ女優に金をつかませたといういっそう破廉恥な証言ほど注目されることはなかった。だが、時代の象徴として考えた場合、それはさらにゆゆしき問題だった。彼の行為が浮き彫りにしたのは、学歴偏重主義が世間的に大きな意味を持つということだ。二〇〇〇年代に入る頃には、大学での成績ばかりか大学入試の出来さえ、大統領に栄誉や悪評をもたらすほど重視されるようになっていた。ドナルド・トランプがそう考えたのは間違いない。トランプは当初、オバマに出生証明書を見せるよう要求したり、彼の市民権に疑問を投げかけたりすることによって、信用を失墜させようとした。しかし、それが失敗に終わると、彼に考えつくかぎりその次に強烈な侮辱を浴びせた。オバマの能力主義的な経歴に疑問を投げかけたのだ。

学歴を武器にする

トランプの攻撃の仕方には、彼自身の不安が反映していた。立候補してから大統領在任中を通じて、トランプは自分の知的経歴をたびたび自慢した。大統領の言葉遣いに関するある研究によると、トランプは小学四年生の語彙レベルで話しているという。これは、過去一世紀の大統領のなかでは最低だ。トランプ政権の国務長官は彼を「能なし」呼ばわりし、国防長官は世界情勢に関するトランプの理解を小学五年生か六年生並だと語ったとされている。自分の知性をさげすむこうした論評に気分を害したトランプは、苦心しながらも、自分は「頭のいい人間《スマートな》」であり、実のところ「沈着冷静な天才」であると主張した。

二〇一六年の大統領選挙期間中、助言を求めている外交政策専門家の名前をたずねられ、トランプはこう答えた。「私が相談しているのは自分自身だ。私はとても頭がよく、多くのことを語ってきたのだから……私の第一の相談相手は自分自身なのだ」。トランプは、自分はIQが高いが、自分を批判する者たちは低いと繰り返し言い張った。彼は特にアフリカ系アメリカ人に向かってこうした侮辱を投げつけた。(3)

IQの遺伝学がすっかり気に入ったトランプは、自分の叔父はマサチューセッツ工科大学教授（「天才的な学者」）を務めたが、これは自分、つまりトランプが「優れた遺伝子、きわめて優れた遺伝子」を持っている証拠だとたびたび口にした。最初の閣僚を任命するやいなや、トランプは「われわれは、かつて組織されたあらゆる内閣の中でもずば抜けてIQが高い」と公言した。大統領に就任した翌日、CIA職員に向けた風変わりな演説で、トランプは自分の知性に対する疑念とおぼしきものを払拭すべく、こう語った。「私を信じてほしい。私は、そう、頭のいい人間なのだ」と。(4)

トランプは、聴衆に自分の学歴を思い出させる必要があると感じることがよくあった。彼はフォーダム大学で二年を過ごしたあとペンシルヴェニア大学へ移り、そこでウォートン・スクールの学部課程の授業を受けた。トランプは「入学の最も難しい世界最高の大学……超天才の集団」に通ったのだと自慢した。(5) 二〇一六年の選挙運動中、トランプはこんな不満を述べている。彼が絶えず自分の知的経歴を語り、擁護しなければならないのは、保守主義者に対するメディアの偏見のせいなのだと。

> 私がリベラルな民主党員として立候補すれば、メディアは私を世界中のどこであれ最も賢い人物の一人だと言うだろう。まさにその通り！　ところが、保守的な共和党員だと、メディアは――何と、厳しく批判しようとする。だから、私はいつも「ウォートン・スクールへ通った、優秀な学生だった、あそこへ行った、これをした、富を築

いた」などと言って話を始める。そう、私はいつでも自分のいわば経歴を示さなければならない。われわれは少しばかり不利な立場に置かれているからだ。[6]

トランプ自身が不満や不安に駆り立てられていたとはいえ、自分は「頭のいい人間」だという度重なる主張は、批判者にとってはどれほど物悲しく滑稽に響こうとも、一つの政治的資産となった。トランプの選挙集会に参加した不満を抱えた労働者階級の共感を呼んだのだ。彼らはトランプ同様、エリートたちの能力主義的おごりに怒っていた。トランプの異議申し立てによって浮き彫りになったのは、能力主義社会が押し付ける屈辱だった。トランプはエリートをののしる一方で、エリートからの敬意を切望してもいた。二〇一七年の選挙運動形式の集会で、トランプはエリートを激しく非難したあとで、自分自身がエリートなのだと主張した。

さて、ご存じの通り、私は成績優秀な学生だった。私は常々エリートについて耳にしている。そう、エリート——彼らはエリートなのだろうか？　私は彼らよりよい学校に通った。彼らより優秀な学生だった。彼らより大きく、立派な部屋に住んでいる。ホワイトハウスでも暮らしているが、それは本当にすごいことだ。私は思うのだが—

――おわかりかな？　われわれこそエリートだと思う。彼らはエリートではない。(7)

能力主義的な経歴に関する問いかけに直面して、守勢に回った政治家はトランプだけではなかった。ジョー・バイデンは一九八七年の最初の大統領選挙戦で、ある有権者からどこのロースクールに通い、成績はどうだったかを答えるようしつこく迫られ、気色ばんでこう言い返した。

私のＩＱは、おそらくあなたよりずっと高いと思いますよ。私は全額給付の奨学金を得てロースクールに進みました。全額給付の奨学金を受けたのはクラスで一人だけでした……さらに実際、クラスの上位半分に入る成績をとりました。学年末には政治学部できわめて優秀な学生でした。学部から三つの学位を受け、一二三単位があればよいところを一六五単位を得て卒業しました。あなたと私のＩＱをじっくり比較させてもらえれば大変うれしく思います。(8)

ファクトチェックによれば、バイデンの返答は誇張に満ちたものだった。彼は経済的必要性から一部給付の奨学金を受け、クラスで最下位近くの成績で卒業し、三つではなく一つの学士号を取得した（専攻は二科目だったが）などなど。(9) だが、驚かされるのは、政治家たちが学歴を粉飾していることではなく、そうする必要があると思っていることだ。

能力主義的な経歴に問題がない人びとでさえ、ときとして、保身のためにそうした経歴を独善的に持ち出すことがある。二〇一八年の上院によるブレット・カヴァノーの指名承認公聴会について考えてみよう。カヴァノーはトランプによって最高裁判事に指名された（そして最終的には承認された）人物だ。資格審査も終盤にさしかかったところで、カヴァノーの承認に疑義が生じた。ある女性が、高校時代のパーティーでカヴァノーから性的暴行を受けたと告発したためだ。

酔った上での性的暴行の嫌疑について上院議員たちが問いただすと、カヴァノーは告発を否認しただけでなく、奇妙なまでに的外れな能力主義的弁明をした。高校時代にどれほど懸命に勉強したか、いかにしてイェール大学に、さらにイェール大学ロースクールに合格したかをとうとうと述べたのだ。

高校の年報に飲酒と性的所業の件がはっきり書かれていると問われると、カヴァノーは答えた。「私はがむしゃらに勉強し、クラスでトップの成績を収めました。バスケットの代表チームではキャプテンを務めました。イェール大学に合格しました。イェール大学に入ると、イェール大学ロースクールに進みました……わが国でナンバーワンのロースクールです。大学院にコネがあったわけではありません。大学で必死に勉強して合格したのです(10)」

カヴァノーの能力主義的な経歴には何の疑義もなかった。彼が一八歳のときに、パーティーで酒に酔って若い女性に性的暴行を加えたかどうかという問いと、彼の学業成績にどんな関係があるのかを理解するのは難しい。ところが、二〇一八年には、物事の判断基準として学歴偏重主義が大きな力を持っていたため、それが信頼を得るための一種の万能のレトリックとして機能し、キャンパスの門のはるか彼方で繰り広げられた道徳的・政治的闘争で出番を与えられたのだ。

学歴が武器となる現象は、能力や功績がいかにして一種の専制となりうるかを示すものだ。こうした現象が生じてきたプロセスは、再現してみる価値がある。グローバリゼーションの時代に、巨大な不平等と賃金の停滞が労働者を襲った。アメリカでは、上位一〇%の富裕層が利益の大半を懐に入れ、下位半分の人びとはほぼ何も手にしなかった。一九九〇年代から二〇〇〇年代にかけて、リベラルで進歩的な政党は経済の構造改革を模索し、こうした不平等に直接には取り組まなかった。その代わりに、彼らは市場主導のグローバリゼーションを受け入れ、それがもたらす恩恵の偏りに対処するため、機会の平等の徹底を図った。

これが、出世のレトリックのポイントだった。達成への障壁を取り除くことができれば、成功を収める平等な機会を誰もが手にするはずだ。人種、階級、性別にかかわらず、自分の才能と努力が許すかぎり出世できるのである。さらに、機会が本当に平等なら、頂点に登り詰めた人びとは、成功とそれがもたらす報酬に値すると言っていいだろう。これが能力主義の約束だった。それは、より大きな平等の約束ではなく、より大きくより公正な社会的流動性の約束だった。収入のはしごの間隔がますます開きつつあることは容認し、はしごを登る競争をより公正にしようとするものにすぎなかったのだ。

当然ながら、こうした政治的プロジェクトは人を勇気づけるものではないと考える人もいるだろう。かつて正義や共通善に関するより厳格な構想に力を注いでいた政党にとっては、なおさらのことだ。だが、能力主義的な理想は正義にかなう社会の土台として妥当かどうかという問いはさしあたり脇へ置き、成功や失敗に対して能力主義が促す態度について考えてみよう。

不平等への回答としての教育

能力主義のプロジェクトを受け入れた人びとは、真の機会の平等を実現するには差別の根絶だけでは不十分であることを理解していた。それには競争の場を公平にする必要があった。さまざまな社会的・経済的背景を持つ人びとが、知識を基盤とするグローバル経済において効率的に競争できる素養を身につけられるようにするためだ。こうした考え方から、一九九〇年代から二〇〇〇年代にかけての主流派政党は、教育こそ、不平等、賃金の停滞、製造業の雇用喪失への対策の要であるとしたのだ。一九九一年、ジョージ・H・W・ブッシュはこう語っている。「われわれが直面しているあらゆる問題、あらゆる難題について考えてみましょう」「それぞれの問題の解決は教育から始まります」。イギリスではトニー・ブレアが、一九九六年に労働党の中道派改革志向アジェンダを策定し、こう断言した。「政府にとっての主要な優先事項を三つ挙げるよう言われれば、私はこう答えましょう。教育、教育、さらに教育であると」[11]

ビル・クリントンは、教育の重要性とその仕事との結びつきを表現するのに、「何を手にできるか《earn》は、何を学べるか《learn》にかかっている」という韻を踏んだ対句を用いた。グローバルな競争が繰り広げられる新時代において、大学の学位を持たない労働者は、まともな賃金を得られるよい仕事を見つけるのに苦労するだろうと、彼は主張した。「すべての人が大学へ行けるようにすべきだと思います。というのも、何を手にできるかは、何を学べるかにかかっているからです」。クリントンは大統領在任中、演説や論評のなかでこの対句を三〇回以上使った。それは当時の常識を反映したものであり、超党派の魅力を持っていた。共和党のジョン・マケイン上院議員は、二〇〇八年の大統領選挙戦でたびたびそれを口にした。[12]

バラク・オバマもまた、より高度な教育こそ、アメリカの労働者が置かれた経済的苦境の解決策だと考えた。「かつては、懸命に働く気があれば、すばらしい教育を受ける必要は必ずしもありませんでした」と、ブルックリンのある技術大学でオバマは聴衆に語りかけた。[13]

かつては高等学校を卒業しただけで、工場やガーメントディストリクト〔訳注：婦人服産業に関わる事務所や工場が集積したニューヨークの一地域〕に職を得られたかもしれません。あるいは、職を得て給料をもらうだけで、大学に行く機会に恵まれた人びとと遜色ない収入を得られたかもしれません。しかし、そんな時代は過ぎ去り、戻ってはきません。

私たちが暮らしているのは二一世紀のグローバル経済です。グローバル経済においては、仕事はどこへでも移動できます。企業は最高の教育を受けた人材を探しており、その人びとがどこに住んでいるかは気にしません……いまや、北京からバンガロール、モスクワに至るあらゆる地域で暮らす数十億という人びとが相手です。彼ら全員がみなさんと直に競い合っているのです……もしも優れた教育を受けていなければ、生活できるだけの給料をもらうのは難しくなるでしょう。[14]

グローバル競争に関するこうした厳しい知らせを伝えたあとで、オバマは聴衆に向かい、いっそうの教育こそ解決策であると断言し、出世のレトリックを楽観的に語って演説を締めくくった。彼は「この国が、誰であろうと、どこの出身であろうと、どんな見た目であろうと、つねに〝やればできる〟場所であるために」闘いつづけると。[15]

これこそ、ブレグジット、トランプ、ポピュリストの反乱へと至るこの数十年のあいだに、リベラルで進歩的な政治によってなされた基本的主張だった。つまり、グローバル経済が、まるで人間の力の及ばない事実であるかのように、どういうわけかわれわれにのしかかり、頑として動こうとしないというのだ。政治の中心問題は、そうした事態をいかにして変革するかではなく、いかにしてそれに適応するかであり、専門職エリートの特権的集団から外れた労働者の賃金や雇用展望への壊滅的影響をいかにして緩和するかだった。

その答えは、労働者の学歴を向上させ、彼らもまた「グローバル経済の中で競争し、勝利を収める」ことができるようにする、というものだった。機会の平等が最優先の道徳的

・政治的プロジェクトだったとすれば、高等教育の間口を広げることは、最も重要な政策的責務だったのである。

クリントン＝オバマ時代が終わろうとする頃、民主党におおむね好意的な評論家のなかにも、党の基本姿勢となっていた能力主義的リベラリズム——グローバリゼーションを受け入れ、大学の学位の価値を高め、才能と十分な学位を持つ人びとは頂点に立つにふさわしいと見なす立場——に疑問を投げかける者が現れた。ケーブルテレビ局MSNBCのある番組の作者で司会者のクリストファー・ヘイズは、左派陣営は近年「能力主義をより能力主義的にすること」に関する問題で最大の成果を上げたと述べた。たとえば、人種差別と闘う、女性に高等教育を受けさせる、同性愛者の権利を向上させる、といったことだ。ところが、「拡大する所得不平等の緩和」をはじめ「能力主義の守備範囲に入らない」領域では失敗したという。(16)

見せかけの結果の平等より機会の平等を追求する制度の枠組みの内部では、教育システムがその重責を担うよう求められるのは避けられません……不平等が絶え間なく拡大するにつれ、われわれは教育システムにますます多くのものを求め、社会が犯すそ

れ以外の罪まで償ってくれるよう期待するのです。(17)

ポピュリスト的感性を持つ作家のトマス・フランクは、不平等の救済策としてリベラル派が教育に焦点を当てていることを批判した。「リベラル階級にとっては、あらゆる経済的大問題が実は教育問題である。つまり、適切なスキルを身につけ損ね、将来の社会で必要となることは誰でもわかる学歴を築いていない敗者の失敗だというのだ」。フランクは、不平等へのこうした対応は信じがたいものであり、身勝手だと考えた。

それは、実のところまるで答えになっていない。成功している側が、自らが占めている有利な立場から申し渡す道徳的判決なのだ。知的職業階級は手にした学歴によって定義されるため、彼らが大衆に向かって、あなたに必要なのはいっそうの学校教育なのだと語るたび、「不平等は制度の失敗ではない。あなたの失敗だ」と言っていることになる。(18)

フランクによれば、民主党員は教育をめぐるあらゆる無駄話にかまけ、不平等をもたらしてきた政策について明確に考えることを疎《おろそ》かにしているという。一九八〇年代から九〇年代にかけて生産性が上昇したのに賃金は上がらなかった点を指摘し、フランクは、不平等の原因は主として教育の失敗だとする見方に疑問を呈した。「真の問題は、労働者の権力が足りないということであり、労働者の知性が足りないということではなかった。生産していた人びとは、自分がつくったものの分け前を要求する力を失っていった。所有していた人びとは、ますます多くのものを手に入れていった」。この点を見誤ったせいで、民主党員は「実体経済で起こっていること——独占的権力から金融化、労使関係に至るまで——を無視し、誰とも対立せずにすむ道徳的幻想にふける」ことになったというのだ。[19]

フランクの「成功している側が申し渡す道徳的判決」という表現は、重要な何かに触れていた。より多くの人びとに大学へ行くよう勧めるのは善いことだ。資力の乏しい人でも大学に入りやすくするのは、さらに善い。だが不平等や、数十年にわたるグローバリゼーションによって敗者となった労働者の窮状の解決策として、ひたすら教育に焦点を合わせることには有害な副作用があった。すなわち、大学へ行かなかった人びとが受けるべき社会的敬意をむしばんでしまったのである。

この副作用には二つの形があった。それらはともに、労働と労働者階級の尊厳を損ねる姿勢と関わっていた。第一に、多くのアメリカ人は大学の学位を持っていない。経営者・知的職業階級に囲まれて日々を送る人びとにとって、これは意外な事実かもしれない。大卒者の比率はここ数十年で上昇してきているものの、アメリカ人の成人のうち四年制大学を卒業している者は三人に一人程度にすぎない[20]。能力主義的エリートが、成功や失敗を大学の学位を得る能力と密接に結びつけるとき、彼らは暗黙のうちに、グローバル経済の中で過酷な状況に出くわしてしまう責任は、大学の学位を持っていない人にあると非難しているのだ。彼らはまた、大学の学位がもたらす賃金プレミアムを高める経済政策を推進した責任は、自分たちにはないと主張する。

第二に、能力主義者は、あなたが困窮しているのは不十分な教育のせいだと労働者に向かって語ることで、成功や失敗を道徳的に解釈し、学歴偏重主義——大学を出ていない人びとに対する陰湿な偏見——を無意識のうちに助長している。

学歴偏重主義者の偏見は、能力主義的なおごりの一症状だ。この数十年で能力主義的な想定が支配的になるにつれ、エリート層は出世していない人びとを見下す習慣を身につけていった。いかに善意からであろうと、労働者に大学の学位を得て暮らし向きをよくするよう絶えず求めることは、結果として学歴偏重主義の妥当性を高め、体制が付与する経歴を持たない人びとに対する社会的な評価や敬意を損ねてしまうのである。

ベスト・アンド・ブライテスト

二〇〇〇年代の初めには、能力主義的な考え方が知的職業階級の常識となっていたが、オバマはそうした考え方を象徴する存在だった。ジョナサン・オルターはこう書いている。「オバマは次のような考え方をある程度まで支持していた。トップクラスの知的職業人は公正な選抜プロセス、つまりオバマや妻のミシェルをアイビーリーグの名門校へと導いてくれたのと同じプロセスを経ているのだから、ともかくも、社会的に高い地位を占めるに値するというのだ[21]」

オバマ政権の一年目を記録した著書でオルターは、オバマが任命したスタッフのうち四分の一は（卒業生あるいは教職員として）ハーバード大学とつながりがあり、当初任命されたスタッフの九〇％超が学士号より上の学位を持っていたと指摘した。「オバマの信頼は頂点まで登り詰めた精鋭に置かれていた。オバマ自身が第二次大戦後のアメリカの大いなる能力主義の申し子だったせいで、自分が登ってきた社会的地位のはしごの上から世界を見る癖がどうしても抜けなかったのだ[22]」

オバマの高学歴者びいきは大統領の任期を通じて続いた。二期目の半ばには、閣僚に任命された者の三分の二はアイビーリーグ出身で、二一人のうち一三人はハーバード大学かイェール大学の出身だった。三人を除き全員が学士号より上の学位を保持していた[23]。

高い教育を受けた者に政府を運営させることとは、彼らが健全な判断力と労働者の暮らしへの共感的な理解――つまり、アリストテレスの言う実践知と市民的美徳――を身につけているかぎり、一般的には望ましいと言える。だが、歴史が示すところによれば、一流の学歴と、実践知やいまこの場での共通善を見極める能力とのあいだには、ほとんど関係がない。学歴偏重主義が失敗に終わった最も破滅的な事例の一つが、デイヴィッド・ハルバースタムの古典的作品『ベスト&ブライテスト』に描かれている。この本からわかるのは、ジョン・F・ケネディが輝かしい学歴の持ち主をかき集めてチームを結成しながら、彼らがいかにして、そのテクノクラート的な優秀さにもかかわらず、アメリカをヴェトナム戦争という愚行に導いてしまったのかということだ(24)。

オルターは、ケネディのチームとオバマのチームには似たところがあると考えた。「共通するのは、アイビーリーグ出身、ある種の尊大さ、大半のアメリカ人の日常生活からの乖離《かいり》」だという(25)。結果として、オバマの経済顧問たちも彼らなりの愚行を犯した。それはヴェトナム戦争ほど破壊的ではなかったものの、アメリカ政治のあり方に大きな影響を及ぼした。金融危機に際してウォール街への穏便な対応を主張した経済顧問たちは、責任を問うことなく銀行を救済し、多くの労働者の目から見て民主党の信頼を損ね、トランプ政権への道を開く手助けをしてしまったのだ。

こうした政治的判断ミスは、能力主義的なおごりと無関係ではなかった。フランクによれば「ウォール街は桁外れの能力主義的名声を博する場であり、超一流の大学院にもひけをとらないという見解が、民主党員のあいだで広く共有されていた」という[26]。

オバマはさまざまな面でウォール街に譲歩した。投資銀行業は、ほとんど比類のない専門的地位を意味するからだ。閣僚の地位についているような、業績に敏感な人びとにとって、投資銀行家は友人以上の存在だった——仲間の知的職業人であり、明敏な頭脳、洗練された専門的語彙、類いまれな革新性を有する人びとだったのである[27]。

フランクは、投資銀行家に対するこうした反射的な敬意のせいで「民主党は、メガバンクの抱える問題、構造改革の必要性、業界に蔓延する詐欺的行為が目に入らなかった」と論じた。彼は元連邦検事のニール・バロフスキーを引き合いに出した。バロフスキーは銀行救済に際して政府側のお目付役を務めた人物で、自分が目にした事態に関する厳しい批判の書を著していた。その本のタイトルとサブタイトルが彼の結論を伝えている。『救済——政府がメインストリートを見捨て、ウォールストリートを救った顚末をめぐる内部報告[28]』というのがそれだ。

ウォール街のエグゼクティヴが、オバマの選挙運動へ気前よく資金を提供していたことは確かであるものの、金融業界に対するオバマ政権の寛大な措置は、政治的な借りを返しただけのことではなかった。バロフスキーはもう一つの能力主義的な説明を提示している。つまり、為政者たちはこんな信念を抱いているというのだ。立派な学歴を持つ教養ある投資銀行家は、彼らに支払われる巨額報酬に値するのだと。

金融業界のエグゼクティヴの中には並外れた才能を持つスーパーマンがおり、彼らは目玉の飛び出るような給与やボーナスを一銭残らず受け取るに値するというウォール街の作り話は、財務省の精神にしっかりと染み付いている。金融危機によって、そのエグゼクティヴの仕事がいかに凡庸なものにすぎないかが明らかになったにもかかわらず、こうした信念体系は財務省の運営全般において存続した。ウォール街のエグゼクティヴが六四〇万ドルの「残留」ボーナスを受け取る契約を結んでいたとすれば、彼には当然それだけの価値があるものと見なされたのである。[29]

学歴偏重主義は、政策決定において役割を果たしただけではなかった。一九九〇年代から二〇〇〇年代にかけて民主党の意見表明のあり方に浸透し、公的言説の言葉遣いを微妙に変化させたのだ。いつの時代も、政治家やオピニオンリーダー、広報担当者や広告主は、説得力のありそうな判断や評価の言葉を手に入れようとする。こうしたレトリックは通常、評価にまつわる対比を利用している。つまり、正義vs不正義、自由vs不自由、進歩主義者vs反動主義者、強いvs弱い、開放的vs閉鎖的といったように。ここ数十年で能力主義的な思考様式が広まるにつれ、評価にまつわる対比の主流は、賢い《スマート》vs愚か、となっている。

最近まで、「賢い《スマート》」という形容詞は主として人の描写に用いられるものだった。アメリカ英語で誰かを「スマート」と言えば、その人の知性を称賛していることになる（イギリス英語でこうした意味を伝えるには「クレヴァー」を使う）。デジタル時代の幕が上がると、「スマート」は物にも用いられるようになった。たとえば「スマート・カー」「スマート・フォン」「スマート爆弾」「スマート・サーモスタット」「スマート・トースター」といったハイテク機器だ。だが、デジタル時代は能力主義の時代と手を携えてやってきた。したがって「スマート」が統治手法の描写に用いられるようになったとしても、驚くには当たらないのだ。

行なうのが賢明《スマート》なこと

一九八〇年代以前には、アメリカ大統領が「スマート」という言葉を使うことはめったになかったし、使ったとしても、普通は昔ながらの意味でのことだった（「アメリカ国民は賢明《スマート》だ」）。デジタル時代の新たな意味でその言葉を使い始めたのは、ジョージ・H・W・ブッシュだった。ブッシュは「スマート・カー」「スマート・フリーウェイ」「スマート・ウェポン」「スマート・スクール」などについて語った。大統領のレトリックにおける「スマート」の使用例は、ビル・クリントンとジョージ・W・ブッシュの時代に爆発的に増えた。二人はその表現をそれぞれ四五〇回以上使ったし、オバマに至っては九〇〇回以上使った。[30]

一般的な言葉遣いにも同様の傾向が見られる。書籍では、一九七五年から二〇〇八年にかけて「スマート」の使用例が着実に増え、三倍近くになった。一方「ステューピッド（愚か）」の使用例は二倍だった。ニューヨーク・タイムズ紙では、一九八〇年から二〇〇〇年にかけて「スマート」の出現は四倍に増え、二〇一八年までにさらに二倍近くに増えた。[31]

能力主義による世論の支配がどの程度のものかを知りたければ、「スマート」の出現頻度の増加もさることながら、その意味の変化がいっそう多くのことを教えてくれる。「スマート」という言葉は、デジタル・システムやデジタル機器に用いられただけではなかった。徐々に一般的な褒め言葉となり、ある政策をほかの政策より支持するための手段となったのだ。評価のための対比として、「賢いvs愚か」は、「正義vs不正義」や「正しいvs間違い」といった倫理的あるいはイデオロギー的な対比に取って代わるようになった。クリントンもオバマも、彼らの有望な政策は「行なうのが正しいだけでなく、行なうのが賢明《スマート》な政策」だとしばしば主張した。こうしたレトリックをチェックしてわかるのは、能力主義の時代では正しいことよりも賢明《スマート》なことのほうが説得力を持っているということだ。「世界規模でのエイズとの闘いは、行なうのが正しいだけではありません。賢明《スマート》でもあるのです」と、クリントンはアメリカ国民に向かって断言した。「人びとが密接に関係し合っている現代の世界では、どこで生じた感染症であろうと、あらゆる地域で公衆衛生への脅威となります」。ある処方薬への給付金をメディケア（老齢者医療保険）に加えることは「正しいばかりでなく、医学的に言って賢明《スマート》なことです」。最低賃金の引き上げは「勤労者世帯にとって行なうのが正しいだけでなく、アメリカ経済にとって賢明《スマート》な施策なのです」[32]。

同じ言い回しを使って、オバマはこう宣言した。「女性の地位を向上させることは、正しいだけでなく賢明《スマート》でもあります。女性が出世すれば、国家はより安全に、より安心に、より豊かになるのです」。国連総会での演説では、開発援助について同じように語った。「それを行なうのは正しいだけでなく、賢明《スマート》でもあります」。オバマは、倫理と賢明《スマート》さに対するこの二連銃式のアピールを、移民法改革から失業保険の拡大に至る諸問題に応用した。(33)

「行なうのが賢明《スマート》なこと」はつねに、道徳的な考慮に依拠しない打算的あるいは利己的な理由を指し示していた。言うまでもないが、道徳的主張を打算的主張で補強した政治指導者はクリントンやオバマが初めてではなかった。目を引くのは、打算的な考慮がいまや「賢明《スマート》」であるという問題になったことだ。

ある人の政策を愚かというより賢明《スマート》であるとして擁護することは、人びとに関する学歴偏重主義者の語り口と実によく似ている。新たに国務長官に任命されたヒラリー・クリントンが自らの補佐官のうち何人かを発表した際、このつながりがはっきりと現れた。「上院外交委員会における宣誓で、私はスマート・パワーの活用について述べました。スマート・パワーの中核を担うのは賢明《スマート》な人たちであり、これらの才能あふれる面々は、私の知るかぎり抜群に賢明《スマート》です」(34)

党派的対立が激しい時代には、「賢い」や「愚か」という言葉にはわかりやすい魅力がある。それはイデオロギーの闘いから避難する場を提供してくれるように思える。つまり、道徳的論争から手を引き、何が賢明《スマート》で、思慮深く、良識あることなのかを基にコンセンサスを得ようとする政治的議論の形である。オバマは、この一見非党派的で能力主義的な考え方と語り方に引きつけられた。人種、民族、男女の平等に関わる諸問題について、オバマは雄弁に、声高に、道徳的な議論をした。ところが、外交問題や経済政策の話になると、「賢いvs愚か」というイデオロギー性のない言葉にとっさに手を伸ばしてしまったのだ。

オバマの政治的キャリアの初期で最も重要な演説は、イリノイ州の上院議員だった二〇〇二年、イラク戦争への反対を宣言した際のものだ。この立場こそ、六年後にヒラリー・クリントンとの違いを明確にし、彼を民主党の大統領候補へと押し上げた一因だった。国政の舞台に上がる前ですら、オバマは政治的選択を「賢いvs愚か」の観点から見ていた。「私はあらゆる戦争に反対なわけではありません」と、若き上院議員はシカゴでの反戦集会で語った。「私が反対するのは、愚かな戦争なのです[35]」

大統領としての二期目に、外交政策の基本方針を明示するよう求められると、オバマは無愛想に一言、こう述べた。「愚かなことはやるな」であると[36]。

オバマは二〇一三年、自動的な一括歳出カットを避けつつ財政赤字を削減する方法について、共和党員と意見が対立した際、またしても「賢いvs愚か」という言い回しに訴えた。「物事を行なうには良識あるやり方もあれば、愚かなやり方もあります」。ヴァージニアの造船技師を前に、オバマはそう語った。数日後の記者会見では「一連の愚かで恣意的な歳出カットをすべきではありません」と述べ、それに代えて「賢明《スマート》な歳出削減」と「賢明《スマート》な給付金制度改革」を支持したのだ。[37]

オバマは、自分が支持する賢明《スマート》な歳出削減と賢明《スマート》な歳入増加策は良識的で無党派的なものであり、イデオロギー的対立の埒外《らちがい》に置かれるべき施策だと主張した。「それが党派的だとは思いません。私は二年にわたりこうした施策を提案してきました。昨年、私が主張していたものなのです」。[38] 大統領選の最中から主張していたと本人が言っている政策が、どうして無党派的だと見なせるのだろうか。この点について、オバマの説明はなかった。

他人を見下すエリート

エリートたちは、彼らの「賢明《スマート》な」政策の党派性だけではなく、「賢い」と「愚か」をめぐる執拗な語りに現れる傲慢な態度にも気づいていないようだった。二〇一六年には、多くの労働者が、高学歴エリートから慇懃無礼に見下されていると感じていら立っていた。

こうした不満はエリートに対するポピュリストの反発として爆発したが、そこには相応の理由があった。調査研究によって、労働者階級の有権者の多くが感じていたことが事実だと証明されている。つまり、人種差別や性差別が嫌われている（廃絶されないまでも不信を抱かれている）時代にあって、学歴偏重主義は容認されている最後の偏見なのだ。欧米では、学歴が低い人びとへの蔑視は、その他の恵まれない状況にある集団への偏見と比較して非常に目立つか、少なくとも容易に認められるのである。

イギリス、オランダ、ベルギーで行なわれた一連の調査で、社会心理学者のあるチームがこんな発見をした。大学教育を受けた回答者は、教育水準の低い人びとに対する偏見が、その他の不利な立場にある集団への偏見よりも大きいというのだ。この研究者チームは、高学歴のヨーロッパ人が、差別の被害者になりやすいさまざまな人びと——イスラム教徒、西欧に暮らすトルコ系住民、貧しい、太っている、目が不自由、低学歴といった人びと——にどんな態度をとるかを調べた。すると、教育水準の低い人びとがとりわけ嫌われていることがわかったのだ(39)。

アメリカで行なわれた似たような調査では、研究者たちが不利な立場にある集団の改訂リストを提示した。このリストには、アフリカ系アメリカ人、労働者階級、貧しい、太っている、低学歴といった人びとが含まれていた。アメリカ人の回答者もまた、学歴の低い人びとを最下位にした(40)。

この研究論文の執筆者たちは、大学卒のエリートが学歴の低い人びとに向けるさげすみの目を明らかにしただけでなく、いくつかの興味深い結論を提示している。第一に、高学歴のエリートは学歴の低い人びとよりも道徳的に啓発されており、したがってより寛容であるというよくある考え方に異論を唱えている。高学歴のエリートも低学歴の人びとに劣らず偏見にとらわれているというのが彼らの結論だ。「むしろ、偏見の対象が異なっているのだ」。しかも、エリートは自らの偏見を恥と思っていない。彼らは人種差別や性差別を非難するかもしれないが、低学歴者に対する否定的態度については非を認めようとしない(41)。

第二に、こうして恥の感覚が欠如する理由は、能力主義に基づく自己責任の強調にある。エリートたちは、貧しい人びとや労働者階級に属す人びと以上に、学歴の低い人びとを嫌う。貧困や所属階級は、少なくともある程度まで、個人の力ではどうにもならない要因によるものだと考えているからだ。対照的に、学業成績が悪いのは個人の努力不足であり、したがって大学へ行けなかった人の落ち度を示すというわけだ。「労働者階級とくらべると、学歴の低い人びとはより責任が重く、より非難に値すると見なされる。彼らはより大きな怒りを買い、よりいっそう嫌われるのだ(42)」

第三に、学歴の低い人びとに不利なこうした評価は、エリートだけのものではない。学歴の低い回答者自身が、それを共有しているのだ。ここからわかるのは、成果に関する能力主義的見解がいかに深く社会生活に浸透しているか、それが、大学へ行けない人びとの自信をどれほど失わせるかということだ。「学歴の低い人びとが、自身に押しつけられた否定的な属性に反抗しているという形跡は見られない」。それどころか、彼らはこうした不利な評価を「内面化しているようにすら思える」し、「学歴の低い人びとは、学歴の低い人びと自身によってさえ、自らの状況に責任があり、非難に値すると見なされている」[43]。

最後に、論文の執筆者たちによれば、能力主義社会において大学へ行く重要性を執拗に強調すれば、大学の学位を持たない人びとの社会的汚名を強めることになるという。「教育こそ社会問題を解決する万能策なのだと示唆すれば、社会経済的な地位の低い集団が特に否定的に評価される一方、能力主義のイデオロギーが強まるというリスクが大きくなる恐れがある」。そうなれば、人びとはさらに躊躇《ちゅうちょ》なく不平等を受け入れ、成功は能力の反映だと信じやすくなる。「教育が個人の責任だと見なされれば、人びとは、教育の違いから生じる社会的不平等への批判を弱める可能性が高い……教育成果の大部分が受けるに値するものだと考えられるなら、その帰結もまた受けるに値するものなのである」[44]

学位による統治

二〇〇〇年代になると、大学の学位を持たない市民は見下されていただけではなかった。アメリカや西欧では、選挙で選ばれる公職から事実上締め出されていたのだ。アメリカの連邦議会では、下院議員の九五％および上院議員の全員が大卒者で占められていた。これは、学位を持つ少数派が学位を持たない多数派を統治していることを意味する。アメリカの成人のほぼ三分の二は大学の学位を持っていないにもかかわらず、そのうちのごく一握りの人しか国会議員になっていないのだ。

昔からつねにこうした状況だったわけではない。連邦議会では、高学歴の議員が絶えず不釣り合いに多かったものの、一九六〇年代初めという最近まで、上院議員の約四分の一、下院議員の四分の一が、大学の学位を持っていないにもかかわらず当選していた。最近の五年間で、連邦議会は、人種、民族、ジェンダーに関してはますます多様化してきたが、学歴と階級に関しては多様性が低下しているのだ(45)。

学位による分断の一つの帰結は、労働者階級から公選職に就く者がほとんどいないことだ。アメリカでは、労働人口の約半数が、肉体労働、サービス業、事務職として定義される労働者階級の仕事に従事している。ところが、当選する前にこうした仕事に就いていた者は、下院議員の二％にも満たない。州議会では、労働者階級の出身者はわずか三％にすぎない[46]。

学歴偏重主義は、イギリスやヨーロッパの代議政治の様相をも一変させつつある。アメリカと同じくイギリスでも、大学の学位を持つ人びとが、持たない人びとを統治している。イギリス全体で見ると、国民の約七〇％は大学の学位を持っていない。一方、国会で大学の学位を持たない者は一二％にすぎない。下院議員の一〇人のうち九人近くが大卒者であり、四分の一はオックスフォード大学かケンブリッジ大学の出身者だ[47]。

過去四〇年にわたり、イギリス労働党に所属する国会議員の学歴や出身階級は、とりわけ際立った変化をとげてきた。一九七九年には、労働党議員の四一％が大学の学位を手にしないまま国会に選出された。二〇一七年にどうにか同じことができた者は、一六％にすぎなかった。

学歴偏重主義のこうした台頭に伴い、労働者階級出身の議員は急減した。彼らはいまや、下院の四％を占めるにすぎない。伝統的に労働者階級を代表していた労働党の階級構成は、最も劇的に変化した。一九七九年には、労働党に所属する国会議員の三七％が肉体労働者の出身だった。ところが、二〇一五年には、その割合はわずか七％になっていた。イギリスの政治学者オリヴァー・ヒースはこう述べている。「国会議員の職歴のこうした変化のせいで、広範なイギリス国民の代表という議会の性格は著しく弱まり、伝統的に労働者階級の利益を代表するとされていた労働党の性格も同じく弱まった」[48]

社会の低学歴層はまた、西欧全域で議会から姿を消しつつある。アメリカやイギリスの状況と似たようなパターンだ。ドイツ、フランス、オランダ、ベルギーでは、代議政治はもっぱら高学歴者の領分になっている。これらの裕福な国々においてさえ、成人の七〇%は大学の学位を持っていない。ところが、学位を持たない人びとが議会へ進出する例はごくわずかなのだ。[49]

ドイツの連邦議会では、議員の八三%が大卒者であり、職業課程となる基幹学校（ハウプトシューレ）を最終学歴とする議員は二%に満たない。フランス、オランダ、ベルギーでは、国会議員の八二〜九四%が大学の学位を持っている。これらの国々の閣僚の学歴はさらに高い。たとえばアンゲラ・メルケルの二〇一三年の内閣では、一五人の閣僚のうち九人が博士号を持っており、残りの閣僚のうち一人を除く全員が修士号を持っていた。ドイツ政界では博士号の威信がとても高いため、博士論文における剽窃《ひょうせつ》がスキャンダルとなり、閣僚が辞任に追い込まれるほどだ。[50]

非大卒者が政府にほとんどいないという状況は、能力主義時代の所産だ。しかし、先例がないわけではない。これが、大半の労働者が選挙権を手にする以前の状態への逆戻りだと気づくのは少々難しい。こんにちのヨーロッパ議会に高学歴者が多いという特徴は、財産資格によって参政権が制限されていた一九世紀末によく見られた状況に似ている。ドイツ、フランス、オランダ、ベルギーでは、一九世紀半ばから末にかけて、大半の議員が大学の学位を持っていたのだ[51]。

こうした状況が変化したのは二〇世紀のことだった。普通選挙が普及し、社会主義者や社会民主主義政党が台頭したことで、議会の構成が民主化されたのだ。一九二〇年代から五〇年代にかけて、大学の学位を持たない議員もかなりの人数にのぼり、立法者の三分の一から二分の一を占めるまでになった。一九六〇年代以降は大学の学位を持つ議員の割合が上昇しはじめ、二〇〇〇年代には、国会に在籍する非大卒者は貴族や地主階級の時代と同じくらいまれになった[52]。

高い教育を受けた大卒者による政府は歓迎すべきものであり、嘆くべきものではないと主張する向きもあるだろう。橋を架けるには高い技能を持つエンジニアが、盲腸を手術するには腕の立つ医師が望ましいのは間違いない。だとすれば、最高の大学で学んだ議員を選ぼうとするのがなぜいけないのだろうか？　高い教育を受けた指導者は、ぱっとしない学歴の人よりも、健全な公共政策を実施したり、筋の通った政治的言説を語ったりする可能性が高いのではないだろうか？

いや、必ずしもそうではない。アメリカの連邦議会やヨーロッパ諸国の国会における政治論議の危うい状況を一瞥《いちべつ》しただけでも、疑念が浮かぶはずだ。優れた統治のために必要なのは、実践知と市民的美徳、つまり共通善について熟考し、それを効率よく推進する能力である。ところが、現代のほとんどの大学では——最高の評価を受けている大学でさえ——これらのいずれの能力も十分に養成されているとは言いがたい。しかも、最近の歴史的経験から次のことがわかる。洞察力や道徳的人格を含む政治的判断能力と、標準テストで高得点をとり、名門大学に合格する能力とは、ほとんど関係がないのだ。「最も優秀な《ベスト・アンド・ブラ》人材《イテスト》」は、学歴で劣る同胞よりも優れた統治ができるという考え方は、能力主義的なおごりが生んだ神話なのである。

ラシュモア山に頭像が彫られている四人のアメリカ大統領のうちの二人、ジョージ・ワシントンとエイブラハム・リンカーンは大学の学位を持っていなかった。大学の学位を持たない最後の大統領であるハリー・S・トルーマンは、アメリカ最高の大統領の一人に数えられるのが通例だ[53]。

自身がハーバード大学の卒業生であるフランクリン・D・ローズヴェルトは、ニューディール政策を発案し、幅広い人材からなるアドバイザー・チームとともに実行した。このチームのメンバーは最近の民主党大統領に仕えた人びとより有能だったが、学歴ははるかに低かった。その原因の少なくとも一部は次の事実にあった。一九三〇年代には、経済学の専門家がこの数十年で手にしたような、政府による政策決定への影響力をふるっていなかったのだ。[54] トマス・フランクは、ニューディール政策を開始した人びとの多様な経歴について次のように述べている。

ローズヴェルトに最も近い腹心だったハリー・ホプキンズは、アイオワ州の民生委員だった。ローズヴェルトが最高裁判所判事に指名した合衆国司法長官ロバート・ジャクソンは、法律の学位を持たない法律家だった。ローズヴェルトによる救済措置を実行したジェシー・ジョーンズはテキサス州の実業家で、アメリカで最も知られたいくつかの金融機関を躊躇なく破産管財人の管理下に置いた。ローズヴェルトが連邦準備制度の運営を委ねたマリナー・エクルズは先見の明ある人物で、ユタ州の田舎町の銀行家だったが、学士号より上の学位は持っていなかった。おそらくアメリカで最も偉大な農務長官だったヘンリー・ウォレスは、アイオワ州立大学の出身だった。[55]

この数十年で高まりつつある学歴偏重主義は、イギリスの統治を改善することにも失敗した。こんにち、私立学校《プライベートスクール》に通っている生徒は、イギリスの全生徒の七%にすぎないし、オックスフォード大学やケンブリッジ大学で学んでいる学生は全体の一%にも満たない。ところが、国を統治するエリートはこれらの学校の出身者が不釣り合いに多い。二〇一九年のボリス・ジョンソン内閣の閣僚の三分の二近くがプライベートスクール出身で、ほぼ半分がオックスブリッジと称されるオックスフォード大学かケンブリッジ大学の卒業生だ。第二次世界大戦以降、保守党の閣僚の大半と労働党政府の閣僚の約三分の一が、プライベートスクールを出ている。[56] しかし、戦後最も成功したイギリス政府の一つは、学位保持者が最も少なく、最も幅広い階級から代表が選ばれた政府だったのである。

一九四五年、クレメント・アトリー率いる労働党がウィンストン・チャーチルの保守党を破った。アトリーはオックスフォード大学を出ていたものの、彼の内閣の閣僚のうちプライベートスクールの出身者は四人に一人にすぎなかった。それ以降のイギリスの内閣で最も低い割合である。閣僚のうちの七人は、炭鉱夫として働いた経験があった。[57]

アトリー内閣で高い評価を受けた外務大臣で、戦後世界の設計者の一人となったアーネスト・ベヴィンは、一一歳のときに学校をやめ、労働組合の指導者として出世の階段を上った。枢密院議長にして副首相も務めたハーバート・モリソンは、一四歳で学校をやめると、地方政府でのキャリアを通じて名を上げ、ロンドンの公共交通機関の建設に尽力した。一三歳で学校を去り、ウェールズで炭鉱夫として働いた経験を持つ保健大臣のアナイリン

・ベヴァンは、国民健康保険制度の創設を先導した。「二〇世紀イギリスの最も重要な改革をなしとげた政府」と見なされるアトリー政権は、労働者階級に力を与えたばかりか、アトリーの伝記作家によれば「イギリスの新たな社会契約の土台となる倫理的条件を定めた」のである。(58)

アメリカの連邦議会やヨーロッパ諸国の国会が高学歴階級の独占領域に変わっても、政府の効率が向上することはなく、かえって代議制の性格が弱まってしまった。また、労働者階級は主流派政党、とりわけ中道左派から遠ざかり、教育の境界線に沿って政治が二極化する結果となった。こんにちの政治における最も深い分断の一つは、大学の学位を持つ者と持たざる者のあいだに横たわっているのである。

学歴による分断

二〇一六年、大学の学位を持たない白人の三分の二がドナルド・トランプに投票した。ヒラリー・クリントンは、学士号より上の学位を持つ有権者の七〇％超から票を得た。選挙研究によれば、所得ではなく教育が、トランプへの支持を予測するのに最も役立つことがわかった。所得が同じくらいの有権者でも、教育レベルの高い者ほどクリントンに、低い者ほどトランプに投票したのである[59]。

学歴による分断は、前回の大統領選挙からの最も重要な投票の変動を説明するものだった。大卒者の割合が最も高い五〇郡のうち四八郡で、ヒラリー・クリントンは実のところ四年前のバラク・オバマをしのぐ結果を出していた。大卒者の割合が最も低い五〇郡のうち四七郡で、クリントンはオバマよりかなり成績が悪かった。トランプが初期の予備選挙における勝利の一つを祝って「私は学歴の低い人たちが大好きだ!」と言い放ったのも不思議ではない[60]。

二〇世紀の大半を通じて、左派政党は学歴の低い人びとを、右派政党は学歴の高い人びとを引きつけたものだった。能力主義の時代には、このパターンが逆転してしまった。こんにち、学歴の高い人びとは中道左派の政党に投票し、学歴の低い人びとは右派政党を支持している。フランスの経済学者トマ・ピケティは、この逆転がアメリカ、イギリス、フランスでまったく並行して生じたことを示した[61]。

一九四〇年代から七〇年代にかけて、大学を出ていない人びとは、アメリカでは民主党、イギリスでは労働党、フランスではさまざまな中道左派政党に、ぶれることなく投票した。一九八〇年代から九〇年代には学歴によるギャップがかなり縮小し、二〇〇〇年代から二〇一〇年代には、左派政党は大学教育を受けていない有権者の支持を失ってしまった[62]。

この逆転には複雑な面がある。学歴の高い有権者の多くが中道左派に好意的だとしても、裕福な有権者は依然として右派政党を支持することが多いという現実のためだ。またアメリカでは、アフリカ系アメリカ人、ラテンアメリカ系アメリカ人、アジア系アメリカ人の有権者が、学歴にかかわらず民主党を支持しつづけている。だが、二〇一〇年代には、教育が政治における最も決定的な分断要因となっており、かつては労働者を代表していた政党が、ますます能力主義的エリートを代表するようになったのだ。[63]

アメリカでは、民主党が知的職業階級と同一視されるようになると、非大卒の白人有権者は民主党に背を向けた。この傾向はトランプの当選後も続いた。二〇一八年の中間選挙では、非大卒の白人有権者の六一％が共和党員を支持し、民主党員に投票したのは三七％にすぎなかった。学歴による分断が深まりつつある状況は、大卒比率が最も高い三〇の下院選挙区にも見て取れる。ビル・クリントンが大統領に当選した一九九二年、これらの選挙区は半々に割れた。つまり、半数は民主党員を、半数は共和党員を議員に選んだのだ。ところが二〇一八年には、民主党員は三人を除いて全員が当選したのである。[64]

イギリスでは、労働党の支持基盤に同じような変化が生じた。一九八〇年代の初めまでは、労働党の国会議員の約三分の一が労働者階級の出身だった。二〇一〇年には、それが一〇人に一人を割り込むまで減少した。オリヴァー・ヒースによれば、労働党内における労働者出身の国会議員の減少は「労働者階級の有権者のあいだで労働党の相対的な人気にかなりの影響を与えた」という。労働党は「実情を知らない大都市のエリートに支配されている」という見方が、労働者階級の有権者のあいだでますます強まってしまったのだ。[65]

こうした不信感はまず、学歴の低い有権者の投票数が減少した点に現れた。続いて二〇一六年、EU離脱をめぐる国民投票の際にもこの不信感が表面化した。所得の低い有権者は、所得の高い有権者よりもブレグジットを支持するケースが多かった。だが、学歴による違いはさらに顕著だった。大卒でない有権者の七〇%以上がブレグジットに賛成したのに対し、大学院の学位を持つ有権者の七〇%以上が残留に賛成したのである。[66]

こうしたパターンは、地域ごとの投票格差にも見られる。大卒者の割合が最も低い二〇の地方自治体のうち、一五の自治体はEU離脱に賛成の票決をした。高学歴者が最も多い二〇の自治体は、すべてが残留を票決した。[67]

フランスでは、政党組織の違いにもかかわらず、この数十年で学歴による似たような分断が拡大してきた。一九八〇年代以降、非大卒者が社会党をはじめとする左派政党から遠ざかると、これらの政党は高学歴エリートの党になった。一九五〇年代から六〇年代にかけて、左派政党は労働者階級の党だった。非大卒者による左派政党への投票率は、大卒者のそれより約二〇%高かった。一九八〇年代にはこの差がなくなり、二〇一〇年代になると逆転した。いまや、大卒者による左派政党への投票率は、非大卒者のそれより一〇％高い。つまり、変動の幅は三〇ポイントにもなる。(68)

ピケティの推測によれば、労働者の党から知的な専門職エリートの党へと変身したことが、左派政党がこの数十年の不平等の拡大に対策を取らなかった理由ではないかという。一方、高度な学歴を持たない人びとは、エリートが推進するグローバリゼーションに反発し、ポピュリストで移民排斥主義を唱える候補者を応援するようになった。それが、たとえばアメリカではトランプであり、フランスでは国家主義的な反移民政党を率いるマリーヌ・ル・ペンなのである。(69)

二〇一七年、リベラル中道派のエマニュエル・マクロンが、ル・ペンを破ってフランス大統領に就任した。マクロンの当選は一部の評論家によって歓迎された。ポピュリストの反乱が、若く魅力的な候補者によって鎮圧できるしるしだというのだ。市場に優しいグローバリゼーション・プログラムを提示するその姿は、クリントン、ブレア、オバマを彷彿《ほうふつ》とさせるものだった。アメリカやイギリスにおける能力主義の先達と同じく、マクロンは大卒者やさらに上位の学位を持つ有権者から最も強く支持されていた。(70)

ところが、マクロンの人気はすぐにしぼみ、彼の政府は黄色いベスト《ジレ・ジョーヌ》を着た市民による一連の街頭抗議に直面した。このベストは、立ち往生した自動車のドライバーが車を離れる際に身につけるためのものだった。抗議していたのは主にパリ郊外に住む中流階級や労働者階級の人びとで、ガソリン税の値上げ、マクロンの高慢な態度、グローバリゼーションで取り残された人びとをほとんど無視した経済政策に怒っていた。この危機のさなか、マクロン与党のあるベテラン政治家は、政府によるどんなミスが抗議を引き起こしたのかと問われ、こう答えた。「われわれはおそらく知的すぎたのであり、聡明すぎたのでしょう」[71]

現代の容赦ない学歴偏重主義は、労働者階級の有権者をポピュリストや国家主義者の政党へと走らせ、大学の学位を持つ者と持たない者の分断を深めた。また、能力主義プロジェクトの何よりの象徴である高等教育について、ますます党派的な見方をもたらしてもいる。つい最近の二〇一五年まで、共和党支持者も民主党支持者も、大学はわが国によい影響を及ぼすと口をそろえていた。ところが、もはや状況は異なっている。こんにち、共和党支持者の五九％は、大学はわが国における事態の進展に悪い影響を及ぼしていると考えており、高等教育を好意的に見ているのは三三％にすぎない。対照的に、民主党支持者は圧倒的に（六七％対一八％）、大学はよい影響を及ぼしていると考えている。[72]

能力主義の勝利による犠牲の一つは、高等教育に対する一般市民の広範な支持が失われたこともしれない。かつては好機をつかむための原動力と広く見なされていた大学が、少なくとも一部の人びとにとっては、学歴偏重主義者の特権や能力主義者のおごりのシンボルになってしまったのだ。

不平等の解決策としてひたすら教育に焦点を当てる出世のレトリックには、非難されても仕方がない面がある。尊厳ある仕事や社会的な敬意を得る条件は大学の学位だという考え方に基づいて政治を構築すれば、民主主義的な生活を腐敗させてしまう。大学の学位を持たない人びとの貢献をおとしめ、学歴の低い社会人への偏見をあおり、働く人びとの大半を代議政治から実質的に排除し、政治的反動を誘発することになるのである。

テクノクラート的な語り

こうした学歴偏重病と密接につながっているのが、公的言説のテクノクラート的転回である。政策決定が「賢いvs愚か」の問題として語られれば語られるほど、市民が議論を通じて実行すべき政策を決定できるようにするよりも、「賢い」人たち（専門家やエリート）に物事を決めてもらうよう主張する声が大きくなる。能力主義的エリートにとって、「賢い」と「愚か」のレトリックは、道徳やイデオロギーをめぐる意見の衝突に対する非党派的な代替策を示しているように見える。だが、そうした意見の衝突は民主政治の核心にあるものだ。党派的な意見の衝突というやっかいな領域を跳び越えようとする努力があまりに決然たるものだと、正義や共通善の問題を政治に回避させるテクノクラート的言説が導かれかねない。

バラク・オバマはその典型だ。すべてのアメリカ人にとっての平等な権利という約束の履行について語るとき、オバマのレトリックは当時のどんな政治家も及ばないほど雄弁をきわめることがあった。サウスカロライナ州チャールストンでの「アメージング・グレース」の弔辞は、教会で憎悪に満ちた銃撃犯の凶弾に倒れた教区民を追悼したものであり、現代のアメリカ大統領による最も心に響く演説の一つだった。

ところが、民主的な統治についての見解になると、オバマは心底から一人のテクノクラートだった。これは、人望ある大統領に対する評価としては手厳しいと思われるかもしれないので、説明させてほしい。民主的社会を統治するには、意見の衝突に対処する必要がある。意見の衝突に直面しつつ統治するには、意見の衝突がいかにして生じ、あれこれの瞬間に、あれこれの公共目的のために、いかにして克服されるかについて、一つの見解を前提することになる。オバマは、民主的社会において意見の衝突が生じる最大の原因は、一般市民が十分な情報を持っていないことだと信じていた。

情報不足が問題なら、解決策は次のようになる。事実をよりよく理解している者が仲間の市民に代わって決定を下したり、あるいは、少なくとも彼らを啓発すべく、市民自身が賢明な決定を下すために知るべきことを教えてやったりすればいいのだ。大統領のリーダーシップは、道徳的信条ではなく、事実の収集と公表をめぐって発揮されることになる。

オバマがこうした統治のビジョンを驚くほど明確に語ったのは、二〇〇七年の大統領選挙戦の初期に、グーグルの従業員を相手に講演したときのことだ。国中を旅するあいだにオバマが学んだことの一つは、彼が聴衆に語ったところによればこうなる。「アメリカ国民は根っからの良識人です。心の広さもあれば、常識もあります。しかし、それが活かされていないのです」。その理由は、

主として人びとが――間違った情報を知らされているだけのことです。あるいは、人びとは忙しすぎます、子供を学校へ送ろうとしています、働いてもいます、十分な情報を手にしていません、つまり、世の中のあらゆる情報を選別する専門家ではありません。こうして、われわれの政治的プロセスは歪められてしまうのです。しかし、きちんとした情報を提供すれば、彼らの直観は優れていますから、正しい判断を下すでしょう。大統領は、人びとにきちんとした情報を提供するためのブリー・プルピット

（傑出した公的地位）を手にしているのです。[73]

一世紀前にセオドア・ローズヴェルトが造語して以来、「ブリー・プルピット」という言葉は、道徳心を鼓舞・奨励する場としての大統領職を指してきた。それがいまや、事実とデータ、つまり確かな情報を手にするための場になってしまったようだ。これはテクノクラート的な政治概念の本質であり、そこには能力主義的なおごりが少なからずまとわりついている。この国に住んでいる普通の人びとが、いかに「良識人」だとしても、彼らが情報を選別する「専門家ではない」とすれば、真の専門家が彼らのために情報を選別し、必要となる事実を提供しなければならないというわけだ。

オバマはこれを、アメリカの「歪められた」政治的プロセスを修復する方法だと考えた。やりがいあるこの仕事は、政治的プロセスを抑圧する経済力の極度の集中を終わらせることでもなければ、国民のあいだに共通善のより鋭敏な感覚を呼び覚ますことでもなかった。それは、よりよい、より正確な情報を提供することだった。「私はそうすることを本当に楽しみにしています。というのも、理性、事実、証拠、科学、そしてフィードバックを心から信じているからです」と、オバマはグーグルの聴衆に語った。「決定は事実に基づいているというあの感覚をホワイトハウスに取り戻したいのです」[74]

テクノクラート的な信条を表明するこうした語りは、テクノロジー業界の支持者獲得を主眼としたものだったと思われるかもしれない。だが、大統領任期中もそれ以降も、オバマはこの政治的ビジョンに忠実だった。こうした考え方のさらなる実例を見れば、テクノクラート的な政治と新自由主義の類似性がはっきりする。過去の大統領とくらべ、オバマは経済学者や企業経営者のあいだでおなじみの専門用語をはるかに多く使った。たとえば、自分が主張する医療制度改革を擁護する際、オバマは皆保険制度の道徳的な論拠を述べるよりも、医療費の上昇を抑えるという意味で「コストカーブを曲げる」必要性について語った。「コストカーブを曲げる」という言葉が遊説中に熱狂をかき立てることはなかったにもかかわらず、オバマは自分の医療改革プランの利点を論じる際、変化を付けながらもこの言い回しを六〇回以上使った。(75)

近年、経済学者は、望ましい行動を引き出すために市場刺激策《インセンティブ》を利用するよう訴えてきた。こうしたインセンティブの重視は広く行き渡っており、「インセンティバイズ」という新たな動詞が生まれたほどだ。二一世紀初めの多くの社会科学者、経営コンサルタント、企業経営者と同じく、オバマもまた、市場メカニズムがいかにして望ましい結果をもたらすかを説明しようと、「インセンティバイズ」を進んで取り入れた。オバマは、技術開発、小企業の雇用、クリーンエネルギー開発、水管理の改善、優れたサイバーセキュリティー技術、耐候化プログラム、より健康的な食生活、効率的な医療提供、前向きな学校風土、責任ある企業運営、その他のさまざまな目標を「インセンティバイズ」するための政策を提案した。

インセンティバイズするというのは、党派的あるいはイデオロギー的な論争を避けようとするオバマの性分にぴったりのテクノクラート的概念だった。それによって、公共目的を実現するための財政的誘因が配置されることになるため、政府の命令と自由な市場の選択のあいだのほどよい妥協点を見いだせるように思えた。過去の大統領がその言葉を使うことはほとんどなかったにもかかわらず、オバマはあれやこれやの行動を「インセンティバイズする」という言い方を一〇〇回以上使っている(76)。

オバマの政治的レトリックのどんな特徴にも増して、彼の「賢明な《スマート》」政策についての絶え間ない語りによって、技術家主義《テクノクラシー》と能力主義《メリトクラシー》の結びつきが明らかになる。オバマにとって「賢明な《スマート》」は究極の称賛表現だった。たとえば「スマートな外交」「スマートな対外政策」「スマートな規制」「スマートな成長」「スマートな歳出削減」「スマートな教育投資」「スマートな移民政策」「スマートなインフラ計画」「スマートな法の執行」「スマートな政府」「スマートな通商政策」「スマートなエネルギー政策」「スマートな気候政策」「スマートな給付改革」「スマートな市場改革」「スマートな環境規制」「スマートなテロ防止策」「気候変動対応型農業《スマート》」「スマートな開発」「スマートな市場志向型イノベーション」、そして何よりも「次世代送電網《スマート・グリッド》」である。大統領時代、オバマは「スマート・グリッド」あるいは「スマート・テクノロジー」を一〇〇回以上称賛した。すべて合わせると、オバマは政策や計画に関連して「スマートな」という形容詞を九〇〇回以上使っている[77]。

テクノクラート的な政治手法の欠点の一つは、意思決定をエリートの手に委ね、したがって普通の市民の力をそいでしまうことだ。もう一つは、政治的な説得というプロジェクトの放棄である。エネルギーを節約する、体重に気をつける、倫理的な商慣行を守るといった責任ある行動を取るよう人びとをインセンティバイズすることは、それを人びとに強要することの代替策であるばかりではない。それは、人びとを説得することの代替策でもあるのだ。

テクノクラシーvsデモクラシー

能力主義的エリートが発する、イデオロギーの曖昧な経済学者風の語りが世に現れたのは、党派的な人びとが話のかみ合わないまま怒鳴ったりツイートしたりして、公的言説がますます乱暴で辛辣になっているときだった。テクノクラート的言説と怒鳴り合いに共通しているのは、民主的市民を活気づける道徳的信条に実質的な関わりを持っていないことだ。どちらも、正義と共通善という競合する概念についてともに考える習慣を涵養《かんよう》しないのである。

二〇一六年のポピュリズム的大動乱――イギリスのブレグジットやアメリカのトランプ当選――は、能力主義的エリートや新自由主義的・テクノクラート的政治手法を拒絶するものだった。EUを離脱すればイギリスは経済的苦境に陥るだろうという経済学者の予想に対し、ブレグジットのある主導的提唱者は「国民は専門家にうんざりしている」と応じた。(78)

一方オバマは、大統領の任期の最終盤に起こった政治的激震の意味を理解しようと悪戦苦闘していた。自分の後継者にトランプが選ばれた二年後の二〇一八年、オバマはしぶしぶながら、グローバリゼーションを提唱した人びとは「取り残される人びとがいるという事実に素早く対応しませんでした」と認めた。市場を重視するいわゆるワシントン・コンセンサスは、「少しばかり気楽なものになりすぎました。とりわけ冷戦後、すべてを理解したと考えるアメリカとアメリカのエリートは、ここしばらくの間ひどいうぬぼれに浸っていたのです」。(79)

しかし、トランプ時代の分極化した政治に関するオバマの一次診断は、国民が基本的事実について合意できないという点に関わっていた。われわれが「政治においてきわめて多くの停滞、憎悪、分裂を目にしている」理由の一つは「われわれが事実と情報について共通の基盤を持っていないことです」とオバマは語った。フォックスニュースを見ている人とニューヨーク・タイムズ紙を読んでいる人は「まったく異なる現実」のなかで暮らしており、そこでは「意見が異なるだけではなく、事実が異なっています……それはまるで、認識論的な問題であるかのようです」[80]。

オバマは、彼がぶつかり合う事実と考えるものを鮮やかに描いてみせた。

この先の一〇年、一五年、二〇年にわたってわれわれが抱える最大の課題は、市民的な対話を取り戻すことです。つまり、私がこれは椅子だと言えば、われわれはそれが椅子であることを認める、そんな対話です。その際、それはよい椅子か、ほかの椅子と取り換えるべきか、あちらへ移動させたいか、といった点については意見が異なってもかまいません。しかし、それはゾウだと言うことはできないのです[81]。

もちろん、政治的議論に見られる事実をめぐる争いは、家具についての説明ほど単純なものではない。だが、このいわゆる部屋のなかの「ゾウ」、すなわち見て見ぬふりをされている重要問題とは、気候変動のことだった。オバマはこう言おうとしたのだ。気候変動の存在を否定する人びとが相手では、気候変動について、あるいはそれを引き起こすことに人間の果たした役割について、理にかなった議論をするのは難しいと。

オバマの頭に次の事実があったのは間違いない。つまり、気候変動否定論者にけしかけられた彼の後継者が、オバマ自身が署名した気候変動に関するパリ協定からアメリカを脱退させてしまったのだ。その原因はイデオロギーの不一致だけでなく、トランプおよび共和党のトランプ支持者による科学拒否にあると、オバマは考えた。

実際、「私は科学を信じる」というスローガンは民主党員の合言葉になった。ヒラリー・クリントンは二〇一六年の大統領候補受諾演説でこのスローガンを宣言し、オバマは大統領としてそれを使い、二〇二〇年の大統領候補指名を目指す多くの候補者が、選挙遊説中にその台詞《せりふ》を繰り返した。このスローガンが暗黙のうちに科学を信仰の領域に追いやっているにもかかわらず、その人気が落ちることはなかったようだ(82)。

何より事実が重要だという長年の信念の裏付けとして、オバマはダニエル・パトリック・モイニハン上院議員の言葉を引き合いに出すのを好んだ。モイニハン上院議員はかつて、ある頑固な反対者にこう語ったことがある。「あなたには自分自身の意見を主張する権利がありますが、自分自身の事実を主張する権利はありません」。この話をする際、オバマはときに、モイニハンは「とても賢明《スマート》だった」が、反対者は「それほど賢明《スマート》ではなかった」と付け加えることもあった[83]。

だが、政治的な意見の不一致の原因が、事実に向き合うこと、あるいは科学を受け入れることとの単純な拒絶にあると考えるのは、政治的な説得における事実と意見の相互作用を誤解している。われわれはみな、政治に先立つ基盤として事実について合意し、それから意見や信念について議論すべきであるという考え方は、テクノクラート的なうぬぼれだ。政治的な議論は、当の論争に関わる事実をどう認定し、特徴づけるかをめぐるものとなることが多い。誰であれ事実をうまく組み立てる者は、議論での勝利に向かってすでに大きく前進しているのだ。モイニハンは逆に、われわれの意見がわれわれの認識を導くと述べている。われわれの意見は、事実の用意が整ったあとで初めて姿を現すわけではないのである。

気候変動について議論すること

気候変動への対策に反対する主な原因が、情報の欠如や科学の受け入れ拒否にあるとすれば、教育水準が低かったり科学的知識が足りなかったりする人びとのあいだで、反対意見がいっそう強くなるはずだ。ところが、これは事実ではない。世論調査から、科学に関する人びとの知識が増えれば増えるほど、気候変動についての意見はますます分極化することがわかっている。

共和党支持者は民主党支持者よりも地球温暖化に懐疑的であり、党派間の溝は教育水準の上昇とともに拡大する。高卒もしくはそれ以下の共和党支持者では、五七%が地球温暖化は概して誇張されていると信じている。大卒の共和党支持者では、七四%がそう思っている。民主党支持者の場合、教育水準が高いほど気候変動への関心が大きい。高卒もしくはそれ以下の民主党支持者のうち、二七%が地球温暖化は誇張されていると考えている。大卒の民主党支持者では、そう考えているのは一五%にすぎない。[84]

したがって、気候変動への関心をめぐる党派間のギャップは、高卒者では三〇%であるのに対し、大卒者では五九%と、ほぼ二倍になっている。気候変動に人間の果たす役割についての考え方にも、同じパターンが当てはまる。「地球温暖化は自然な環境変化によって生じた」かどうかを問われると、ほとんどの共和党支持者は「イエス」と答え、ほとんどの民主党支持者は「ノー」と答える。だが、大卒者における党派間のギャップ（五三%）は、より学歴の低い人びとのそれ（一九%）よりもかなり大きい。[85]

より詳細な研究によると、気候変動に関する政治的分極化は、一般的な教育水準だけでなく、科学的知識とも軌を一にすることがわかっている。科学科目の履修歴や科学リテラシー試験による判定で科学的知識を多く持つとされた人ほど、科学についてそれほど詳しくない人とくらべ、気候変動に関する支持政党の見解に忠実である可能性が高いのだ。[86]

これらの調査結果は、次のような考え方に疑問を投げかける。つまり、気候変動の緩和策を支持したがらない人びとは、科学について十分な知識を持っていないだけだというものだ。気候変動に関する党派的な分断は、主として、事実や情報ではなく政治に関わっている。人びとが科学について知れば知るほど、気候変動への対策を取るべく団結しやすくなるという想定は間違いだ。事実について意見が一致しさえすれば、政策について理にかなった議論ができるというテクノクラートの信念は、政治的な説得というプロジェクトを誤解するものである。

二〇一八年、オバマはマサチューセッツ工科大学で講演し、基本的事実について全員の意見が一致しさえすれば、アメリカでも気候変動について理性的な議論ができるはずだとしてこんな想像をした。

あなたと私は気候変動について議論できます。あなたの結論はこうです。「中国人やインド人が大量の石炭を燃やすのを止《と》めようとは思いません。それはずいぶん前から続いてきたことです。われわれは、それに適応せざるをえないというにすぎません。われわれは、間一髪のところで何か新しいエネルギー源を発明するでしょう。だから、私はパリ協定に反対です」

私はそれに対してこう反論するでしょう。「いえ、そうではありません。われわれが何らかのスマート・テクノロジーに投資し、クリーンエネルギーへの投資を奨励《インセンティバイズ》するスマートな規制の枠組みをつくり出しさえすれば、いますぐ現実にこの問題を解決できるのです。そうした対策を取らなければ、待っているのは破滅です(87)」

オバマは、われわれがこうした健全な議論ができるよう願いつつも、気候変動否定論者がそれを不可能にしているとして嘆いた(88)。

しかし、こうした議論がたとえ可能だとしても、それは精彩を欠いた政治的議論になるだろう。こうした議論は、一方の諦めと無分別、他方の価値中立的なテクノクラート的解決策のどちらかを選ぶしかないと想定している。だが、これでは、気候変動の論争の根底にあるより深遠な道徳的・政治的考慮を見失ってしまう。

テクノクラート的な立場の魅力――それは弱みでもあるのだが――は、一見軋轢を生みそうにない価値中立性にある。「スマート・テクノロジー」や「スマートな規制の枠組み」をめぐる話は、気候変動をやっかいで困難な課題にしてしまう道徳的・政治的な問いをあっさり通り過ぎる。民主政治に対する化石燃料産業の巨大な影響力に抵抗するには、どうすればいいだろうか？　フランシスコ教皇が「使い捨て文化」[89]と呼んだもののせいで、自然を手段として見る、つまり、廃棄場として扱う消費主義的態度を考え直すべきだろうか？　二酸化炭素の排出削減へ向けた政府の措置に反対する人びとについて、どう考えればいいだろうか？　彼らがそうするのは、科学を否定しているからでなく、とりわけ経済の大規模な再構成において、政府が自分たちの利益になる行動をとるとは信じていないからであり、こうした再構成を設計・実施するテクノクラート的エリートを信頼していないからなのだ。

これらの問いは、専門家が答えるべき科学的問題ではない。権力、道徳、権威、信頼にまつわる問題、すなわち、民主社会に生きる市民にとっての問題なのだ。

過去四〇年にわたって政治を担ってきた高学歴の能力主義的エリートが犯した失敗の一つは、こうした問題を政治的議論の中心にうまく据えられなかったことだ。いまや、われわれ自身が民主主義的規範が生き残るかどうかに疑問を抱いている以上、能力主義的エリートのおごりやテクノクラート的な視野の狭さへの不満は、些細《ささい》な問題に思えるかもしれない。だが、彼らの政治こそ、現在へとつながった政治であり、権威主義的ポピュリストにつけ込まれる不満を生み出した政治なのだ。能力主義とテクノクラシーの失敗に向き合うことは、こうした不満に取り組み、共通善の政治を再び構想するために欠かせない一歩なのである。

第5章　成功の倫理学

二つの社会を考えてみよう。ともに不平等な社会であり、その程度も同等だ。一つは、国民所得一〇〇ドルごとに、最も裕福な二〇%の人びとが六二ドルを受け取る一方、最も貧しい二〇%の人びとは一ドル七〇セントしかもらえない社会。もう一つは、下位半分の全所得をまとめても一二ドル五〇セントにしかならず、最も裕福な一%の人びとが手にする金額（二〇ドル二〇セント）にも遠く及ばない社会。資産の格差はさらに大きい[1]。

あなたが所得や資産の著しい不平等に苦しんでいれば、これら二つの社会は正義にもとると考えてもおかしくない。しかし、そう判断する前に、あなたはさらなる情報を求めるかもしれない。たとえば、こうした不平等な配分がいかにして生じたのかを知りたいと思うかもしれない。

能力主義《メリトクラシー》VS貴族社会《アリストクラシー》

そこで、一つ目の社会は貴族社会であると想像してみよう。所得と資産は生まれによって偶然に決まり、一つの世代から次の世代へと受け継がれる。貴族に生まれた者は裕福で、農民に生まれた者は貧しい。同じことが両者の子供にも、子供の子供にも当てはまる。次に、二つ目の社会は能力主義社会であると想像してみよう。この社会における所得と資産の不平等は、世襲特権ではなく、人びとが才能と努力によって獲得したものの帰結である。

これを知れば、あなたはおそらく一つ目の社会よりも二つ目の社会のほうが好ましいと思うだろう。貴族社会が正義にもとるのは、人びとを生まれた階級に閉じ込めるからだ。この社会は人びとに出世を許さない。対照的に、能力主義社会では、人びとは才能と創意を発揮することで自分の置かれた境遇を改善できる。これは、能力主義社会に味方する強力な議論だ。確かに、能力主義によって不平等が解消されることはない。人びとの才能や願望はさまざまであり、一部の人びとはほかの人びとよりも出世するからだ。だが少なくとも、こうした不平等は、人びとの生まれよりも能力や功績を反映したものだとは言える。

不平等について懸念する人びとは、さらにいっそうの情報を要求するかもしれない。彼らはこんな疑いを抱くはずだ。能力主義社会においてさえ、社会の頂点を占める人びとの少なくとも一部は、人生を有利なスタート地点から始めた恩恵に浴しているのではないかと。有利なスタート地点とは、愛情に満ち、支援を惜しまず、おそらくは裕福な家庭、献身的な教師のいる優秀な学校といったものだ。こうした疑り深い人びとは、能力主義社会は正義にかなうと宣言する前に、家庭環境にかかわらずすべての子供が、持てる可能性を十分に発揮するための教育的・文化的機会を手にできる政策がとられているかを知りたがるだろう。

正義にかなう社会を生み出すものについて考える一つの方法は、自分が裕福な家庭で育つか貧しい家庭で育つかがわからないとき、どんな社会を選ぶかを問うことだ。この基準に従えば、貴族社会よりも、真に平等な機会のある能力主義社会のほうが正義にかなうということに、ほとんどの人が同意するだろう。だが、正義の問題はひとまず置いて、われわれが想像している不平等な二つの社会のもう一つの特徴について考えてみよう。自分が社会の頂点に立つか、底辺に沈むかが前もってわかっているとする。自分が金持ちだとしたら、二つの社会のうちどちらで暮らしたいだろうか？　また、自分が貧しい場合はどうだろうか？

どちらの社会もきわめて不平等であることを思い出してほしい。上位一％に入れば、平均所得は年間一三〇万ドルに達する（と想像してみよう）。一方、下位二〇％に低迷すれば、年間五四〇〇ドルにすぎない。[2] これは相当な違いだ。裕福な者と貧しい者の格差はどちらの社会でも同じくらいひどいのだから、自分がどの位置を占めるかがわかっても、どちらの社会を選ぶかを決める助けにはならないと、あなたは結論するかもしれない。

しかし、考慮すべき事柄は所得や資産だけではないはずだ。あなたが金持ちなら、自分の資産や特権を子供に引き継げる社会を選ぶかもしれない。これは貴族社会を支持する論拠だろう。あなたが貧しければ、自分や子供に出世のチャンスがある社会を選ぶだろう。これは能力主義社会に賛成する議論だ。

ところが、さらに熟慮してみると、それぞれのケースで反対の見方があることに気づく。人は、自分がどれだけ金持ちかに関心があるだけではない。豊かさや貧しさが自分の社会的地位や自尊心にどんな意味を持つかも気にしている。あなたが貴族社会の上位層に生まれていれば、自分の特権は幸運のおかげであり、自分自身の手柄ではないとわかるだろう。一方、努力と才能によって能力主義社会の頂点に登り詰めたとすれば、自分の成功は受け継いだものではなく、自ら勝ち取ったものだという事実を誇りにできる。貴族社会における特権とは異なり、能力主義社会における成功は、自力で地位を手にしたという達成感をもたらす。こうした観点からすると、貴族社会よりも能力主義社会において裕福であるほうが好ましい。

同様の理由で、能力主義社会において貧しいことは自信喪失につながる。封建社会で農奴の身分に生まれれば、生活は厳しいだろう。だが、従属的地位にあるのは自分の責任だと考えて苦しむこともないはずだ。また、自分が苦役に耐えながら仕えている地主は、自分より有能で才覚があるおかげでその地位を手に入れたなどと思い込んで悩む必要もない。地主は自分よりもその地位にふさわしいわけではなく、運がいいにすぎないことがわかっているはずだからだ。

対照的に、能力主義社会の最下層に落ち込めば、どうしてもこうした考えにとらわれてしまう。すなわち、自分の恵まれない状況は、少なくとも部分的には自ら招いたものであり、出世するための才能とやる気を十分に発揮できなかった結果なのだと。人びとの出世を可能にし、称賛する社会では、出世できない者は厳しい判決を宣告されるのである。

能力主義のダークサイド

「能力主義《メリトクラシー》」という用語は、こうした不安の影のもとで生み出された。マイケル・ヤングはイギリスの社会学者で、労働党のブレーンだった。一九五八年、ヤングは『The Rise of the Meritocracy』と題する本を書いた(3)。ヤングにとって、能力主義は理想ではなく暗黒郷《ディストピア》を表す言葉だった。ヤングがこの本を書いた当時、イギリスでは階級制度が崩壊し、能力《メリット》に基づく進学や昇進の制度に取って代わられつつあった。それが好ましい事態だったのは、こうした制度のもとでなら、労働者階級の有能な子供がその才能を伸ばし、肉体労働に就くしかない人生から抜け出せるからだ。

しかし、ヤングは能力主義の暗部《ダークサイド》を垣間見てもいた。あたかも二〇三三年から過去を振り返る歴史家であるかのように、第二次大戦後の当時のイギリスで姿を見せ始めていた能力主義社会の道徳的論理を、不気味なまでの正確さで描写したのだ。ヤングは、階級に縛られた消え去りつつある秩序を擁護したわけではないが、そうした秩序の道徳的恣意性や明白な不公平性には、少なくとも次のような好ましい効果があったと述べた。つまり、上流階級の自己愛にブレーキをかけ、労働者階級が自らの従属的立場を個人的な失敗と考えずにすむようにしていたのだ。

親の資産や影響力によって頂点へと「打ち上げられた」人びとは、「心からの確信をもって『私はその仕事に最もふさわしい人間だ』と自らに言い聞かせることはできなかった。開かれた競争によってその地位を獲得したわけではないことを知っていたし、彼らが正直なら、多くの部下が自分と同等の力を持つか、あるいはことによると、自分より優れていると認めざるをえなかったからだ」[4]。

上流階級の人物で、人生のある時点で次のことに気づかない者がいたとすれば、きわめて鈍感な人間に違いない。すなわち、自分の連隊に所属する兵卒、自分の屋敷で働く執事や「家政婦」、タクシーやバスの運転手、鉄道の客車や郊外のパブで見かける皺《しわ》だらけの顔に鋭い目つきをしたみすぼらしい労働者――そうした人びとの中に、知性、機知、知恵などで、少なくとも自分に劣らない者がいるということに[5]。

「上流階級の人物」の中に、自分は社会の頂点に立つに値すると勘違いしている者がいたとしても、その配下にいる人びとはそんな幻想にとらわれていなかった。「上に立つ者の多くがその地位にある理由は、彼らが何を知っているかではなく、彼らが誰を知っているか、彼らの親が誰を知っているかにある」とわかっていたのだ。体制が不正に仕組まれたものだと知ることで、労働者階級はその体制に政治的な闘いを挑む力を手にした（これこそ労働党結成の核心だった）。同じく重要なのは、階級制度の恣意性のおかげで、労働者は社会が彼らに割り当てた低い身分を基に自らを評価せずにすんだことだ[6]。

労働者は自らにこう言い聞かせた。「ここにいるのが俺、労働者だ。なぜ労働者なのか？　ほかにふさわしい仕事はないのか？　もちろん、そんなことはない。きちんとしたチャンスがあれば、世界にそれを分からせてやっただろう。医者か？　ビール醸造人か？　大臣か？　何でもやれたはずだ。チャンスがなかった。だから俺は労働者なんだ。だが、底辺にいるからといって、ほかの誰よりも劣っているなんて思うことはない[7]」

ヤングによれば、自分の属する階級の道徳的恣意性について曇りのない目を保つことには、明白な利点があるという。それによって、勝者も敗者も、自分は人生における自らの運命に値するという思い込みを避けられる。だからといって、階級制度が擁護されるわけではないが、能力主義的な秩序の逆説的な特徴が浮き彫りになるのだ。能力にしたがって仕事や機会を分配しても、不平等が緩和されるわけではない。能力に見合うよう不平等が再構成されることになる。だが、こうした再構成は、人は自分が値するものを手に入れるという想定を生み出す。そして、この想定は富者と貧者の溝を深める。

いまや、人びとが能力によって格付けされている以上、階級間の格差がいっそう拡大してしまうのは避けられない。上流階級の人びとが……自己不信や自己批判によって弱気になることはもはやない。こんにち、高い地位にいる人びとは次のことを知っている。成功とは、自分自身の力量、自分自身の努力、自分自身の明白な業績に対する報酬にすぎないのだと。彼らは上流階級に属すに値するのである。彼らはまた、自分がそもそも優れた力量の持ち主であるばかりでなく、天賦の才を伸ばすべく最高レベルの教育を受けてきたこともわかっている。(8)

ヤングは、エリートの能力主義的なおごりを予見していただけではなかった。テクノクラート的専門知識に対する彼らの愛着、輝かしい経歴を持たない者を見下す傾向、こうした態度が公的言説に及ぼす腐食作用にも気づいていた。前途洋々のエリートは「ますます複雑になる現代の技術文明を誰よりもよく理解しつつある。彼らは科学を習得しているし、地球を受け継いできたのは科学者なのだ」。優れた知性と教養を備えた彼らにしてみれば、大学の学位を持たない人びとと真剣に議論を交わす理由や機会はほとんどない。

エリート層は、より豊かでより正確なもう一つの言語を話しているときに、どうすれば、自分より階級の低い人びとと二面的な会話を続けられるだろうか？　こんにち、エリート層は次のことを知っている……社会的地位で劣る人びとは、その他の面、すなわち、きわめて重要な二つの資質である知性と教養でも同じように劣っていることを。知性と教養は、二一世紀のさらに一貫した価値体系において最高の地位を与えられている(9)。

ヤングは次のように述べている(彼が二〇三三年に生きているかのように「観察している」ことを思い出してほしい)。「現代に特徴的な問題の一つは、能力主義社会のメンバーの中に……自分自身の価値に陶酔するあまり、彼らが統治する人びとへの共感を失ってしまう者がいることだ」。彼はあざけるようにこう付け加えた。能力主義者の一部が「あまりにも無神経なせいで、力量に劣る人びとでさえまったく不必要に気分を害されている(10)」(二〇一六年の大統領選挙運動中にヒラリー・クリントンが、ドナルド・トランプ支持者の半分は「みじめな人たち」だと語ったことが思い出される(11))。

エリートに対する怒りは、出世できない人びとが能力主義のせいで抱える自己不信のためにさらに大きくなった。

こんにちではすべての人が、どんなに下賤《げせん》な者であろうと、自分にあらゆるチャンスがあったことを知っている……人びとはこう認めざるをえないのではないだろうか。自分が低い身分にあるのは――昔と違い、チャンスをもらえなかったからではなく、自分が劣っているからだと。人類史上初めて、身分の低い者は自尊心を巧みに支えられるものを失っているのだ。[12]

ヤングは、こうしたおごりと怒りの毒酒が政治的反動を招くことを予期していた。彼は自らの暗黒郷《ディストピア》物語を次のように予言して締めくくっている。二〇三四年、教育水準の低い階級が、能力主義的エリートに対してポピュリストの反乱を起こすだろうと。二〇一六年、イギリスがブレグジットを票決し、アメリカがトランプを大統領に選んだことで、その反乱は予定より一八年早く起こったのである。

能力主義再考

先に述べた二つの社会はまったくの仮想事例ではない。二つの社会を悩ませる所得の不平等は、こんにちのアメリカで広く見られるものだ。[13] こうした不平等が擁護される場合――そもそも擁護されるとすればだが――何らかの能力主義的な根拠が持ち出されることが多い。金持ちは裕福な親のもとに生まれたのだから金持ちであるべきだ、などと言う者はいないのである。不平等を批判する人びとは、たとえば相続税廃止論者は暗黙のうちに世襲特権を認めているとして、不平を訴えるかもしれない。だが、世襲特権を無条件に擁護したり、キャリアは才能に基づくべきだという原則に異議を唱えたりする者はいない。

仕事、教育、公職などを手にする権利をめぐる議論の大半は、機会の平等を前提にスタートする。われわれの見解の相違は、その原則そのものではなく、それを実現するには何が必要かに関わっている。たとえば、雇用や大学入試におけるアファーマティヴ・アクションを批判する人びとは、そうした政策は能力以外の要素で志願者を判定するのだから、機会の平等と矛盾すると主張する。これに対して、アファーマティヴ・アクションを擁護する人びとは、そうした政策が必要なのは、差別や不利益を被ってきた集団のメンバーに対して機会の平等を実現するためだと反論する。

少なくとも原則のレベルにおいて、また政治的レトリックにおいて、能力主義は勝利を収めてきた。世界中の民主主義国で、中道左派と中道右派の政治家はこう主張する。自分たちの政策は、人種や民族、性別や階級にかかわらず、あらゆる市民が同じ条件で競い合い、努力と才能の許すかぎり出世できるようにするものであると。人びとが能力主義についいて不満を訴える場合、理念についてではなく、理念が守られないことについての不満であるのが普通だ。つまり、裕福で権力を持つ人びとは、自分たちの特権を永続させるために制度を不正に操作してきたとか、知的職業階級の人びとは自分たちの優位性を子供に引き継ぐ方法を考え出し、能力主義社会を世襲の貴族社会へ変えてしまったとか、大学は能力に基づいて学生を選抜すると主張しながら、裕福でコネのある人びとの子弟に下駄を履かせている、などといった具合だ。こうした不満によれば、能力主義は神話であり、いまだ果たされていない遠い約束なのだ[14]。

こうした不満は、なるほどもっともである。だが、問題がもっと根の深いものだとしたらどうだろう？　能力主義の真の問題はそれを実現できないことではなく、その理想に欠陥があることだとしたら？　単に社会の流動性が失われてしまったからというだけでなく、もっと根本的に、人びとが競争の激しい能力主義社会で成功の階段をよじ登ろうとするのを助けることは、市民権や自由をめぐる貧弱な概念を反映した空虚な政治的プロジェクトにすぎないために、出世のレトリックがもはや人びとを勇気づけるものではないとしたら？

このさらに大きな問題を探究するには、道徳的・政治的プロジェクトとしての能力主義に対する二つの異論を検討する必要がある。一つは正義に関わるもの、もう一つは成功と失敗に対する態度に関わるものだ。一つ目の異論は、能力主義が十分に実現しさえすれば、つまり仕事や賃金が努力と才能をきちんと反映すれば、正義にかなう社会になるという考え方に疑問を投げかける。二つ目の異論は、能力主義社会が公正であっても、それは善い社会ではないのではないかと懸念する。こうした社会は勝者のあいだにおごりと不安を、敗者のあいだに屈辱と怒りを生み出すだろう。こうした態度は、人類の繁栄と対立し、共通善を腐食する。

能力主義に批判的な哲学者は、主として一つ目の異論に力を注ぐ。この先で検討する理由により、現代の哲学者のほとんどは、社会は人びとが値するものに基づいて仕事や賃金を割り振るべきだという考えを拒否する。この点で、哲学者は一般的な意見を特徴づける道徳的直観と対立する。正しいのは誰か——哲学者か一般市民か——を解き明かそうとすることは、やるだけの価値がある。

一つ目の異論は正義に関するものであり、哲学の世界ではよりおなじみのものだ。一方、二つ目の異論はおごりと屈辱に関わっており、現在の政治情勢を理解するにはこちらのほうが重要かもしれない。能力主義的エリートに対するポピュリストの抗議は、公正さだけでなく社会的評価にも関係する。こうした抗議を理解するには、それを駆り立てる不満や怒りを見極め、評価しなければならない。そうした不満や怒りは正当だろうか、それとも見当違いだろうか。それらが正当なものだとすれば、対処するにはどうすればいいだろうか。

完全な能力主義は正義にかなうか

ある日、われわれは、成功へのあらゆる不公正な障害をどうにか取り除いたものと想像してみよう。その結果、恵まれない環境で育った人を含め、誰もが特権階級の子弟と同じ土俵で競い合えるようになった。われわれは、原則として宣言していることを実際に達成したものと想像してみよう。つまり、すべての市民は平等な機会を手にすべきであり、才能と努力の許すかぎり出世できるという原則だ。

もちろん、こうした社会を実現するのはきわめて難しい。差別が完全に克服されることはないだろう。家族制度のせいで、すべての人に平等なチャンスを与えるというプロジェクトは困難なものとなる。裕福な親が我が子にもたらす恩恵を埋め合わせるのは容易ではない。私が主として念頭に置いているのは、相続財産の話ではない。遺産税をしっかりかければ、その問題には対処できる。私が考えているのは、誠実で裕福な親が我が子を手助けする日常的なあり方のことだ。最も包括的な最高の教育制度でさえ、恵まれない境遇にいる生徒を、あふれんばかりの思いやり、資源、コネを与えてくれる家庭の子供と同じ条件で競えるようにするのは難しい。

しかし、これが実現できるものと仮定しよう。学校で、職場で、人生で、成功のために競い合う平等な機会をすべての子供に与えるという約束を果たせるものと考えてみよう。その場合、正義にかなう社会が成立するのだろうか。

つい、こう言いたくなる。「もちろんだとも。これこそ、まさにアメリカン・ドリームじゃないか。流動性の高い開かれた社会、つまり、農場労働者の子供だろうと、無一文の移民の子供だろうと、CEOに出世できる社会をつくるんだ」。こうした夢がアメリカ人にとって特別の魅力を持ちつづけるかぎり、それはまた世界中の民主主義社会において共感を呼ぶことになる。

完全に流動的な社会は、二つの理由から、人を奮い立たせる理想となる。第一に、それは自由についてある種の考え方を表している。つまり、自分の運命を決めるのは、生まれた環境ではなく、自分自身であるべきだという考え方だ。第二に、自分が獲得するものは、自分が値するものであってほしいという願いを示している。自らの選択と才能に基づいて自由に出世できるとすれば、成功を収める者はそれを享受するに値すると言っても、公正に思える。

だが、その強い魅力にもかかわらず、能力主義が完全に実現しさえすれば、その社会は正義にかなうという主張はいささか疑わしい。まず第一に、能力主義の理想にとって重要なのは流動性であり、平等ではないことに注意すべきである。金持ちと貧乏人のあいだの大きな格差が悪いとは言っていないのだ。金持ちの子供と貧乏人の子供は、時を経るにつれ、各人の能力に基づいて立場を入れ替えることが可能でなければ――つまり、努力と才能の帰結として出世したり没落したりしなければ――おかしいと主張しているにすぎない。誰であれ、偏見や特権のせいで、底辺に留め置かれたり頂点に祭り上げられたりすべきではないのである。

能力主義社会にとって重要なのは、成功のはしごを登る平等な機会を誰もが手にしていることだ。はしごの踏み板の間隔がどれくらいであるべきかについては、何も言わない。能力主義の理想は不平等の解決ではない。不平等の正当化なのだ。

このこと自体は、能力主義に反対する議論ではない。だが、それはある疑問を提起する。能力主義的な競争の結果として生じる不平等は、正当化されるだろうか？　能力主義の擁護者は「イエス」と答える。全員が平等な条件で競い合うかぎり、その結果は正義にかなっているというのだ。公正な競争であっても勝者と敗者はいる。重要なのは、すべての人が同一のスタート地点からレースを始めること、つまり、トレーニング、指導、栄養状態、その他もろもろの要素を平等に手にしてきたということだ。もしそうであれば、レースの勝者は賞を受けるに値する。ある人がほかの人より速く走るという事実に、正義にもとる部分は何もないのである。

われわれは自分の才能に値するか

この議論に説得力があるかどうかは、才能の道徳的地位にかかっている。最近の公的言説において非常に目につく出世のレトリックを思い起こしてみよう。政治家たちはこんなふうに公言する。出自がどんなに卑しくても、われわれは誰もが、才能と努力の許すかぎり出世できなければならないと。だが、そもそも才能と努力の許すかぎりであるのはなぜだろうか。自分の才能が自分の運命を決めるのであり、人は自分の才能がもたらす報賞に値するのだと仮定するのはなぜだろうか。

この仮定を疑うのには二つの理由がある。第一に、私があれこれの才能を持っているのは、私の手柄ではなく、幸運かどうかの問題であり、私は運から生じる恩恵（あるいは重荷）を受けるに値するわけではない。能力主義者は、私が裕福な家庭に生まれたおかげで浴する恩恵に値しないことは認める。だとすれば、ほかの形の幸運――たとえば特定の才能を持っていること――はどうして違うのだろうか。私が州の宝くじで一〇〇万ドルを当てたとすれば、自分の幸運に大喜びすることだろう。だが、その棚ぼたの大金を自分で稼いだとか、宝くじに当たったのは自分の能力のおかげだなどと主張すれば、何とも愚かしいはずだ。同様に、宝くじを買ってはずれたとしても、がっかりはするだろうが、自分が値するものを受け取れなかったと不平を言うことはできない。

第二に、自分がたまたま持っている才能を高く評価してくれる社会に暮らしていることも、自分の手柄だとは言えない。これもまた運がいいかどうかの問題なのだ。レブロン・ジェームズは、絶大な人気を誇るスポーツであるバスケットボールをプレーし、数千万ドルを稼いだ。並外れた運動能力に恵まれているだけでなく、そうした能力を高く評価し、報酬を与える社会に生きている点で、レブロンは幸運だ。レブロンが、バスケットボール選手ではなくフレスコ画家が引っ張りだこだったルネサンス時代のフィレンツェではなく、彼が卓越した力を発揮できるその競技が大人気の現代に生きていることは、彼の手柄ではない。

同じことは、われわれの社会がそれほど高く評価しない娯楽に秀でている人びとについても言える。アームレスリングの世界チャンピオンは、レブロンがバスケットボールに秀でているのと同様、アームレスリングが得意かもしれない。パブの数人の常連客を除いて、彼が対戦相手の腕をテーブルに押さえつけるのを金を払って見物しようとする者はいない。

だが、それは彼の責任ではない(15)。

能力主義信仰の魅力の大半は、次のような考え方にある。すなわち、少なくとも適切な条件下では、われわれの成功は自分自身の手柄なのだという考え方だ。経済が、特権や偏見で汚染されていない公正な競争の場であるかぎり、われわれは自分の運命に責任を負っている。われわれは自身の能力に基づいて成功したり失敗したりする。われわれは自分が値するものを手に入れるのだ。

こうしたイメージは人に自由の感覚を与える。われわれは独立独行の行動主体であり、自分の運命の作者、宿命の主人となれることを示唆するためだ。それは道徳的に満足のいくものでもある。人びとに与えるべきものを与えるという古来の正義概念に、経済が応じられることを示しているからだ。

だが、自分の才能は自分の手柄ではないと認めてしまえば、この独立独行というイメージを維持するのは難しくなる。偏見や特権を克服しさえすれば正義にかなう社会が到来するという能力主義的信念は、疑問にさらされる。自分の才能が、遺伝的な運あるいは神によって授けられた贈り物だとすれば、われわれは自分の才能がもたらす恩恵に値するという想定は誤りであり、うぬぼれなのである。

努力する人は価値があるか

能力主義の擁護者が応戦のために持ち出すのは、努力と勤勉だ。彼らはこう主張する。勤勉なおかげで出世する人びとは、自らの努力が生む成功に貢献しているのだから、彼らの勤勉さは称賛に値すると。この主張はある程度まで正しい。努力は大切だ。どんなに才能があろうと、それを開花させる努力なくして成功はおぼつかない。すばらしい才能に恵まれた音楽家であっても、カーネギー・ホールで演奏するほどの腕前になるには長い時間をかけて練習しなければならない。ずば抜けた素質を持つアスリートであっても、オリンピック代表になるには何年にもわたる厳しい練習に耐える必要がある。

だが、努力が大切であるとはいえ、勤勉なだけで成功が手に入ることはめったにない。オリンピックのメダリストやNBAのスター選手が二流の選手と異なるのは、厳しいトレーニング法だけではない。多くのバスケットボール選手がレブロンに劣らず厳しい練習を積んでいるにもかかわらず、コート上で彼に匹敵する偉業をなしとげられる者はほとんどいない。私が昼夜を問わず練習に励んだところで、マイケル・フェルプスより速く泳ぐことは決してできないだろう。金メダル保持者で世界最速のスプリンターと考えられているウサイン・ボルトは、同じく才能あるスプリンターでトレーニング・パートナーのヨハン

・ブレークが自分より熱心に練習していることを知っている。努力がすべてではないのである。(16)

もちろん、能力主義の擁護者もそんなことは先刻承知だ。最も厳しい練習に耐えた選手が金メダルに値するとか、誰よりも勤勉な科学者がノーベル賞に値するとか、最大の努力をした労働者が成果にかかわらず最高の賃金に値するなどといった主張を彼らがすることはない。

彼らは、成功は才能と努力の合成物であり、その絡まりをほどくのは容易でないことを知っている。成功は成功を生むため、社会が報いる才能を持たない人びとは、努力する意欲を奮い起こすのが難しいかもしれない。だが、能力主義の議論の要点は、努力の効率性に関する社会学的主張にあるわけではない。それは何よりも、人間の主体性と自由をめぐる道徳的主張なのだ。

能力主義において努力と勤勉が強調されるのは、次のような考え方を擁護しようとするためだ。つまり、適切な条件下であれば、われわれは自分の成功に責任を負っており、だからこそ自由なのだと。また、競争が真に公正なら、成功は美徳と一致するという信念を擁護するためでもある。懸命に働き、ルールを守って行動する人びとは、自分が値する報賞を手にするはずだというのだ。

われわれは、スポーツであれ人生であれ、成功は受け継ぐものではなく自ら獲得するものだと信じたがる。生まれつきの才能やそれがもたらす優位性は、こうした能力主義的信念に揺さぶりをかける。称賛や報賞をもたらすのは努力だけだという確信に疑義が生じる。こうした事態に当惑し、われわれは努力と奮闘の道徳的意義を誇張する。この歪曲《わいきょく》が目に付くのは、たとえばオリンピックのテレビ報道だ。そこでは、アスリートがなしとげる偉業よりも、彼らが克服してきた苦難、乗り越えてきた障害、ケガに打ち勝つための闘いといった胸が張り裂けるような物語、子供時代の苦労、母国の政治的混乱などに焦点が当てられるのである。[17]

こうした歪曲は、圧倒的多数のアメリカ人（七七％）にも見られる。出世が難しいにもかかわらず、彼らは「懸命に働く気があれば、ほとんどの人は成功できる」と信じている。[18]努力をめぐる同じく誇大な強調は、ハーバード大学の私の教え子たちにも見受けられる。彼らは優れた才能を持ち、たいていは良好な生活環境に恵まれているにもかかわらず、判で押したように、自分が大学に入れたのは努力と勤勉のおかげだと言うのだ。

能力主義の理想に欠陥があるのは、才能の道徳的恣意性を無視し、努力の道徳的意義を誇張しているためだとすれば、ほかにはどんな正義概念がありうるか――また、そうした正義概念が代わって提示する自由や報いの概念はどんなものになるかを問う必要がある。

能力主義に代わる二つの考え方

過去半世紀にわたり、正義にかなう社会をめぐって競合する二つの説が、大半の民主主義社会における政治的議論を形づくってきた。一つは自由市場リベラリズム、もう一つは福祉国家リベラリズム（あるいは「平等主義リベラリズム」）と呼べるかもしれない。これら二つの公共哲学は、能力主義とは複雑な関係にある。両者とも、正義にかなう社会では人びとが何に値するかに基づいて所得や資産が分配されるという能力主義の考え方に、説得力ある反論を提示する。

だが実際には、両説から生じる成功への態度を、能力主義的な態度から区別するのは難しい。どちらの立場も、能力主義社会が生み出しがちなおごりや屈辱を抑え込めるほど確固とした共通善の説明は提示しない。これらの公共哲学は、競争の激しい市場社会の勝者は道徳的にその勝利に値するという考えを拒否するにもかかわらず、能力の専制への対抗策を示すことはない。とはいえ、次の問いを検討してみることで得られるものは大きい。両者がその見解の相違にもかかわらず、能力を正義の基盤とすることをともに拒否するのはなぜだろうか。

自由市場リベラリズム

ことによると、二〇世紀に自由市場リベラリズムの擁護論として最も影響力があったのは、オーストリア生まれの経済哲学者、フリードリヒ・A・ハイエクによるものかもしれない。マーガレット・サッチャーをはじめとする自由放任資本主義の擁護者にインスピレーションを与えたハイエクは、政府による経済的不平等の緩和努力に反対し、累進課税に異議を唱え、社会保障制度を自由とは正反対のものと見なした。

『自由の条件』（一九六〇年）という著作でハイエクは、自由と両立しうる唯一の平等は、法の下における純粋に形式的な全国民の平等だと主張している。職業は誰に対しても開かれていなければならないが、国家は平等あるいは補償的な教育の機会を提供することによって、公平な競争の場をつくろうとすべきではない。ハイエクはそうしたプロジェクトを非現実的で、結局は強制的なものになると見なした。家族が廃止されないかぎり、子供は否応《いやおう》なく家庭の中で成長するが、各家庭が提供する利益はさまざまだ。すると、すべての子供に平等な成功の可能性を与えようとするいかなる試みも、国家による耐えがたい強制を伴うことだろう。ハイエクは、成功のための「平等なスタートと同一の可能性をすべての人に保証しなければならない」という考え方を認めない。こうした原則の下では「特定の個人の可能性に関わるあらゆる条件」を国家がコントロールする必要があるが、ハイエクはそれを「自由の対極にある」遠大なプロジェクトだと考えた[19]。

ハイエクが所得の再分配に反対であることを考えれば、彼はこう主張するものと予想されるかもしれない。人びとは自由市場を通じて自らに値する経済的報酬を手にするのだと。ところが、そうではない。実際には、市場の結果は功績《メリット》に報いることとは何の関係もないと論じているのだ。市場の結果は、売り手が提供する財やサービスに消費者が見いだす価値を表しているにすぎない。ハイエクは功績と価値をはっきり区別する。功績には、人びとが何に値するかをめぐる道徳的判断が含まれる。一方、価値は消費者があれこれの財に支払おうとする代価の尺度にすぎない[20]。

経済的報酬はそれを受け取る者の功績を反映しているとして、経済的報酬を過度に道徳化するのは誤りだとハイエクは主張する。ハイエクがこうした道徳化の考え方を抑制したがる理由の一つは、自由な市場が生み出す所得や資産の不平等に対するおなじみの抗議を無力化することにある。不平等に対する最も説得力ある抗議は、ハイエクによれば「報酬の違いは、それを受け取る者の認識できる功績の違いに一致していない」という懸念から生じるという[21]。

こうした抗議に対するハイエクの回答は、示唆に富んでいる。ハイエクは、市場で少なからぬ報酬を手にする人びとが、道徳的にその報酬に値することを示そうとはしない。そうではなく、経済的報酬は人びとの功績、すなわち道徳的な手柄を反映しているという考え方を拒否する。これこそ、ハイエクが功績と価値を区別することの真意だ。自由な社会では、私の所得や資産は私が提供する財やサービスの価値を反映するものの、こうした価値は需要と供給の偶発的な状態によって決まる。それは私の功績や美徳、つまり私がなす貢献の道徳的重要性とは何の関係もないのである。

ハイエクの論点を明らかにするため、一つの例について考えてみよう。ヘッジファンド・マネジャーは、教師とくらべてはるかに多くのお金を手にするに値しないという主張がある。資金を運用することは、若者を教え、激励することと比較すれば、まるで立派でもなければ重要でもないというのだ。自由市場の擁護者はこんなふうに答えるかもしれない。ヘッジファンド・マネジャーは、教師、消防士、大学基金などが苦労して得た年金の投資に責任を負っているのだから、彼らの仕事の道徳的重要性を考えれば、彼らが手にする莫大な金額に見合う価値があるのだと。ところが、ハイエクはこの手の反論はしない。ハイエクの主張はもっと根本的なものだ。人びとが稼ぐお金は、彼らが値するものを反映すべきだという考えそのものを拒絶するのである。

ハイエクは自分の主張を擁護すべく、こう述べている。たまたま社会が評価してくれる才能を持っていることは、自分の手柄ではなく、道徳的には偶然のことであり、運の問題なのだと。

先天的なものであれ後天的なものであれ、ある人の才能がその仲間にとって価値を持つことは明らかだが、そうした価値は、その才能を持つことで当人に与えられるべき栄誉には依存しない。こうした特別の才能がごくありふれたものか、非常にまれなものかという事実を変えようとしても、人間にできることはほとんどない。頭の良さや美声、美貌や手先の器用さ、飲み込みの早さや人間的な魅力などの大半は、ある人が手にする機会や経験と同じように本人の努力とは無関係だ。これらすべての例で、その人の技量や貢献がわれわれに対して持つ価値——その価値のおかげで本人は報酬を受け取る——は、道徳的な功績や手柄と呼びうるいかなるものとも、ほとんど関係がない。(22)

ハイエクにとって、経済的報酬が功績の問題であることを否定するのは、ヘッジファンド・マネジャーは教師より多く稼ぐに値しないと考える人びとによる再分配の要求をかわすための一つの手段だ。ハイエクは次のように答えることができる。われわれが、人を教育する仕事は資金を運用する仕事より称賛されるべきだと考えるとしても、賃金や給料は善良な気質や立派な業績に対する賞金ではなく、市場参加者が提供する財やサービスの経済的価値を反映した支払い金にすぎないのだと。

ハイエクとは異なり、福祉国家リベラリズムの擁護者は、貧しい人びとを助けるために金持ちに課税することに賛成する。ところが、驚くべきことに、所得や資産の分配は人びとが何に値するかを基準にすべきではないと考える点で、ハイエクと一致するのだ。

福祉国家リベラリズム

福祉国家リベラリズム（あるいは「平等主義リベラリズム」）は、二〇世紀アメリカの著名な政治哲学者、ジョン・ロールズの著作で十二分な哲学的表現を与えられている。『正義論』（一九七一年）という古典的著作でロールズは、公正な機会均等のための制度、つまり、階級の違いの影響を完全に埋め合わせる制度でさえ、正義にかなう社会を生み出すことはないと主張する。その理由は次の点にある。人びとが真に平等な条件で競い合えば、最も才能に恵まれた者が勝者になるだろうが、才能の違いは階級の違いと同じように、道徳的には恣意的なものなのだ[23]。

ロールズはこう述べている。公正な能力主義は「社会的な偶発性の影響を取り去るうえで完璧に機能する場合でも」「依然として、力量と才能の生来の配分によって財産や所得の配分が決定されることを許容している」(24)。生来の才能による所得の不平等は、正義にもとるという点で、階級の違いから生じる不平等と何ら変わらない。「道徳の観点からは、両者とも同じくらい恣意的に思える」(25)。したがって、真の機会均等を実現した社会でさえ、必ずしも正義にかなう社会ではない。この社会もまた、人びとの生来の才能の違いから生じる不平等と闘わなければならないのだ。

そうした不平等と闘うにはどうすればいいのだろうか。能力主義の擁護者の中には、機会の平等に代わりうる唯一の策は結果の平等ではないかと懸念する者もいる。結果の平等とは一種の平準化の平等であり、優れた才能を持つ者が競争上の強みを手にするのを防ぐためにハンディキャップを負わせようとするものだ。カート・ヴォネガット・ジュニアは「ハリスン・バージロン」という短篇で、ディストピア的な未来を想像している。そこでは、優れた知性、強健な肉体、魅力的な容貌の持ち主は、生来の優位性を相殺するため、精巧な負荷物を身につけたうえ変装するよう求められる(26)。

だが、ロールズは、これが才能の不平等を埋め合わせる唯一の方法ではないことを示している。「誰であれ、より優れた生来の才能や、社会におけるより好ましいスタート地点に値する者はいない。しかし、だからといって、こうした格差をなくすべきだというわけではない。それに対処する方法はほかにもある」[27]。ロールズなら、才能のある者にハンディキャップを負わせる代わりに、成功者が獲得したものを、彼らほど運に恵まれていない人びとと分かち合うようにさせるだろう。最高のランナーに鉛のスパイクを履かせてはならない。全速力で走らせる。だが、賞金は彼らだけのものではないことを前もって認めてもらおう。才能ある者には、その才能を育て、発揮するよう促すとともに、そうした才能によって市場で獲得される報酬はコミュニティ全体と分け合うべきであることを理解してもらうのだ。

ロールズは、才能の不平等に対処するこの方法を「格差原理」と呼ぶ。それは、才能ある者がその才能を発揮できないようにするのではなく、彼らは自らの才能によって市場社会で獲得する報酬に値するという見方を否定することによって、能力主義と決別する。「格差原理が表すのは」と、ロールズは書いている。「生来の才能の配分を共通の資産と見なし、この配分がどんなものであろうと、そこから生じる利益を分かち合おうという合意である。生まれつき恵まれた立場にある人びとは、誰であれ、敗れ去った人びとの境遇を改善するという条件においてのみ、自らの幸運から利益を得ることが許される」[28]。社会は「これらの偶発的事態が最も恵まれない人びとに役立つよう」構築されるべきだ。

能力主義者は、生来の才能が運の問題だとしても、努力するかどうかはわれわれ次第だと応じるかもしれない。したがって、われわれは、自らの努力と勤勉によって獲得するものに値するのだ。ロールズの意見は違う。「努力しよう、やってみよう、そして通常の意味で称賛に値する存在になろうという意欲さえ、それ自体が恵まれた家庭や社会環境に左右される」。努力でさえ、市場での報酬は道徳的な手柄を反映するはずだという考え方を救えないのだ。

人は、自分の才能を磨くために努力できる優れた気質に値するという主張は、同じように問題がある。というのも、そうした気質は大部分、当人が自分の手柄にはできない幸福な家庭や社会環境に依存しているからだ。功績という概念はこうした事例には当てはまらないように思える。(29)

ハイエクと同じくロールズも、才能の道徳的恣意性を強調し、市場の結果は功績や手柄を反映しているという考えを拒否する。だがロールズにとって、こうした議論は再分配課税を支持するものであり、それに異を唱えるものではない。苦労して稼いだ所得の一部に課税する国家の権利を、自分はそれを受け取るに値するとして認めない人びとに対し、ロールズは、われわれが稼ぐ金額は道徳的観点からは恣意的な要素に依存すると答える。自分の持つ才能を市場が評価すること、あるいは、そもそも自分がそうした才能を持っていることは、自分の手柄ではない。したがって、税法によって、学校や道路の建設あるいは貧しい人たちの援助のために所得の一部を引き渡すよう求められても、不平を言うのは正当ではない。

市場が私の才能に与えてくれる利益に、私が道徳的に値しないとしても、こうした利益はどう分配されるべきかという次なる問題が生じるかもしれない。社会はそうした利益をコミュニティ全体に分配すべきだろうか、社会の中で最も恵まれない人びとに分配すべきだろうか、それとも（ハイエクが考えるように）ただそのままにしておくべきだろうか。道徳的観点からすると、市場での収益には恣意的な要素が反映されているというロールズの議論は、強力な否定的議論だ。それは、金持ちは彼らが稼ぐお金に値するという能力主義的主張を掘り崩す。だが、コミュニティがこのお金、あるいはその一部を要求する正当な道徳的権利を持つことを立証するわけではない。

これが立証できるかどうかは、次の点を示せるかどうかにかかっているはずだ。つまり、われわれは成功を可能にしてくれるコミュニティからさまざまな面で恩恵を受けており、したがって、コミュニティの共通善に貢献する義務を負っているのだと。[30]

政治的にも哲学的にも、福祉国家的リベラル派は否定的な議論（個人は自らの成功に対して独占権を持つという主張への反論）を展開することのほうが、肯定的な議論（個人はコミュニティに恩義があるという主張の擁護論）よりも得意だ。バラク・オバマが再選を目指した二〇一二年の選挙運動中に、市民相互の依存と義務を呼び覚まそうとしたことを思い出してみよう。

あなたがこれまで成功を収めてきたとしても、あなたは独力でそこへ到達したわけではありません。独力でそこへやってきたわけではないのです。成功したのは、そう、自分がとても賢かったからにすぎないと思っている人たちには、いつも愕然《がくぜん》とさせられます。世の中に賢い人はたくさんいます。自分が成功したのは、ほかの誰よりも懸命に働いたからに決まっていると言う人もいます。一つ言わせていただけば――懸命に働いている人はいくらでもいるのです。

あなたが成功を収めたとすれば、どこかの段階で誰かが手を貸してくれたのです。あなたの人生のどこかに、すばらしい先生がいたのです。あなたの成功を可能とするこの信じがたいアメリカのシステムを生み出す手助けをしてくれる人がいたのです。道路や橋に投資した人がいたのです。あなたが企業を営んでいるなら――それを築いたのはあなたではありません。誰かほかの人が、それを可能としてくれたのです。[31]

共和党員は最後の二つの文章をとらえ、オバマは起業家に敵対する大きな政府の信奉者だと言い立てた。もちろんオバマは、私やあなたの企業を実際につくったのが「誰かほかの人」だと言っているわけではない。彼が言おうとしたのは、成功者は独力で成功を収めたわけではなく、それを可能にしてくれたコミュニティに恩義があるということだ。コミュニティは道路や橋をつくるだけでなく、われわれの才能を育み、われわれの貢献を評価してくれるからだ。「あなたは一人ではありません。われわれは、こうしてともにいるのです」。オバマはいくつかの文章のあとにそう付け加えた。[32]

成功者が同胞に負っている道徳的恩義を語ろうとしたオバマのぎこちない試みは、言い損ないなどではなく、福祉国家リベラリズムの哲学の弱点を反映している。福祉国家リベラリズムは、それが必要とする連帯を形づくるのにふさわしい共同体意識を生み出せない。アメリカだけでなく、公共事業やセーフティネットが伝統的に充実していたヨーロッパでも、最近数十年のあいだに福祉国家の正当性が揺らいできた理由はここにあるのかもしれない。また、最近数十年の手に負えないほどの不平等や、それを正当化してきた――政治的レトリックや一般市民の態度における――能力主義的気運の高まりに自由民主主義が対抗できないことも、同じ理由によるのかもしれない。

功績《メリット》を拒否する

ハイエクもロールズも、功績や手柄を正義の基盤とすることを拒否する。ハイエクにとって、経済的報酬が功績の問題であることを否定するのは、再分配の要求に対抗する手段である。

ロールズにとって、功績や手柄の拒否は、ハイエクとは正反対の政治的立場を後押しするものだ。それは、裕福な人びとによる再分配への抗議に反論する手段なのだ。たとえば彼らは、自分たちは稼いだお金に値するのであり、したがって、再分配のために稼ぎの一部に課税するのは間違いだと主張する。これに対し、ロールズはこう応じることができる。多額のお金を稼ぐことは個人の功績や美徳の尺度ではなく、個人が提供するスキルと市場で要求される技量の幸運な偶然の一致を反映しているにすぎないと。正義にかなう税法がいったん制定されれば、人びとは自らの収入のいかなる割合であれ、税法に規定されているかぎり自分の懐に入れる権利がある。だが、税法はそもそも、彼らの功績や手柄を称えたりそれに報いたりするためにつくられるべきだと主張するのは間違いだ。[33]

ロールズとハイエクは政治的立場を異にするものの、功績を正義の基盤とすることをともに拒否する。このことから、彼らが共有する二つの哲学的方針が浮かび上がる。一つは、多元的社会において、どの美徳や人格が報賞に値するかについて合意する難しさに関わるもの。もう一つは、自由に関するものだ。「功績に応じた報賞は、実際のところ、評価可能な功績に応じた報賞を意味せざるをえない」と、ハイエクは書いている。「ほかの人びとが認識し、同意できる功績であり、より高次の権力の視点によるだけの功績ではない」。功績を特定する難しさは、さらに深刻な問題を引き起こす。どの活動に功績があり、称賛に値するかについて意見の不一致が避けられないとすれば、分配的正義の基盤を経済的価値ではなく道徳的功績に置こうとするいかなる試みも、強制につながってしまうだろう。「したがって、個人の立場が人間の考える道徳的功績に一致させられる社会は、自由な社会の対極をなすものとなる」[34]

ロールズもまた、功績や手柄に関する広範な意見の不一致を指摘し、正義の基盤を功績に置けば自由と対立するはずだと懸念する。ハイエクとは異なり、ロールズは自由を市場の観点からは考えない。ロールズにとって自由の本質とは、自分自身が考える善き生を追求する一方、他人が同じことをする権利を尊重することにある。これは、各人が特定の利害関係や優位性を脇に置いた場合に、われわれと同胞のすべてが同意する正義の原理に従うことを意味する。こうした観点から——自分が金持ちか貧乏か、強者か弱者か、健康か不健康かを知らないままに——正義について考えれば、市場から帰結するいかなる所得の分配をも支持するということにはならないはずだ。それどころかロールズは、そう考えることによってわれわれは、社会の最も恵まれないメンバーの助けとなる不平等だけを受け入れるようになると主張する。

ロールズは自由市場から帰結する所得分配を拒否するものの、次の点はハイエクと共通している。つまり、ロールズの正義の原理は功績や美徳に報いようとはしないのである。多元的社会では、功績がある、あるいは高潔であると見なされるものは何かという点で、人びとの意見は一致しない。こうした判断は、最善の生き方に関する論争的な概念に依存しているからだ。ロールズの見解によると、こうした概念の一つを正義の原理の基盤とすれば、自由を掘り崩すことになる。それは、ある人に他人の価値観を押しつけ、それゆえ各人が自分の考える善き生を選び、追求する権利を尊重しないことになるからだ。

したがって、両者の違いにもかかわらず、ハイエクとロールズはともに、経済的報酬は人びとが値するものを反映すべきだという考え方を拒絶する。その際、彼らは広く受け入れられている通念に異議を申し立てていることを認めている。正義とは人びとに彼らが値するものを与えることだという考え方は、世間一般の素朴な見解に深く埋め込まれているように思える。ロールズは、所得や資産は道徳的功績に応じて分配されるべきだと「考える常識的な傾向」を指摘し、ハイエクは、自分が功績を拒絶することは「最初は実に奇妙で衝撃的でさえあるように思えるかもしれない」から、彼が説明できるまで「読者に判断を保留するようお願い」せざるをえないと認めている。[35]

だが、過去半世紀にわたり、自由市場リベラリズムや福祉国家リベラリズムが公的言説の条件を定めてきたにもかかわらず、人びとが稼ぐものは彼らが値するものを反映すべきだという広く受け入れられている信念は払拭されなかった。[36]それどころか、この数十年のあいだに社会的流動性が停滞し、不平等が拡大したというのに、成功に対する能力主義的態度はますます影響力を強めたのである。

市場と功績

ここに、現代政治の不可解な特徴がある。現代の主要な公共哲学が能力主義的想定を拒否しているにもかかわらず、政治的レトリックや一般市民の態度が、経済的報酬は功績や手柄に一致する、あるいは一致すべきだという考え方から離れようとしないのはなぜだろうか。哲学が世界と乖離しすぎているせいで、一般市民の考え方や行動様式と関わりを持てないだけのことだろうか。それとも、自由市場リベラリズムや福祉国家リベラリズムの何らかの特徴が、この二つの立場が公式には拒否している能力主義的な成功理解への道を開くのだろうか。

私は二番目が事実だと思う。この二つのタイプのリベラリズムをさらによく検討してみると、それらによる功績や手柄の拒否は、当初思えるほどには徹底していないことがわかる。両者とも、公正な競争においては金持ちは貧しい人たちより報われるに値するという能力主義的な考え方を拒否している。だが、それにもかかわらず、両者が提示する代替案は能力主義社会に特有の態度——成功者のおごりと恵まれない人びとの怒り——を生み出す恐れがある。

これは、ハイエクによる功績と価値の区別に最もはっきり見て取れる。ハイエクは、所得の不平等を人それぞれの功績の反映と考えれば、傷口に塩を塗ることになると的確に述べている。「高い所得は功績の証拠であり、低い所得は功績の欠如の証拠だと一般に考えられている社会では、地位や報酬は功績に一致するものと広く信じられている……こうした社会はうだつの上がらない人たちにとって、功績と成功のあいだに必然的な結びつきはないことが率直に認められている社会とくらべ、おそらくはるかに耐えがたいものだろう」[37]。ハイエクはイギリス労働党の政治家だったアントニー・クロスランドに言及している。クロスランドの影響力ある著作『社会主義の将来』(一九五六年)もまた、能力主義が出世できない人びとのやる気を失わせる面を強調していた。

機会が不平等で、選抜が資産や家柄に明らかに偏向していることがわかっているとき、人びとは、自分はまともなチャンスに恵まれていなかった――制度が不公正だった、自分にとって状況があまりにも不利だった――と言って、自ら失敗を慰めることができる。しかし、功績によって選抜されることが明白なら、こうした慰めのよりどころは失われ、失敗は、言い訳も救いもないまま、ひたすら劣等感を誘発する。こうなると、人間本性の自然な歪みによって、他人の成功に対する羨望や怒りが実際に増大する。(38)

功績と価値の違いを心に留めておけば、所得の不平等もそれほど不愉快なものではなくなるとハイエクは言う。こうした不平等が人びとの功績とは無関係であることを誰もが知っていれば、知らない場合とくらべ、金持ちはもっと謙虚であり、貧乏人はもっと心穏やかであるはずだ。だが、ハイエクが言うように、経済的価値が不平等の正当な根拠だとすれば、成功をねたむ姿勢が弱まるかどうかはそれほど明らかではない。

こう考えてみよう。成功者が、自分の成功は美徳や功績ではなく貢献の価値を測るものだと考えている場合、彼らが自らに語る物語は実のところどう違うだろうか。また、恵まれない人びとが、自分の悪戦苦闘は自らの人格をおとしめるものではなく、自分が提供するものの乏しい価値を反映しているにすぎないと考えている場合、彼らが自ら語る物語はどう違うだろうか。

道徳的にも心理的にも、功績と価値の区別は無視できるほど小さくなっている。これは、お金がほぼあらゆるものの尺度となる市場社会にとりわけ当てはまる。こうした社会では、裕福な人びとに、彼らの資産は社会への貢献の優れた価値（だけ）を反映しているにすぎないと気づかせても、おごりや自己満足の解毒剤にはなりそうにない。一方、貧しい人びとに、彼らの貧しさは彼らの貢献の低い価値（だけ）を反映していると悟らせたところで、自尊心を回復させる強壮剤となることはほとんどない。

価値の判断が功績の判断へと容易にすり替わってしまうのは、よく耳にするが疑わしい想定、つまり、人間の市場価値はその人の社会への貢献の適切な尺度であるという考え方を反映してのことだ。ハイエクはこの想定を無批判に受け入れている。ハイエクは、われわれの市場価値は自分では制御できない要素によって決定されるから、功績の尺度ではないとはっきり指摘する。だが、ハイエクは、社会に対する個人の貢献の価値が、その人の市場価値とは異なる何かである可能性を考慮していない。

しかし、いったん市場価値が社会貢献を代理するものと見なされると、次のような考え方にあらがうのは難しい。人びとは、正義の問題として、彼らの市場価値（経済学者の専門用語で言えば「限界生産物」）に一致するいかなる所得にも値するという考え方だ。標準的な経済分析によれば、完全競争市場では、それぞれの労働者に当人の「限界生産物」の価値、つまりその労働者の働きに帰せられる産出物の対価が支払われる。

経済とは複雑なものであるにもかかわらず、この方法によって一人ひとりの市場価値を特定して個別化することが可能であり、なおかつ、市場価値が社会貢献の真の尺度であるとすれば、こんな結論が下されるまでほんの一歩だ。人びとは「限界生産物」、すなわち市場価値に従って支払いを受けることに道徳的に値するのだと。

こうした主張の最近のバージョンを唱えてきたのが、ハーバード大学の経済学者でジョージ・W・ブッシュ大統領の経済顧問を務めたN・グレゴリー・マンキューだ。マンキューは、広く支持され、直観的に納得しやすい道徳原理を述べることで議論を始める。「人びとは自分が値するものを受け取るべきだ。社会への貢献がより大きい人は、そのより大きな貢献を反映したより多くの所得に値する」。マンキューは、アップルの創業者であるスティーヴ・ジョブズや、高い人気を誇る『ハリー・ポッター』シリーズの作者であるJ・K・ローリングを例に挙げる。二人が自分で稼いだ数百万ドルに値することに、ほとんどの人は異論がないはずだとマンキューは言う。というのも、二人の莫大な収入は、iPhoneやわくわくさせる冒険物語が社会にもたらす大きな価値を反映しているからだ(39)。

マンキューなら、この論法を競争的な市場経済におけるあらゆる所得に拡大するだろう。つまり、競争市場が生み出す結果は、それが介護労働者に対するものであれヘッジファンド・マネジャーに対するものであれ、道徳によって同じように支持されるべきであると。「一人ひとりの所得は社会がつくり出す財やサービスに対する当人の貢献の価値を反映しているのだから」と、マンキューは論じる。「こうした理想化された条件下では、各人が当然の報酬を受け取るものと結論を下すのは難しくないはずだ(40)」

自由競争市場によって割り当てられる所得がいくらであれ、人びとは道徳的にそれに値するという主張は、新古典派経済学の初期からあるものだ。自由市場に概して好意的な一部の経済学者を含め、こうした考え方に批判的な人びとは、かねてからその欠点を指摘してきた。すでに見たように、ハイエクはこうした考え方を拒否した。人びとが得るものは生来の才能次第であり、こうした才能はそれに恵まれた人物の手柄ではないからだ。人びとの所得はまた、需要と供給の予測のつかない変動にも依存する。私が提供する才能がまれなものか、ありふれたものかは、私の行ないには関係ないが、市場で手にできる所得にとっては決定的な意味を持っている。マンキューの「当然の報酬」説は、こうした偶発的要素を無視している。

市場価値vs道徳的価値

ことによると、市場結果は道徳的功績を反映するという考え方への最も手厳しい批判は、新古典派経済学の創始者の一人、フランク・ナイトによって一九二〇年代になされたものかもしれない。ニューディール政策の批判者であるナイトはシカゴ大学で教鞭をとり、ミルトン・フリードマンをはじめとする教え子たちは、のちに指導的なリバタリアン経済学者となった。だがナイトは、市場は功績に報いるという考え方に手厳しい批判を向けた。

「一般的な想定によれば……生産的貢献は功績の倫理的な尺度である」と、ナイトは書いている。しかし「問題を検討してみると、生産的貢献は倫理的な意義をほとんど、あるいはまったく持ちえないことが容易にわかるはずだ」(41)。

ナイトは、道徳的功績を市場結果に帰することへの反対論を二つ提示している。一つは才能をめぐる議論であり、ハイエクとロールズが採り入れたものだ（両者ともナイトに言及している）(42)。私が市場の需要に応じられる才能を持っていることは、高価な資産を相続することと同じく、私自身の手柄ではない。「需要のあるサービスを提供する力量を持っていることは……その力量自体がひたむきな努力の賜物である場合を除き、社会的便益の取り分の割り増しを求める倫理的な資格になるとは考えにくい」。さらに、私の才能がもたらす所得は、その才能を持つ人が自分以外にどれくらいいるかに左右される。希少でありながらきわめて重要な才能をたまたま持っていれば、所得が増えるのは間違いない。だが、その才能を持っていることは、自分の手柄とは言いがたい。「他人と似ているのではなく異なっているだけで、どれくらい功績が増すのかを理解するのは難しい」[43]

ナイトの二つ目の議論はさらに射程が広く、ハイエクが当然と考えた想定に疑問を呈する。その想定とは、市場価値と社会的貢献は一致するというものだ。ナイトが指摘するように、市場の需要に応えることは、社会に対して真に有益な貢献をすることと必ずしも同じではない。

市場の需要に応えることは、何であれ、人びとがたまたま持っている欲求や願望を満たすという問題にすぎない。だが、こうした欲求を満たすことの倫理的意義は、その欲求の道徳的価値に左右される。欲求の価値の評価には、論争を呼ぶことは明らかな道徳的判断が含まれるが、こうした道徳的判断を経済分析によって下すことはできない。よって、才能の問題を脇に置いたとしても、人びとが消費者の好みに応えることで稼ぐお金は、功績や道徳的な手柄を反映しているという想定は誤りだ。その倫理的な意義はいかなる経済モデルも提供できない道徳的考慮に依存している。

欲求の充足を価値の最終基準として容認できないのは、われわれは実のところ、自らの欲求を最終的なものと見なしていないからだ。人の好みをとやかく言っても始まらないという見解に安住する代わりに、われわれは何にも増して好みについて論争する。価値判断における最大の難問は欲求そのものの評価であり、最もやっかいな欲求は「正しい」欲求を求める願望である。(44)

ナイトの洞察は、ハイエクが融合させた二つの概念——市場によって測定された経済的貢献の価値とその実際の価値——のあいだに楔《くさび》を打ち込む。テレビドラマ『ブレイキング・バッド』に出てくる高校の化学教師について考えてみよう。彼は自分の化学者としての専門知識を用いて、きわめて需要の高い（ただし非合法の）麻薬、メタンフェタミン（メス）をつくる。彼が製造するメスは非常に純度が高いため、麻薬市場で数百万ドルで売りさばける。彼が手にする収益は教師としてのささやかな給料をはるかに上回るものだ。しかし、彼の教師としての貢献が、麻薬の売人としての貢献とくらべてはるかに大きな価値を持つことは、ほとんどの人が認めるだろう。

その理由は、市場の不完全性、すなわち麻薬を禁じる法律によって供給が制限されているせいで、麻薬を密売する人びとの利益が増大するという事実とは無関係だ。メスが違法でないとしても、有能な化学者なら生徒を教育するよりメスを製造するほうが、多くのお金を稼げるだろう。しかし、だからといって、麻薬の売人の貢献のほうが教師のそれより大きいことにはならない。

あるいは、カジノ界の大立者で億万長者のシェルドン・アデルソンについて考えてみよう。世界有数の大富豪の一人であるアデルソンは、看護師や医師の数千倍のお金を稼ぐ。しかし、カジノ界の大立者や医療従事者にとっての市場が完全競争下にあるとしても、両者の市場価値が社会に対する貢献の真の価値を反映していると考える理由はない。というのも、両者の貢献の価値を決めるのは、消費者の需要をどれだけ効率的に満たすかではなく、両者が果たす目的の道徳的重要性だからだ。人びとの健康を管理することは、スロットマシーンで遊びたいという欲求に応えるよりも道徳的に重要である。

ナイトはさらに「経済システムがその機能によって満たそうとする欲求の大半は、経済システム自体の働きによって生み出される」と主張する。経済秩序は前もって存在する欲求を満たすだけではない。「その活動は、欲求自体を一からつくり出すわけではないにせよ、欲求の形成や急激な変化にまで及ぶ」。したがって、経済システムの倫理的評価に際して考慮すべきなのは「どんなときも存在する欲求」を満たす効率だけではなく、「経済システムが生み出したり育てたりしやすい欲求」でもある(45)。

ナイトはこうした考察に導かれ、完全競争市場において人びとは自らの労働の限界生産物に値するという、マンキューが擁護する考え方を拒否する。ナイトはこうした主張を「弁解がましい経済学によくある倫理的結論」として嘲笑している(46)。

大がかりな社会改革プロジェクトに懐疑的だったナイトは、自由放任主義経済学の主唱者として記憶されているにもかかわらず、市場価格は道徳的功績や倫理的価値の尺度であるという考え方を痛烈に批判した。

生産物や貢献はつねに価格によって測られるが、価格は倫理的価値や人間的重要性とぴったり一致するわけではない。生産物の金銭的価値は「需要」の問題であり、需要は一般購買者の嗜好と購買力、代替商品の入手可能性を反映している。これらすべての要素が、主として経済システム自体の働きによって生み出され、制御されている……したがってそれらの結果は、それ自体では、システムを評価する基準としていかなる倫理的意義も持ちえない(47)。

ナイトは、さまざまな欲求や願望の道徳的重要性を評価できる倫理学説を提示するとは言わないものの、人の好みは評価できないとか、ある欲求は別の欲求よりも高等あるいは善良だなどと序列化できないといった、経済学者のあいだではおなじみの見解を拒否する。経済システムは、消費者の需要を満たす効率性によってではなく、「それが生み出す欲求と、人びとのなかに形成する人格のタイプによって評価されるべきだ……倫理的には、正しい欲求を生み出すことのほうが、欲求を満たすことよりも重要である」(48)。

生産的貢献の市場価値は倫理的な意義を持つという想定を疑うことで、ナイトはハイエクより徹底した能力主義批判、自画自賛に陥りにくい能力主義批判を展開している。ハイエクは裕福な人びとに、彼らが手にしている富は功績の尺度ではないが、社会に対する貢献の優れた価値を反映していると語る。ナイトに言わせれば、これはお世辞が過ぎる。金儲けがうまいことは、功績の尺度でもなければ貢献の価値の尺度でもない。すべての成功者が本当に言えるのは次のことだ。類いまれな天分や狡猾《こうかつ》さ、タイミングや才能、幸運、勇気、断固たる決意といったものの不可思議な絡まり合いを通じて、いかなるときも消費者の需要を形づくる欲求や願望の寄せ集めに——それがいかに深刻なものであれ馬鹿げたものであれ——どうにかして効率的に応えてきた、と。消費者の需要を満たすこと、それ自体に価値があるわけではない。その価値は、一つひとつの事例ごとに、需要を満たすことでかなえられる目的の道徳的地位によって決まるのである。

値する？　それとも資格がある？

依然として、次のような問いが残っている。人びとは市場がもたらす経済的報酬に道徳的に値するという考え方を拒否するにもかかわらず、平等主義リベラリズムが能力主義的おごりをかき立ててしまうのはどうしてだろうか？　まず、ロールズが正義の基盤としての功績を否定することで、何を言おうとしているのかを明らかにすることが重要だ。ロールズは、自分で手にする所得や地位を正当に要求する権利は誰にもないと言いたいわけではない。正義にかなう社会において、懸命に働き、ルールを守って行動する人は、自分で獲得するものを得る資格がある。

ここでロールズは、微妙だが重要な区別をする――道徳的功績と、彼の言う「正当な期待に対する資格」のあいだに。その違いとは、功績の主張とは異なり、資格が生じるのはゲームの一定のルールが定められている場合に限られるという点にある。そもそものルールを設定する方法は、われわれにはわからない。ロールズの論点はこうだ。われわれはそうしたルールを、さらに広く見れば社会の基本構造を規定すべき正義の原理をまず初めに特定するまで、誰にどんな資格があるかを知ることはできないのである[49]。

この区別と能力主義をめぐる議論との関わり方は次のようなものだ。すなわち、道徳的功績を正義の基盤とすることは、高潔な人びとや功績のある人びとに報いるためにルールを設定することだろう。ロールズはこれを拒絶する。彼は経済システムを――さらに言えば国家構造を――美徳を称えたり品格を育んだりするためのスキームと見なすのは間違いだと考えている。正義についての考慮は、功績や美徳についての考慮に先立つのである。

これが、能力主義に対するロールズの反対論の核心だ。正義にかなう社会において、裕福になったり特権的地位を得たりする人びとにその成功を手にする資格があるのは、そうした成功によって彼らの優れた功績が証明されるからではない。そうではなく、それらの利益が、社会の最も恵まれないメンバーを含むあらゆる人びとにとって公正な仕組みの一部である場合に限られるのだ。

「こうして、正義にかなうスキームは、人びとは何を手にする資格があるかという問いに答えを出す。このスキームは、社会制度に基づく正当な期待を満足させる。だが、人びとが手にする資格があるものは、彼らの本質的な価値に比例してもいなければ、依拠してもいない」。人びとの義務と権利を規定する正義の原理は「道徳的功績を語らないし、分配の取り分が道徳的功績に一致する傾向は存在しない[50]」。

ロールズによる功績の拒絶には二つの問題が関わっている——一つは政治的な問題、もう一つは哲学的な問題だ。政治的には、ロールズは次のことを示したがっている。すなわち裕福な人びとが、自分の財産は当然自分が手にすべきもの、自分が道徳的に値する何かであると主張することによって、再分配課税に反対するのは正当ではないということだ。これは、成功に役立つ才能の道徳的恣意性やその他の偶然性に関する議論だ。市場経済における成功が運に大きく依存しているとすれば、自分が稼ぐお金は優れた功績や手柄への報酬だと主張するのは難しい。

正義の指針のいずれも、美徳に報いることを目的とはしていない。たとえば、希少な天分によって得られる報賞は、訓練にかかる費用を賄うこと、学ぶ努力を促すこと、さらには、共通の利益の最大化へ能力を向けることに使われるべきだ。結果として生じる分配の取り分は、道徳的価値とは関係ない。生まれた当初から与えられている自然資産や、人生の初期に才能を育んでくれる偶然の状況は、道徳的観点からすると恣意的なものだからである。(51)

哲学的に見た場合、正義の原理は功績、美徳、道徳的な手柄に関する考慮から独立に定義されねばならないという主張は、ロールズのリベラリズムのより一般的な特徴の例だ。これは、「正」（社会全体を律する義務と権利の枠組み）は「善」（その枠組みの内部で人びとが追求する美徳や善き生に関するさまざまな概念）に先立つという主張である。功績、美徳、あるいは道徳的な手柄に関する特定の概念を支持する正義の原理は、多元的社会に生きる市民が信奉する善き生をめぐる競合概念に対して中立ではないだろう。こうした原理に従えば、誰かに他人の価値観を押しつけることになるため、自分自身の生き方を選び、追求するあらゆる人の権利を尊重することはできないはずだ。

ロールズは、功績に対する正義の優先をたとえ話で説明する。われわれが財産制度を設けるのは、泥棒は人格が劣悪だと考え、それを理由に彼らを罰することができる制度を望んでいるからではない。これは、いわば「能力主義的」な処罰理論であり、善を正の前に置くものだろう。だが、これでは道徳の論理が逆さまになってしまう。そうではなく、われわれは効率と正義のために財産制度を設けるのだ。そのため、人が盗みを働けば、われわれは罰を与えることで法を執行する。他人の権利を侵害すれば、その人は処罰に値することになる。処罰の要点は、不正を働いたかどで泥棒を罰することであり、人格が劣悪だという烙印《らくいん》を押すことではない（とはいえ、そうした副作用はあるかもしれないが）(52)。

ロールズは、経済的報酬を能力主義的に扱えば、それもまた正と善の適切な関係を逆転させることになると主張する。「第一原理としての道徳的功績に報いるために社会を組織することは、泥棒を罰するために財産制度を設けるようなものだろう」[53]

成功に対する態度

一見すると、経済的成功をめぐるロールズの非能力主義的な考え方は、成功者には謙虚さを、恵まれない人びとには慰めをもたらすはずだ。それはエリートにありがちな能力主義的おごりを抑制し、権力や資産を持たない人たちが自尊心を保てるようにするに違いない。私が、自分の成功は自分の手柄ではなく幸運のおかげだと本気で信じていれば、この幸運をほかの人たちと分かち合う義務があると感じる可能性が高いだろう。

こんにち、こうした感情は不足している。成功者の謙虚さは、現代の社会・経済生活において目立つ特徴ではない。ポピュリストの反発を誘発した要因の一つは、労働者のあいだにエリートに見下されているという感覚が広がっていることだ。それが事実であるかぎり、現代の社会保障制度が、正義にかなう社会というロールズの理念に達していないことを示すものだろう。あるいは、平等主義リベラリズムは結局のところ、エリートの自己満足をとがめていないことを示唆しているのかもしれない。

とりわけアメリカにおける現代の社会保障制度が、正義にかなう社会というロールズの構想に沿っていないことは間違いない。われわれがこんにち目にしている所得や権力の不平等の多くは、公正で機会均等な体制からは生じないし、最も恵まれない人びとに有利に働くわけでもない。このためリベラル派は、エリートに対する労働者階級の怒りは不正義に関する不満だと解釈することになる。それがエリートへの怒りの唯一の理由だとすれば、解決するには、最も恵まれない人びとのチャンスを拡大し、経済的見通しを改善するプロジェクトを強化すればいいはずだ。

だが、これは、エリートに対するポピュリストの反発を解釈する唯一の方法ではない。こうした反発を招く、成功に対する思い上がった態度は、ロールズ哲学が肯定する資格の意識によって助長されてもおかしくない──たとえ、その哲学が道徳的功績を拒否したとしても。こう考えてみよう。完璧に正義にかなう社会でさえ、ロールズが定義しているように、一定の不平等を容認する。すなわち、公正な機会均等から帰結する不平等や、最も恵まれない人びとの利益に資する不平等だ。ロールズの原則に沿いつつ、裕福なCEOが、低賃金の工場労働者に対して自分の有利な立場をどう正当化できるかを想像してみよう。

私はみなさんより価値があるわけでも、自分が就いている特権的地位に道徳的に値するわけでもありません。私の高額な報酬パッケージは、私や私のような人間に対するインセンティブにすぎません。つまり、あらゆる人びとの利益のために自らの才能を磨くよう誘導するのに必要だというわけです。みなさんが社会に求められる才能を持っていなくてもみなさんの責任ではないし、私がそうした才能を豊富に持っていても私の手柄ではありません。これこそ、みなさんのような人を助けるために私の所得の一部が税金で召し上げられる理由です。私は、恵まれた収入や地位に道徳的に値するわけではありません。そうではなく、社会的協力のための公正なルールのもとで、それらを手にする資格があるのです。念のために言っておきますが、誰が社会の頂点を占め、誰が底辺に沈むかを知る前に、われわれがその問題について考えたとすれば、みなさんも私もこうしたルールに同意したことでしょう。ですから、どうか私を恨まないでください。私が持つ特権は、持たない場合とくらべ、みなさんの生活を向上させます。みなさんからすればいら立たしい不平等も、実はみなさんのためにあるのです。[54]

こうした原理的説明が、所得、資産、権力、機会における、こんにち存在するあらゆる不平等を正当化することがないのは確かだろう。だが、それは次のことを明らかにする。

すなわち、成功に対する能力主義的態度が、分配的正義というリベラル派の理論によって緩和されたり排除されたりすることは、必ずしもないということだ。正当な期待に対する資格は、能力、美徳、功績に基づく請求権と同様、能力主義的なおごりや労働者階級の怒りの強力な源泉かもしれない。

処罰のたとえ話を思い出してみよう。泥棒を罰する理由が財産制度を守ることにあるとしても、こうした処罰に特有の副作用は、泥棒に人格が劣悪だという烙印を押すところにある。同様に、外科医に雑役夫より高い報酬を払う理由が、こうした格差が正義にかなう基本構造の一部であり、最も恵まれない人びとに有利に働くことにあるとしても、こうした報酬格差の予想される副作用は、外科医の特別な才能と貢献を称賛するところに現れる。時がたつにつれて、規範に基づくこうした「副作用」が形づくる成功(および失敗)に対する態度は、能力主義的態度と区別しにくくなる。

経済や学歴の面で優位な立場にある人びとに社会的評価が向けられるのは、ほとんど避けようがない。彼らがそうした優位性を、社会的協力という公正な条件の下で手にする場合はなおさらだ。リベラル派の人びとは、社会のすべてのメンバーが市民として等しく敬意を払われていれば、社会的評価の配分は政治的な問題ではないと答えるかもしれない。どんな技量や業績に称賛の価値があるかを決めることは、社会通念と個人の価値観の問題

——つまり、善の問題であって、正の問題ではないのである。(55)

だが、こうした回答は、名誉や評価の配分は最も重要な政治問題であり、古くからそう見なされてきたという事実を見落としている。アリストテレスは、正義が主として関わるのは、所得や資産の分配ではなく公職や名誉の分配だと考えていた。こんにちのポピュリストによるエリートへの反発は、おおむね労働者階級の有権者の怒りに駆り立てられたものだ。つまり、知的職業階級の人びとが大学を出ていない者に向ける蔑視——と彼らが見なすもの——に対する怒りである。善に対する正の優先を強調すれば、社会的評価は個人の道徳観の問題となり、そのせいでリベラル派はおごりと屈辱の政治に目が向かなくなってしまうのだ。

しかし、高学歴の知的職業階級によるブルーカラー労働者への見下すような態度は、社会通念の問題なので、政治には対処できないしすべきでもないなどと主張するのは、愚かしいことだ。名誉と評価の問題は、分配的正義の問題ときれいに切り離すことはできない。それがとりわけ当てはまるのは、恵まれない人びとへの恩着せがましい態度が、彼らを援助しようという立場に暗黙のうちに含まれている場合だ。ときとして、こうした態度があからさまに現れることがある。リベラル派の平等主義哲学者であるトマス・ネーゲルはこう書いている。「人種的・性的な不正義は減少してきたというのに、われわれは賢い者と愚かな者をめぐる大きな不正義を抱えつづけるだろう。両者は同じように努力しても報酬はまったく異なっているのだ」[56]

「賢い者と愚かな者」という文句がすべてを物語っている。それは、ポピュリストがリベラル・エリートに抱く最悪の疑念を裏付けるものだ。ネーゲルの言葉は、われわれが「お互いの運命を共有する」[57]社会を追い求めるロールズの民主的な感性からはかけ離れており、一部の福祉国家リベラリズムがとらわれがちな能力主義的おごりを露わにしているのだ。

機会と選択

おごりと屈辱の政治をあおる福祉国家リベラリズムの傾向は、一九八〇年代から九〇年代にかけて、リベラル派の平等主義哲学者の著作でさらに明瞭になった。才能の分配は道徳的観点からすれば恣意的だというロールズの主張に基づき、これらの哲学者は、正義にかなう社会はあらゆる種類の不運、つまり、生まれつき貧しい、障害がある、才能がない、あるいは、人生の途上で事故に遭ったり逆境に陥ったりするなどといった不運について、人びとに補償すべきだと主張した。こうした哲学者の一人はこう書いている。「分配的正義が要求するのは、運のいい者は幸運のおかげで手に入れたものの一部あるいは全部を、運の悪い者に譲るべきだということだ」[58]

「運の平等主義」として知られるようになったこの哲学は、一見すると、運に左右される事態への寛大な対応のように思える。人生の巡り合わせによって生じる不相応な利益や負担を是正すべく、競争の激しい能力主義社会に代わる人間的な社会を提示しているようだ。

だが、少し詳しく検討してみると、運の平等主義の哲学は功績や手柄に関して厳格な評価を要求することがわかる。この哲学によれば、人びとが補償を受けるのは、彼らの不運が自ら制御できない要因のせいである場合に限られるべきだという。よって、公的支援（たとえば生活保護や医療）を受けられるかどうかは、生活困窮者の困窮の原因が、運の悪さなのか選択の誤りなのかにかかっている。このため政策立案者は、貧しい人びとのうち誰が環境の犠牲者であり、したがって援助に値するのか、また誰が自らの貧困に責任があり、したがって援助に値しないのかを見極める必要がある。[59]

運の平等主義の手厳しい批判者であるエリザベス・アンダーソンは、救済に値する貧困者と値しない貧困者のこうした区別を「救貧法的思考」の復活と呼んでいる。[60] よりよい選択をすれば困窮を避けられたかどうかを判断するために、国家が貧しい市民に尋問する立場に置かれるからだ。こうして責任を分析することは、民主的市民が互いに負っている義務を考えるうえで、道徳的に魅力のあるやり方ではない。その理由は少なくとも二つある。

第一に、こうした考え方によれば、困窮者を援助するわれわれの義務は、思いやりや連帯ではなく、そもそも彼らがいかにして困窮するに至ったかに依存する。場合によっては、これは道徳的に納得のいく話だ。ほとんどの人は次の点に同意するだろう。まともな仕事に就けるにもかかわらず、単に怠惰から働こうとしない有能な人物は、公的支援を求める十分な論拠を持っていないはずだ。その人は自ら働かないことを選んだのだから、その結果に責任がある。だが、運の平等主義者のなかには、はるかに広い責任概念を主張する者もいる。考えうるさまざまな災難に備えて保険に加入しないことも、ある種の選択であり、それを選ぶ人は自分に降りかかる不運の大半に責任を負うことになるというのだ。たとえば、保険に入っていない人が自動車事故で大怪我をした場合、運の平等主義者はその人が事前に保険に加入できたかどうかを知りたがる。そうした保険に入れなかった、あるいは加入する経済的余裕がなかった場合にかぎり、コミュニティは治療費を援助する義務を負うというのだ[61]。

第二に、運の平等主義は、分別のない人に厳しい姿勢を取るだけでなく、公的支援を受ける資格が本当にある人を無力な犠牲者と見なすことによって、その名誉を傷つける。ここにパラドックスがある。運の平等主義者は、人びとの選択する能力を道徳的に非常に重視する。彼らは、機会を補償することによって、人びとの所得や人生の先行きに本人の選択が反映されるようにしようとする。しかし、責任と選択をめぐるこうした厳しい倫理には、無慈悲な含意がある。つまり、助けを必要とする人は、自分が困窮しているのは自分の落ち度ではないことを示さなければならないのだ。公的支援を受ける資格を手にするには、自分ではどうにもならない力の犠牲者であるとして自らをアピールし、また、自分でもそう思い込まなければならない[62]。

こうしたゆがんだインセンティブは、補償を求める者の自己イメージにとどまらず、公的言説の言葉にまで広がっていく。運の平等主義に基づいて社会保障制度を擁護するリベラル派が、次のような犠牲のレトリックに導かれるのは避けられない。つまり社会福祉の受給者を、主体性に欠け、自分の行動に責任を持てない人びとと見なすレトリックだ[63]。

だが、恵まれない人びとを、自力では制御できない状況の犠牲者だという理由で助ければ、大きな道徳的・市民的代償が伴う。福祉の受給者はほとんど何の貢献もしないし、責任ある行動も取れないという軽蔑的な見方を支持することになる。さらに、アンダーソンが正しく評しているように、公的支援を必要とする人びとは有意義な選択ができないと見なすなら、自治を共有できる対等な市民として彼らを尊重することも難しくなる[64]。

要するに、運の平等主義は「無責任というレッテルを貼った人びとはいっさい援助せず、生まれつき劣っているというレッテルを貼った人びとには屈辱的な援助を提供する」と、アンダーソンは書いている。「救貧法による体制と同じように、運の平等主義は、自らの選択のせいで不利な立場に陥った人びとを悲惨な運命に委ねる一方、援助を受ける資格のある人びとを、才能、知性、能力、あるいは社会的訴求力に関して生まれつき劣っているという観点から定義する」(65)

別バージョンのリベラリズムと同様に、運の平等主義哲学は、当初は功績や手柄を正義の基盤とすることを拒否するものの、最後には能力主義的な態度と規範を再び強く主張するようになる。ロールズの場合、正当な期待に対する資格という名の下にこうした規範が再登場する。運の平等主義者の場合、個人の選択と責任の強調を通じてそれが姿を現す。

われわれは運――社会が評価する才能を持っていたりいなかったりする運を含めて――から生じる恩恵や重荷に値しないという考え方は、公正な競争という条件下ではわれわれは自分で稼いだものに値するという能力主義的な考え方を無効化するように思える。選択ではなく機会によって得られる優位性は、受けるに値しない。だが、機会と選択のあいだの境界線は、人びとは時として一か八かの賭けに出ることを選ぶという事実のせいで複雑なものとなる。スカイダイバーはスリルのために体や命を危険にさらす。怖い物知らずの若者は健康保険に入らないことを選ぶ。ギャンブラーはカジノに押し寄せる。

運の平等主義者によれば、危険を冒すことを選ぶ人びとは、賭けが裏目に出た場合にも自らの運命に責任があるという。コミュニティが救いの手を差し伸べる責任を負うのは、自業自得ではない——たとえば隕石に当たるような——不運の犠牲者に対してだけだ。自らの意思で行なった賭けに負けた人は、勝者に助けを求めることはできない。ロナルド・ドウォーキンはこの点を強調すべく、「自然的運」(隕石の被害者)と「選択的運」(賭けに負けるギャンブラー)を区別している[66]。

機会と選択を対比するには、功績や手柄に関する判断が避けられない。ギャンブルで負けるに値する人はいないが、それにもかかわらず、負けたギャンブラーはそのリスクを負うことを選んだのだから、ギャンブルの借金の支払いについてコミュニティの援助を受けるに値しない。彼は自分の不運に責任がある。

もちろん、何を自分の意思による選択と見なすかがはっきりしない場合もある。ギャンブラーの中にはギャンブル依存症にかかっている者もいるし、スロットマシーンはギャンブラーを操ってゲームをやめさせないようプログラミングされている。こうした場合、ギャンブルは、弱者を食い物にする強制的行為とくらべても選択の余地が少ない。だが、人びとが一定のリスクを負うことを自由に選択するかぎり、運の平等主義者は結果への責任は彼らにあると考える。少なくとも、運命との出会いにおいて彼らを援助する義務は誰にもないという意味で、彼らは自分の運命に値するのである。

何を真の自由意思による選択と見なすかをめぐるおなじみの議論とは別に、もう一つの問題――保険に入れる可能性――を考慮することによって、機会と選択の区別は曖昧になる。我が家が全焼したとしたら、それは間違いなく不運である。だが、手頃な料金で入れる火災保険があるにもかかわらず、火事が起こらず、毎年の保険料を無事に節約できることを願い、私がその保険に加入していなかったとしたらどうだろう。火事そのものは「自然的運」だが、火災保険をかけなかったことは一つの選択であり、そのせいで不運な事故は「選択的運」に変わってしまう。私は保険に加入しないことを選んだのだから、その結果に責任があり、家の焼失を納税者に補償してもらえるとは期待できない。

もちろん、保険はあらゆる事故や偶然の事態について利用できるわけではない。社会が称賛する才能を持って生まれた幸運な人もいれば、生計を立てるのも難しいほど生まれながらに無力な人もいる。ドゥオーキンは、保険の概念を拡張することでこうした偶発的事態にも対処できると考えている。生まれる前に保険には加入できないので、ドゥオーキンはこう提案する。大した才能を持たずに生まれる場合に備えて保険をかけるために、人びとが支払うであろう平均金額を算定し、その数字を基に、才能のある人びとから才能のない人びとへ所得を再分配すればいいというのだ。この考え方は、不平等に分配された生まれながらの力量を、遺伝子の宝くじに当たった人びとに課税することで補償しようとするものだ。[67]

生来の才能に恵まれない場合に備える仮想的な保険契約の保険料や支払い額を算定するなどということが可能かどうか、疑問に思うのはもっともだ。だが、それが可能だとすれば、また、才能に恵まれている人が課税され、それに応じて才能のない人が補償を受けるとすれば、さらに、すべての人が仕事や教育機会を公平に手にできるとすれば、運の平等主義者の抱く正義にかなう社会の理想が実現するだろう。受けるに値しない才能やハンディキャップに起因するあらゆる所得格差は補償され、依然として残る不平等はすべて、努力や選択といったわれわれが責任を負う要因を反映したものとなるだろう。こうして、偶然の事態や不運の影響を払拭しようとする運の平等主義者の試みは、結局のところ、能力主義の理想を指し示すことになる。すなわち、所得の分配は道徳的に恣意的な偶発的事態ではなく、人びとが値するものに基づくべきなのであると。[68]

運の平等主義は努力と選択から生じる不平等を擁護する。これによって、自由市場リベラリズムとの一致点が浮き彫りになる。両者とも個人の責任を強調し、コミュニティが困窮者を助ける義務を負うのは、その困窮が本人の落ち度によるものでないことを示せる場合に限られるとするのだ。運の平等主義者は、彼ら自身の説明によれば、自由市場を重視する批判者から社会保障制度を守るべく、「反平等主義的右派の武器庫における最も手強い概念、つまり選択と責任という概念」を受け入れるという[69]。そのせいで、自由市場的リベラル派と平等主義的リベラル派の意見の不一致は次のような議論へと矮小化してしまう。すなわち、ある人の選択が、環境や貧困による制約を受けない真に自由なものだと考えられる条件は何かという議論である。

才能の価値を守る

自由市場リベラリズムと平等主義リベラリズムはともに、功績を正義の第一原理とすることを拒否するものの、結局のところ能力主義的傾向を共有している。また、能力主義が陥りがちな、成功と失敗に対する道徳的に魅力のない態度——勝者のおごりと敗者の屈辱——に有効な反論をすることもない。これは、それらが個人の責任の分析にこだわる点に一つの理由がある。また、それらが才能の価値を守ろうとすることを反映してもいる。人の生まれながらの器量は運の問題であり、したがって道徳的観点からすれば恣意的なものだと主張するにもかかわらず、彼らは才能を、とりわけ生まれながらの才能を、信じがたいほど真剣に受け止める。

これは、とりわけ平等主義的リベラル派に言えることだ。彼らは、所得の不平等をほぼ遺伝子の宝くじの結果のせいにする。彼らはドゥウォーキンの仮想的な保険制度のような精巧な方策を考案し、「自然の」あるいは「生まれつきの」あるいは「先天的な」才能の差を算出して補償しようとする。こうした才能の差は、社会的・文化的な優位性とは異なり、平等な教育機会によって埋め合わせることはできないからだ。彼らは、この生物学的な才能概念を再分配擁護論の基盤とする。才能とは社会的な仕組みに先立つ遺伝的事実だというのだ。しかし、才能は一種の先天的な卓越性であるというこの考え方は、傲慢なうぬぼれだ。平等主義的リベラル派は「賢い者と愚かな者をめぐる大きな不正義」[70]を正そうとしているにもかかわらず、「賢い者」を持ち上げ「愚かな者」を侮辱しているのである。

知性の遺伝的基盤をめぐる緊迫した議論に加わらなくても、われわれが現在目にする所得や資産の驚くべき不平等が、知性の先天的な違いにほぼ無関係であることは理解できるだろう。金融、実業、エリート職業で働く人びとの莫大な稼ぎが、彼らの遺伝的優秀さのおかげだという考えは、とうてい信じがたい。アインシュタインのような天才やモーツァルトのような巨匠の業績が、生まれながらの才能の結果だというのは事実かもしれない。だが、こうした生まれながらの卓越した才能が、ヘッジファンド・マネジャーと高校教師を分けるものだと考えるのは馬鹿げている。

エリザベス・アンダーソンが言うように、「生来の資質で劣っていることが、資本主義経済において観察される所得の不平等に大きく関わっている」というのは疑わしい。所得の違いのほとんどは「社会が一部の人びとの才能の育成に、ほかの人びとに対するよりもはるかに多くの資源をつぎ込み、また、労働者の一人ひとりが自由に使える資本量をきわめて不平等にしているという事実のせいだ。生産性は個人ではなく、主として仕事上の役割に付随しているのである」[71]。

生まれながらの才能は、誰かが受けるに値するものではないにもかかわらず、能力主義社会では称賛される。というのも、一つには、そうした才能がそれ自体として称賛されるためだ。だが、そうした才能が成功者の莫大な勝利金の主な原因だと考えられているためでもある。

能力主義のおかげで人びとが「神から与えられた才能の許すかぎり」出世できるとすれば、最も成功を収めた者は最も才能のある者だと考えたくなる。しかし、これは間違いだ。金儲けでの成功は、生来の知性には——そういうものがあるとすればの話だが——ほとんど関係がない[72]。所得の不平等の主因として生来の才能に固執することで、平等主義的リベラル派はその役割を誇張し、無意識のうちにその威信を増幅しているのである。

能力主義の興隆

「能力主義」はののしりの言葉として生まれながら、称賛と憧れの表現になった。トニー・ブレアは、イギリス首相に就任する前年の一九九六年にこう宣言した。「新しい労働党は能力主義の実現に全力で取り組みます」「人びとが生まれや特権ではなく、自らの才能によって出世できるようにすべきだと確信しています」[73]。二〇〇一年、二期目に向けた選挙運動中には、自分のミッションは「人びとを押しとどめている壁を壊すことであり、真の上昇志向を生み出し、すべての人の能力と平等な価値に基づく開かれた社会を創造することです」と語った。ブレアは「経済と社会を能力と才能に向けて開放すること」を目指す「厳格な能力主義的プログラム」を約束した[74]。

当時八五歳になっていたマイケル・ヤングは愕然とした。彼はガーディアン紙に小論を寄せ、ブレアは自分（ヤング）が四〇年前に風刺小説で誤りを暴いた理想を称賛していると不満を訴えた。ヤングはいまや、自分の陰鬱《いんうつ》な予言が現実になってしまったのではないかと恐れていた。「私は貧しい人びとや恵まれない人びとがおとしめられることになるだろうと予想し、現にそうなっている……。功績の大半が認められないと思われる社会で、それは実に厳しい状況だ。底辺層の人びとが、道徳的にこれほど無防備なまま取り残されることはかつてなかった」[75]

その一方で、「我慢ならないほどうぬぼれた」金持ちや権力者は、勝ち誇っていい気になっている。「能力主義者が、自分の優位性は自らの能力の賜物だと信じているとすれば――彼らのますます多くがそう信じるよう仕向けられているのだが――彼らは自分が手にできるあらゆるものに値すると感じるかもしれない」。その結果「不平等は年を追うごとにいっそう深刻になっている。ところが、かつては平等の拡大を求めて痛烈かつ当然に声を上げていたこの党の指導者から嘆きの声は聞こえない」[76]。

ヤングは「このいっそう分極化する能力主義社会について」何ができるのかはわからなかった。だが「ブレア氏が公に語る際の語彙からその表現を外すか、あるいは少なくともその否定的な面を認めてくれればいいのだが」と願ったのである[77]。

この数十年のあいだに、能力の言語が公的言説を支配するようになってきたが、その否定的な面はほとんど認識されていない。不平等の拡大に直面しても、中道左派や中道右派の主流派政党に対し、道徳的進歩と政治的改善の第一言語を提供してきたのは、出世のレトリックだった。「懸命に働き、ルールを守って行動する人びとは、その才能が許すかぎり出世できなければならない」。能力主義エリートはこのスローガンを唱えることにすっかり慣れてしまったので、それが人を鼓舞する力を失いつつあることに気づかなかった。

グローバリゼーションの恩恵を分かち合えない人びとの怒りの高まりにも鈍感で、不満の空気を見逃してしまった。ポピュリストによる反発は彼らを驚かせた。能力主義エリートは、自らが提唱する能力主義社会に内在する侮辱に気がつかなかったのだ。

第6章 選別装置

能力主義が問題だとすれば、どんな解決策があるだろう。人を雇うとき、仕事の力量ではなく、さまざまなコネや先入観を判断基準とすべきなのか。時計を巻き戻し、アイビーリーグの大学が、白人でプロテスタントの上流家庭出身という特権階級の息子たちを学業成績にかかわらず入学させた時代に戻ればいいのだろうか。いや、そうではない。能力の専制を打破するということは、能力を考慮せずに仕事や社会的役割を分配すべきだという意味ではない。

そうではなく、成功についてわれわれが抱く概念を再考し、頂点にいる者は自力でそこに登り詰めたのだとする能力主義的うぬぼれに疑問を呈するという意味なのだ。また、富や敬意の不平等に異議を申し立てるという意味でもある。これらの不平等は能力の名の下に擁護されているが、怒りを育み、政治を毒し、分断を助長してもいる。こうした再考が焦点を当てるべき身近な領域が二つある。能力主義的な成功概念の中核をなすその二つとは、教育と労働である。

次章では、能力の専制が労働の尊厳をいかに傷つけるか、尊厳を回復するにはどうすればいいかを示したい。本章で示すのは、高等教育がいかにして選別装置と化したかということだ。この装置は、能力に基づく社会的流動性を約束する一方、特権を固定化し、成功に対する一つの態度を助長する。この態度のせいで民主主義に必要な共同体がむしばまれてしまうのだ。

大学は、現代社会における機会分配のシステムを支配している。大学は、高収入の職を得たり高い地位に就いたりするための資格を授ける。高等教育にとって、こうした役割は痛し痒しの面がある。

大学が能力主義的上昇志向の活気に満ちた心臓部になると、絶大な文化的権威と威信を獲得することになる。そのため、名門大学への入学は熱望の的となり、アメリカのいくつもの大学が何十億ドルという寄付を集められるようになっている。しかし、教育機関を能力主義的秩序の防波堤に変えてしまうのは、民主主義にとっても、入学を目指してしのぎを削る生徒にとっても、あるいは大学自体にとってさえ、よいことではないかもしれない。

ジェームズ・コナントの能力主義クーデター

難関大学への入学は機会を手にする手段であるという考え方は、いまでは当たり前になっているため、その新しさは忘れられがちだ。アメリカの高等教育の能力主義的ミッションが誕生したのは比較的最近で、一九五〇年～六〇年代のことである。二〇世紀初頭の数十年間、アイビーリーグで威光を誇るハーバード大学、イェール大学、プリンストン大学という「ビッグ・スリー」への入学は、プロテスタント・エリートの上流階級向け私立寄宿学校の出身者であれば、たいがい認められた。相応の社会的経歴と授業料支払い能力が、学力よりも物を言ったのだ。各大学には独自の入学試験があったものの、それすら運用は柔軟で、合格点を取れなかったにもかかわらず入学できた者も多かった。女子は排除され、黒人の生徒はプリンストンでは入学禁止、ハーバードとイェールでもまれで、ユダヤ人の入学は公式・非公式の定員によって制限されていた。(1)

名門大学を能力主義の教育機関として位置づけ、出自や経歴に関わりなく英才を募集し、社会の指導者に育てることを目的とするという考え方を一九四〇年代に明確に打ち出して影響力を発揮したのが、ハーバード大学学長だったジェームズ・ブライアント・コナントである。化学者として第二次世界大戦中はマンハッタン計画の科学顧問も務めたコナントが懸念したのは、ハーバード大学とアメリカ社会全般に世襲の上流階級が生まれていたことだった。そのようなエリート階級はアメリカの民主的理想に反し、かつてないほど知性と学識が必要とされる時代に国の舵《かじ》取りを任せるには不適切だと、彼は考えた。

ニコラス・レマンは、アメリカの高等教育における適性検査の歴史を解き明かした著書で、この問題をコナントと同じ視点から述べている。ハーバードをはじめとする一流大学では「使用人を従えた金持ちで思慮に欠ける若者が、勉強はそっちのけでパーティーとスポーツに明け暮れ、学生生活の気風を定めていた」。こうした若者がやがて、一流法律事務所、ウォール街の銀行、外交局、研究病院、大学教員の主流を占めることになるのだ(2)。

好ましい場所はすべて、特定のグループのメンバーのものだった……全員が男性、東部出身、高教会派プロテスタント、私立学校出身者というグループである……カトリックもユダヤ人も入れず、まれに例外があっても、異文化を匂わせる訛りなどの特徴を丹念に消し去ることが求められる。非白人はそもそもエリート集団のメンバーになるほど身近には存在しないので、排除されることもない。また、当時の最も過激な社会改革主義者でさえ、女性も国家運営につねに参加すべきだと提案することなど、思

いもよらなかった。(3)

コナントの願いは、こうした世襲エリートを打ち倒し、能力主義エリートに置き換えることだった。彼の目標は次のようなものだったと、レマンは書いている。

既存の非民主的なアメリカ人エリートを退陣させ、代わりに頭脳明晰《めいせき》で、行き届いた教育を受け、公共精神を持つ新しいエリートをあらゆる分野と経歴の人材から集める。そのような人たち（実際には男たち）が、国を率いることになる。彼らが二〇世紀後半のアメリカの屋台骨となる大規模な専門機関を運営し、史上初めて、あらゆるアメリカ人に機会を提供する組織化されたシステムを創出するだろう。(4)

レマンの言葉を借りれば、それは「わが国の指導者集団と社会構造の変革を画策する恐れ知らずの計画——いわば、静かな計画的クーデター」だった。(5)

この能力主義クーデターを成功させるためにコナントが必要としたのは、どれほど貧しい家庭の出身であろうと前途有望な高校生を見つけ、名門大学の教育を受けさせるための手段だった。彼は手始めに、中西部の公立高校の才能ある生徒のためのハーバード大学奨学金を創設した。対象となる生徒は知能適性検査に基づいて選抜されることになっていた。このテストを委託する際にコナントがこだわったのは、測定するのは生まれつきの知能であり、学科の習熟度ではないことだった。特権階級向けの中等学校へ通った生徒を有利にしないためである。この目的のために彼が選んだのが、第一次世界大戦中に陸軍で使われた知能（IQ）テストの一種で、大学進学適性試験（SAT）と呼ばれるテストだった。

やがて、コナントの奨学金プログラムは対象を全米の高校生に拡大した。彼が選抜に使ったSATというテストはその後、全米の大学で合否判定に使われるようになる。レマンが述べているように、SATは「ハーバード大学で少数の奨学金を配るための方法にとどまらず、アメリカ人全体を選別する基本的な仕組みとなった」[6]。

ハーバード大学を能力主義の教育機関に変えようとするコナントの試みは、アメリカ社会を能力主義の原則に基づいて作り直そうとする壮大な構想の一環だった。一九四〇年、コナントは「階級なき社会に向けての教育」と題したカリフォルニア大学での講演で自らの理念を提示し、講演内容をアトランティック誌でも発表している。コナントは機会平等の原則をアメリカ社会に取り戻そうとしていた。その原則はいまや「富の世襲貴族制の発達」によって脅かされつつあったからだ。彼が引用したハーバード大学の歴史学者フレデリック・ジャクソン・ターナーによれば、フロンティアが消滅したせいで、アメリカならではの機会へと至る伝統的な道は断たれてしまった。つまり、西へ進み、土地を開拓し、階級に縛られたヒエラルキーをものともせず、努力と創意によって出世する力が失われたというのだ。アメリカの民主主義の初期における「最も際立った事実」は「社会的流動性という条件の下で個人が出世する自由」だったと、ターナーは記している(7)。一九世紀末にこれを書いたターナーは、おそらく「社会的流動性」という言葉を初めて用いた人物だろう(8)。コナントはこの概念を「私の主張の核心」と呼び、自らが理想とする階級なき社会の定義に使っている。

高度の社会的流動性は、階級なき社会というアメリカの理想の真髄である。多くの若者が親の経済状態に関わりなく自身の才能を伸ばすことができれば、社会的流動性は高い。逆に、世襲の特権の有無が若い男女の将来をほぼ完全に決定するなら、社会的流動性は存在しない(9)。

社会的流動性が高ければ、「息子も娘も自分にふさわしい地位を手に入れ、自分にふさわしい経済的報酬を得て、親のしていた仕事に関わりなくどんな職業にも就かねばならないし、就くことができる」とコナントは説いた(10)。

だが、未開のフロンティアがもはや存在しないとき、流動的で階級のない社会に必要な社会的移動の手段の役割を果たすものは何だろう。コナントの答えは、教育だった。高校に進学するアメリカ人がますます増えつつあったため、中等教育制度は「巨大なエンジン」となり、適切に操縦すれば、「かつてフロンティアが約束した機会という贈り物を……取り戻す助けとなる」はずだった。

ところが、コナントの構想によれば、幅広い人びとの高校進学を通じて実現する好機は、高校が提供する教育よりも、大学進学候補者として生徒を分類しランク付けする機会が手に入ることにあった。高度に工業化された社会では、「力量を評価し、才能を伸ばし、志を導く必要がある。それが、わが国の公立学校の務めである」(11)。

コナントは、将来の市民全員を政治的民主社会の一員として教育することが大切だと考えてはいたが、公立学校のそうした市民的目的は二の次で、重視したのは選別機能だった。若者の市民教育よりも大切なのは「何であれ、最適と思われる機会のはしごの最初の一段を登れるようにしてやること」だと考えたのだ。コナントは、この選別の役割が「わが国の教育制度には荷が重すぎるように見えるかもしれない」と認めつつ、公立学校が「まさにこの目的のために再編される」ことを期待した(12)。公立学校は、新しい能力主義的エリートの広範な供給地を提供したのである。

高等教育と社会の指導層に最適の人材を各世代から選抜するという自らの理念を擁護すべく、コナントが支援を仰いだのは、畏敬すべき先達であるトマス・ジェファソンだった。コナントと同様に、ジェファソンは富と出自による貴族制に反対し、美徳と才能の貴族制への移行を望んでいた。また、よくできた教育制度は「貧困階級から才知ある若者を選ぶ」仕組みになると考えていた。自然は富める者だけに才能を授けたのではなく、社会のあらゆる階層に「平等に［才能を］散在させた」。問題は、いかにその才能を発見し育成して、才能と美徳に最も恵まれた者が教育を受け統治能力を身につけられるようにするかだった[13]。

ジェファソンはこの目的を念頭に、ヴァージニア州の公教育制度を提案した。無料の小学校で最も成績のよい生徒を選び「学区校でより高度な教育を公費で受けさせる」。そこで抜群の成績を収めた生徒は、奨学金を受けてウィリアム・アンド・メアリー大学に進み、社会の指導層となる。「こうすれば、有為な英才をあらゆる生活環境から見つけ出し、教育を授けることによって、富と生まれに恵まれた競争相手に打ち勝って社会の信頼を得るための準備がすっかり整う[14]」

ジェファソンの案は採用されなかったものの、コナントにとっては、一つの先例として高等教育の望ましい選抜制度のヒントを与えてくれた。つまり、機会の平等と社会的流動性に基づく選抜制度だ。ただし、ジェファソンは「機会の平等」や「社会的流動性」という用語はどちらも使っていない。その代わり、才能と美徳に基づく「自然な貴族制」が、「富と出自に基づく人工の貴族制」を凌駕《りょうが》することを願うと書いている。[15] そして、自ら提案した競争的な奨学金制度について、コナントの生きる民主主義時代だったら物議を醸したであろう表現でこう説明している。「毎年、がらくたの中から英才二〇人をかき集め、公費で教育するのだ」[16]

能力の専制を暗示するもの

いまにして思えば、ジェファソンの配慮に欠ける表現は、能力主義的な教育制度への異議を招きかねない二つの特徴をあぶり出している。いずれも、われわれが使う「社会的流動性」や「機会の平等」という言葉によって覆い隠されてしまうものだ。第一に、能力に基づく流動性の高い社会は世襲のヒエラルキーとは対極にあるものの、不平等の対極にあるわけではない。それどころか、出自ではなく能力から生じる不平等を正当化してしまう。第二に、「英才」を称賛し、報奨する制度は、その他大勢を「がらくた」として陰に陽に侮辱しがちである。ジェファソンは気前のいい奨学金制度を提案してはいるものの、「賢い者」を持ち上げ「愚かな者」に汚名を着せる、われわれ自身の能力主義的傾向の初期の事例を示していたのだ。

コナントはこれら二つの潜在的な異議に能力主義的な序列をつけ、第二の異議よりも第一の異議に対していっそう直接的に答えた。不平等に関しては、階級なき社会という自分の理想は、所得と資産のより平等な分配を目指しているわけではないと率直に認めている。彼が求めていたのはより流動的な社会であり、より平等な社会ではなかった。肝心なのは貧富の差を縮めることではなく、経済的なヒエラルキーに占める位置を世代ごとに入れ替えられるようにすることだ。親が占めていた位置より上がる人もいれば、下がる人もいる。「少なくとも一世代、ことによると二世代までなら、経済的地位にかなりの差があったり、雇用状況が極端に異なったりしていても、階級は形成されないだろう」。権力や特権が不平等になるのは、それらが「各世代の終わりごとに自動的に再分配される」場合だ。[17]

「がらくた」の中から「英才」をかき集めるという不快なイメージについて、コナントは、自分の提案する選別は選ばれた者を持ち上げたり、選ばれなかった者を侮辱したりするものではないと考えていた。「最高水準の教育においてすら、教育に特権はないという前提から出発しなくてはならない」と、彼は記している。「一つのルートが、ほかのルートより高い社会的地位を持つことがあってはならない」[18]

結果から言えば、コナントはどちらの点に関してもあまりに楽観的だった。高等教育を能力主義に変えても階級なき社会は到来しなかったし、才能がなくて排除された人へのさげすみも避けられはしなかった。こうした成り行きは、能力主義の理想が実現されなかったことの反映にすぎないと言う人もいるだろう。しかし、コナントも認めていたように、才能による選別と平等の追求は、二つの異なる企てなのだ。

コナントの能力主義の理念は、ハーバードをはじめとする名門大学の門戸を全米の最も才能ある生徒に開き、社会的・経済的にどれほど恵まれない経歴でも入学させようとしたという意味では、平等主義的だった。アイビーリーグの大学が限られた特権階級の家庭のものだった時代に、それは崇高な大志だった。だが、コナントは高等教育の間口を広げることには無関心だった。大学に進学する生徒を増やしたかったわけではなく、真に優秀な生徒が進学するようにしたかったにすぎない。国家にとっては「現在大学で高等教育を受けている学生の少なくとも四分の一、あるいは半分を除籍にし、代わりにもっと有能な別の学生を入れるほうが有益だろう」と、一九三八年に書いている。この見方に従って彼が反対したのが、一九四四年にフランクリン・ローズヴェルトが成立させ、復員兵に大学教育を無料で提供した復員兵援護法だ。コナントの考えでは、アメリカはより多くの大学生を必要としてはいなかった。必要なのは、より優秀な学生だった。[19]

　コナントが学長を務めた二〇年のあいだに、ハーバード大学の入試方針が、彼の主張した能力主義の理想に達することはなかった。任期が終わりを迎えた一九五〇年代前半、ハーバード大学は相変わらず卒業生の子息をほとんど不合格にせず、八七%以上を入学させていた。[20] ニューイングランドの名門寄宿学校からの志願者を優遇しつづけ、出願者の大半を入学させる一方、公立学校からの志願者にはより高い学力基準を設定していた。その理由は、一つには大学進学準備学校《プレップ・スクール》出身の学生は金銭的援助を必要としない「自腹の客」であるだけでなく、「上流階級」の血統が、アイビーリーグの大学が依然として重んじる文化的威信をもたらしてくれるからだ。[21] ユダヤ人学生の入学制限はひそかに緩和されたものの全廃には至らなかった。ユダヤ人が多すぎると「ハーバードが最も歓迎するプロテスタント上流階級の男子」が寄りつかなくなってしまうという根強い懸念の表れである。[22] 女子を受け入れ、人種的・民族的マイノリティの生徒を募集しようと試みるのは、まだ先のことだった。

コナントが残した能力主義の遺産

　コナントが唱えた能力主義の理想は、彼が学長在任中のハーバード大学では十分には実現されなかったものの、その後、アメリカの高等教育の自己理解を定義することになった。民主的社会における大学の役割についてコナントが一九四〇年代になした主張は、こんにちでは常識と化している。もはや議論の的ではなく、大学の学長が卒業式のスピーチや公式発言で口にするありふれたレトリックに変わったのだ。つまり「高等教育はあらゆる社会的・経済的背景を持つ才能ある生徒に開かれ、理想的には支払い能力に左右されるべきではない」というわけだ。支払い能力を問わずに学生を入学させ、経済的に支援できるのは予算の潤沢な一部の大学だけとはいえ、資産ではなく能力を選考基準とすべきであるという合意は広まっている。ほとんどの大学が、学業における将来性、人柄、運動能力、課外活動といった一連の要素に基づいて志願者を評価するが、学力は主に高校の成績とSAT、すなわちコナントが提唱した知能適性標準テストの得点によって測られる。

確かに、能力の意味をめぐっては激しい論争が繰り広げられている。たとえば、アファーマティヴ・アクションに関する議論では、人種や民族を入学の要因として考慮するのは能力への冒瀆だと主張する人もいる。一方、独自の人生経験や視点を、教室やより広い社会にもたらす力は、大学の使命にかなう能力だと反論する人もいる。ともあれ、大学入試をめぐる論争は一般に能力に関する議論であるという事実が、能力主義的理念の影響力の大きさを証明している。

おそらく、最も深く根付いているのは、高等教育は機会を得るための最初の関門であり、社会的上昇の源であるというコナントの信念だろう。こうした社会的上昇によって、社会的・経済的経歴にかかわらず、あらゆる生徒に才能の許すかぎり出世できる機会が与えられ、社会の流動性が保たれるのだ。大学の学長たちはこの考え方を援用し、優秀さと機会は軌を一にするものだと事あるごとに口にする。大学に入学するための社会的・経済的障害が少ないほど、傑出した生徒を集めて成功に必要な資質を身につけさせる大学の力は大きくなる。毎年、キャンパスでオリエンテーションを受ける新入生は、優秀さと多様性、そして彼らを合格へと導いた才能と努力をこれでもかとばかりに称賛される。[23]

レトリックの点からも哲学的観点からも、コナントの能力主義イデオロギーは勝利を収めた。だが、彼が期待したような展開にはならなかった。

SATの得点は富に比例する

第一に、SATは、学業への適性や生来の知能を社会的・教育的経歴から切り離して測るものではないことがわかっている。それどころか、SATの得点は富と密接に関連している。家庭が高収入であるほど、SATの得点も高いのだ。所得のはしごを一段上がるご

と に、ＳＡＴの平均得点も上がっていく。[24] 難関大学への入学を競う生徒の点数となると、その差はとりわけ大きくなる。年収が二〇万ドルを超える家庭の生徒の場合、得点が一四〇〇点（満点は一六〇〇点）を超える確率は五分の一であるのに対し、貧しい家庭（年収二万ドル未満）の生徒の場合、その確率は五〇分の一となる。[25] また、高得点者グループの生徒は、大卒の親を持つ子供が圧倒的に多い。[26]

裕福な家庭が与えることのできる教育面での一般的な利益に加え、特権階級の生徒のＳＡＴの得点は、民間のテスト準備講座や個人指導によっても押し上げられる。マンハッタンなど一部の地域では、一対一の個人授業の料金は一時間一〇〇〇ドルにも上る場合がある。大学入試における能力主義的競争はここ数十年で厳しさを増し、個人指導やテスト準備講座は一〇億ドル規模の産業となった。[27]

ＳＡＴを運営する非営利団体「カレッジボード」は長年、このテストは適性を測るものであり、得点は個人指導の影響を受けないと主張してきた。最近ではその建前を捨てて、非営利団体カーン・アカデミーとの提携により、無料のオンラインＳＡＴ模擬試験を受験者全員に提供している。これは価値ある取り組みではあったものの、カレッジボード当局者が期待し、主張したような試験準備の公平化はほとんど進まなかった。当然かもしれないが、高収入・高学歴の親を持つ生徒のほうが、恵まれない環境にある生徒よりもこのオ

ンライン支援を活用したため、特権階級とそれ以外の人びとの得点差はさらに開く結果となったのである。(28)

コナントにとって、適性テストすなわちＩＱテストは、学力を測る民主的な物差しとして期待できるものだった。不利な教育環境や当てにならない高校の成績に惑わされることがないからである。だからこそ、自校の奨学生を選ぶためにＳＡＴを採用したのだ。低収入でも大学で伸びる生徒を見極めるにはＳＡＴの得点よりも高校の成績が役に立つと知ったら、コナントはきっと驚くだろう。

テストの得点と高校の成績のどちらが学力予測に役立つかをくらべるのは、簡単ではない。生徒全体の三分の二に関しては、五十歩百歩である。しかし、ＳＡＴの得点と高校の成績が合致しない場合、ＳＡＴは特権階級の生徒には有利に、恵まれない環境の生徒には不利に働く。(29)

高校の成績は家庭の所得とある程度の相関性があるが、ＳＡＴの得点はさらに相関性が強い。その理由は、一つには、テスト業界の長年の主張とは裏腹に、ＳＡＴでは指導が物を言うからだ。個人指導が有効であるため、得点を上げるコツと技術を高校生に教える産業が生まれ、利益を上げている。(30)

能力主義が不平等を固定する

第二に、コナントが推奨した能力主義的な入試制度は、彼が期待したような階級なき社会を生まなかった。一九四〇〜五〇年代以降、所得と資産の不平等は増す一方で、コナントが階層社会の是正手段と見なした社会的流動性は実現しなかった。持てる者と持たざる者は、一つの世代から次の世代へ移っても立場を変えることはなかった。これまで見てきたように、貧困層に生まれて富裕層に上昇する子供はめったにいないし、富裕層に生まれて上位中流階級より下に転落する子供もめったにいない。無一文から大金持ちへのし上がるというアメリカン・ドリームとは裏腹に、アメリカではヨーロッパの多くの国々よりも社会的上昇が起きにくく、過去数十年間で状況が改善されたという証拠もない。

さらに重要なことに、能力主義時代の高等教育は社会的流動性の推進力にはならなかった。それどころか、特権階級の親が子に与える優位性を強化してきたのである。もちろん、名門大学のキャンパスで学ぶ学生の人口統計的・学力的特徴は一九四〇年以降、よい方向へ変わってきた。コナントが廃止しようとした、白人、アングロ・サクソン、プロテスタントの富裕層の世襲貴族制はもはや幅を利かせていない。女子が男子と同じ条件で合格し、各大学は人種・民族に関して多様な学生を積極的に入学させ、いまではアイビーリーグの学生のおよそ半数が、自らを有色（人種）の学生だと言っている。[31]二〇世紀前半には、ユダヤ人の入学を制限する定員制や非公式の慣行が広く見られたが、それもなくなった。ハーバード、イェール、プリンストンといった大学は、上流階級向け寄宿学校出身の男子を長年にわたってえこひいきしてきたが、一九六〇〜七〇年代にはそうした姿勢も弱まった。卒業生の子息であれば、資質が不十分でも入学させてきたアイビーリーグの大学の慣行も同様だった。学力水準やSATの中央値も上がった。潤沢な寄付に恵まれている大学は、学費支払い能力を問わない入試を実施したり、気前のいい学費援助策を採用したりして、有望だが資力に乏しい学生にとって大きな経済的障壁を取り除いている。

それらは否定できない成果である。とはいえ、高等教育における能力主義的変革が、その初期の提唱者が期待し、教育指導者や政治家が絶えず約束する社会的流動性と幅広い機会をもたらすことはなかった。アメリカの難関大学は、コナントが憂慮したような独りよがりで既得権を手にした世襲エリートを追放した。しかし、世襲特権を持つこうした貴族階級に取って代わった能力主義的エリートが、先代と同じように特権を手に入れ、居座っているのが現状だ。

この能力主義的エリートは、ジェンダー、人種、民族性という面でははるかに包括的であるものの、階層を移動しやすい流動的な社会を実現したわけではなかった。それどころか、学歴の高い現代の知的専門職階級は、自らの特権を子供たちに受け継がせる方法を編み出している。つまり、広大な土地を残すのではなく、能力主義社会で成功を収めるための強みを身につけさせてやるのだ。

高等教育は、機会の調停者、社会的上昇を推進するエンジンという新たな役割を得たにもかかわらず、近年拡大する一方の不平等に対抗する力を発揮していない。こんにちの高等教育の階級構成を、特に最上層について考えてみよう。

・難関大学の学生のほとんどが、裕福な家庭の出身だ。低所得家庭の出身者はきわめて少ない。アメリカの上位一〇〇校ほどの難関大学に通う学生の七〇％超が、所得規模で上位四分の一に入る家庭の出身だ。下位四分の一に入る家庭の出身者はわずか三％にすぎない[32]。

・大学入学者の貧富の差は、最上位校で最も激しくなる。アイビーリーグの各大学、スタンフォード大学、デューク大学といった超一流校では、最も裕福な上位一％の家庭出身の学生のほうが、国全体の下位半分の家庭出身の学生よりも多い。イェール大学とプリンストン大学では、貧困家庭（下位二〇％）出身の学生はおよそ五〇人に一人しかいない[33]。

・裕福な家庭（上位一％）の出身であれば、貧困家庭（下位二〇％）出身の場合よりも、アイビーリーグの大学に進学する可能性が七七倍も高い。所得規模が下位半分に入る家庭出身の若者のほとんどが、二年制大学へ進むか、そもそも大学へ進学しない。[34]

過去二〇年間、名門私立大学は学資援助額を上げ、連邦政府は資力の乏しい学生のための大学補助金を増やしてきた。たとえば、ハーバード大学とスタンフォード大学は、年収が六万五〇〇〇ドルに届かない家庭出身の学生の授業料、部屋代、食費を無償化している。ところが、こうした措置にもかかわらず、低所得家庭から難関大学へ進む学生の割合は二〇〇〇年以来ほとんど変わっておらず、下降しているケースもある。こんにち、ハーバード大学における「第一世代」の学生（家族の中で初めて大学に進学した者）の割合は、一九六〇年からまったく増えていない。ハーバード大学、イェール大学、プリンストン大学の入学方針の歴史に関する著書があるジェローム・カラベルは、こう結論づけている。「現在、労働者階級と貧困層の子供がビッグ・スリー［ハーバード大学、イェール大学、プリンストン大学］に入学する可能性の低さは、一九五四年と変わっていない」[35]

名門大学が社会的移動を推進するエンジンにならないのはなぜか

アメリカの一流大学の学術的名声、科学への貢献、充実した教育内容は世界中で称賛されている。ところが、それほどの教育機関も、社会的上昇を推進する有効なエンジンとはなっていない。経済学者のラジ・チェティらのチームは最近、世代間移動の促進に大学が果たす役割について包括的な研究に取り組み、三〇〇〇万人の大学生を対象に一九九九年から二〇一三年にかけての経済状況の変化を調査した。チェティらはアメリカの各大学について、所得レベルの最下層から最上層へ（下位五分の一から上位五分の一へ）上昇した学生の割合を計算した。つまり、各大学でどのくらいの割合の学生が、貧しい家庭に生まれながらも上位二〇％に入る収入を得るに至ったかを問うたのだ。研究の結果、こんにちの高等教育は、社会的上昇を驚くほど推進していないことがわかった[36]。

それが特に著しいのが、名門私立大学だ。ハーバードやプリンストンといった大学への進学は貧しい子供が出世する絶好のチャンスとなるものの、こうした大学に入る貧しい子供はそもそもあまりに少ないので、社会的移動率は低い。所得規模の最下層から最上層へ上昇する学生は、ハーバード大学では全体のわずか一・八％（プリンストン大学ではわずか一・三％）にすぎない[37]。

一流公立大学の場合は事情が違うだろうと期待する向きもあるかもしれない。ところが、公立大学もまたすでに裕福な学生を多く入学させているため、社会的な上昇移動にはほとんど貢献していない。ミシガン大学アナーバー校における社会的移動率はわずか一・五%にすぎない。同大学の階級構成の偏りはハーバード大学のそれと変わらず、学生の三分の二が裕福な家庭（上位五分の一）の出身である。貧しい子供の割合は、アナーバー校（四%未満）のほうがハーバード大学よりもさらに低い。ヴァージニア大学にも同じパターンが当てはまり、社会的移動率はわずか一・五%だ。その主たる原因は、貧困家庭出身の学生が三%に満たないという事実にある。[38]

一方、知名度では劣る公立総合大学と州立大学の一部で社会的移動率がより高いことを、チェティらのチームが確認している。それらの大学は低所得の学生にも入りやすいと共に、彼らの上昇移動をうまく助けてもいる。たとえば、カリフォルニア州立大学ロサンゼルス校と、ニューヨーク州立大学ストーニーブルック校では、学生の一〇%近くが最下層から最上層へと上昇できている。社会的移動率はアイビーリーグ各校や最難関公立大学のおよそ五倍だ。[39]

しかし、これらの大学は例外だ。チェティが調査した一八〇〇の大学——私立および公立、上位校から下位校まで——の全体で、所得規模を下位五分の一から上位五分の一まで上げることのできた学生は二%未満だった。[40] 学生を一世代のあいだに下位五分の一（世帯所得二万ドル以下）から上位五分の一（所得一一万ドル以上）へ引き上げられるかどうかは、社会的移動性の試験としては厳しすぎるのではないかという声もあるだろう。だが、より小幅な上昇ですらまれと言える。名門私立大学では、所得階層の二段階（一段階は全体の五分の一）の上昇でさえ、達成できる学生は一〇人に一人ほどにすぎない[41]。

大学進学によって経済状況の見通しが明るくなるのは事実であるものの、アメリカの大学のおかげで所得階層を上げることのできる学生の数は驚くほど少ない。大学を卒業していれば、ことにそれが一流大学であれば、高収入の職を見つける際に大きな強みとなるのは確かだ。しかし、そうした大学は社会的な上昇移動にはほとんど影響を与えない。一流大学の学生の大半が、そもそも裕福だからだ。アメリカの高等教育は、ほとんどの人がビルの最上階から乗り込むエレベーターのようなものである。

実際、ほとんどの大学が、機会の拡大よりも特権の強化に加担している。高等教育は機会を手にする主要な手段だと考える人がそれを知ったら、愕然とするはずだ。現代政治の信条にも疑問が投げかけられる。それによると、格差拡大の解決策は社会的流動性を増すことであり、社会的流動性を増す方法は大学進学者を増やすことだとされているからだ。

機会をめぐるこうした見解は、イデオロギーを超えて政治家たちが引き合いに出すにもかかわらず、大多数の人たちの実体験とはますます一致しなくなっている。それをとりわけ痛感しているのが、大学の学位は持たないが、まともな職に就いて人並みの暮らしをしたいと願う人たちだ。これは当然の願いであるにもかかわらず、能力主義社会では危険をも顧みず無視されている。高学歴階級は、同胞の多くが大学の学位を持たないことを忘れがちだ。大学を出ていない人に、暮らしを上向かせたければ学位を取れ（「何を手にできるかは、何を学べるかにかかっている」）と叱咤《しった》激励を繰り返すのは、激励どころか侮辱になりかねない。

では、高等教育をどうすればいいのだろう。機会の調停者という現在の役割を維持すべきだろうか。そしてわれわれは、機会とは、能力主義的トーナメントと化した大学入試への平等な参加資格であると想定しつづけるべきだろうか。トーナメントの公平さを改善するという条件つきで、そうすべきだと答える人もいる。高等教育に低所得層の学生が不足しているのは、能力主義による入試が悪いせいではなく、それを着実に実行していないせいだというのが、彼らの言い分だ。この見方に従えば、能力主義の病の治療法は、より徹底的な能力主義だということになる。つまり、社会的・経済的経歴にかかわらず、才能ある生徒が平等に入学できるようにすればいいというのである。

能力主義をより公平にする

一見すると、それはもっともな意見だ。貧しくとも才能ある生徒への教育機会を増やすことは、無条件の善である。過去数十年で、大学はアフリカ系およびラテンアメリカ系の学生の受け入れにおいて大きく前進したものの、低所得の学生の割合を増やすためにはほとんど何もしてこなかった。実際、人種・民族的マイノリティのためのアファーマティヴ・アクションをめぐって世論が紛糾するなか、大学がひそかに実施してきた慣行は、結局のところ富裕層のためのアファーマティヴ・アクションとなっている。

たとえば、多くの難関大学は卒業生の子供（いわゆる「レガシー」）を優遇している。彼らを入学させれば、共同体意識が育まれ、寄付も入ってくるからだという。名門大学では、卒業生の子供はほかの志願者より六倍も合格しやすい。ハーバード大学全体で見ると、入学を許可されるのは二〇人の志願者のうちたった一人だが、レガシーの志願者の場合は三人に一人である。(42)

卒業生ではないが裕福な寄付者の子供を合格させるために、学力基準を緩める大学もある。新しい図書館や奨学金基金と引き換えなら、優秀とは言えない学生でも入学させる価値があるというわけだ。デューク大学は、一九九〇年代末から二〇〇〇年代初めにかけての資金調達キャンペーンのあいだ、毎年、新入生の定員のうち一〇〇人前後を多額の寄付者の子供に割り当て、寄付がなければ合格できなかったかもしれない学生を入学させた。学力基準の引き下げを懸念した教員もいたものの、この方針が起爆剤となってデューク大学への寄付は増え、同大の競争力は上がった(43)。ハーバード大学の入学方針をめぐる最近の訴訟で提出された文書からは、一〇%近くの学生が寄付者とのコネのおかげで入学していることがわかっている(44)。

スポーツ選手としてスカウトされた者への優遇措置もまた、裕福な志願者にとって恵みとなる。スポーツ選手の学力基準を引き下げることは、特にアメリカンフットボールやバスケットボールといった人気種目の場合、不当に少ないマイノリティや低所得家庭の生徒を入学させるのに役立つとされることもある。しかし、全体としては、スポーツ選手の優遇によって恩恵を被る出願者には、裕福な白人が圧倒的に多い。というのも、名門大学が選手をスカウトするスポーツの大半は、主に経済的に余裕のある子供が打ち込む種目であるスカッシュ、ラクロス、ヨット、ボート、ゴルフ、水球、フェンシング、さらには馬術などだからだ(45)。

スポーツ選手を優先的に入学させるのは、ミシガン大学やオハイオ州立大学といったアメリカンフットボールの強豪校——ボウルゲーム出場を目指すこうした大学チームは巨大スタジアムを満員にする——だけに限らない。ニューイングランドの小規模な名門リベラルアーツ・カレッジであるウィリアムズ大学では、クラスの三〇％がスポーツ選手枠で入学している[46]。そうした学生アスリートのなかには、恵まれない家庭の出身者はほとんどいない。プリンストン大学の元学長らが難関大学一九校を対象として行なったある調査によって、次のことがわかっている。大学にスカウトされたスポーツ選手は、入学者が不当に少ないマイノリティの生徒や卒業生の子供よりも選考で優遇され、また、そうしたスポーツ選手のうち、家庭の所得規模が下位四分の一に属する学生は五％にすぎないのだ[47]。

大学はこの不公平な状況を解決するために、さまざまな方法を試すことができるはずだ。階級に基づくアファーマティヴ・アクションを実施してもいいだろう。「レガシー」や、寄付者の子供や、スカウトしたスポーツ選手を現に優遇しているのと同じように、貧困家庭出身の生徒を優遇するのだ。あるいは、そうした優遇を一切やめて、裕福な志願者を特別扱いしないことにしてもいい。さらに、裕福な志願者が、個人指導や準備講座のおかげでかさ上げされたSATの得点で優位に立つのを防ぐために、標準テストの受験を必須としないという手もある。シカゴ大学をはじめとする複数の大学が、最近、実際にそうしている。複数の研究が明らかにしたところでは、SATの得点は、学習能力を予測する指標として、高校の成績よりも社会経済的背景によってゆがめられやすいという。SATへの依存度を減らせば、大学は資力に乏しい生徒をもっと入学させられるようになるし、そのせいで学業面での成功率が下がる心配はほとんどないだろう。[48]

以上のような方策は、大学が自ら実践できるものだ。さらに、政府の介入によって、入学選考における特権階級の優遇という偏向を減らすこともできるだろう。自身もハーバード大学のレガシー学生だったエドワード・ケネディ上院議員がかつて提案したのは、私立大学に対し、卒業生の子供の合格率の公表と、彼らの社会経済状況の報告を求めることだった。イェール大学の法学教授で能力主義の不平等を批判しているダニエル・マーコヴィッツなら、さらに厳しい提案をするだろう。私立大学は、理想的には入学者数を増やすことによって、少なくとも学生の半数を所得規模の下位三分の二から入学させないかぎり、非課税対象から外すべきだとしているからだ。[49]

これらの対策は、大学が自らとるにしても、政府が課すにしても、不平等を緩和するはずだ。こうした不平等のせいで、社会的流動性を促進する高等教育の力が弱まっている。以上のような対策をとれば、恵まれない生徒が大学に入りやすくなり、システムの不公正は減るだろう。これは、それらの策を考慮すべき立派な理由になる。

だが、現行のシステムの不公正だけに的を絞ると、コナントの能力主義革命の核心にあるより大きな問いを避けることになる。すなわち、「大学は人びとを才能に基づいて選別し、誰が成功するかを決めるという役割を引き受けるべきか？」という問いだ。

そうすべきでないと思われる理由は、少なくとも二つある。一つ目は、選に漏れる人にとってはそうした選別がいら立たしい判定を暗示すること、また、共有される市民生活に有害な影響が及ぶことだ。二つ目の理由は、選ばれる者が能力主義的な苦闘によって受ける傷と、大学が選別という使命に力を使い果たし、教育という使命から乖離してしまうリスクにある。要するに、高等教育を熾烈《しれつ》な選別競争に変えてしまうことは、民主主義にとっても教育にとっても不健全なのだ。それぞれの危険性について順に考えてみよう。

選別と社会的評価の分配

コナントは、大学を選別装置へ転換すれば社会に不和の種をまくことになりかねないリスクに気づいていたものの、このリスクは回避できると考えていた。彼の目標は、学力試験と能力別クラス編成を利用して、各人を彼らの才能が最大限に生かせる社会的役割へ向かわせることだった（コナントは依然として、試験で才能を判定して能力別クラスに分ける必要があるのは男子だけだと想定していた）。そこに、最も有能な人びとがその他大勢よりも価値があるという含みはない。教育における選別が、社会的優越や威信にまつわる判定を下すことはないはずであり、この点で旧来の特権世襲制とは異なると、彼は信じて

いた。(50)

人を判定せずに選別することは可能だというコナントの信念は、彼自身が後押しした能力主義的な体制の道徳的論理と心理的訴求力を無視している。世襲貴族制よりも能力主義を支持する主な論拠の一つは、自らの能力によって出世した人は、自力でその成功をつかんだのだから、能力がもたらす報酬に値するというものである。能力主義による選別は、稼ぎや功労に関する判定と固く結びついているのだ。こうした判定が、誰の才能や業績が名誉や承認にふさわしいかをめぐる公的な判定となるのは避けられない。

コナントは、高等教育は世襲の上流階級から権力を取り上げ、才能ある科学者や知識人を探し出すべきだと確信していた。それは、社会が必要とする役割をどう果たすかだけでなく、科学技術が発達した現代社会が評価し、報いるべき知性や人格の質はどんなものかに関する主張だった。したがって、新しい選別システムが社会的な地位や評価を分配するための新しい土台ともなることを否定するのは、無理があった。マイケル・ヤングの『The Rise of the Meritocracy』（一九五八年）が指摘したのは、まさにその点だ。同書が刊行されたのは、コナントがハーバード大学の学長を退いてからわずか数年後のことだった。ヤングは、コナントが気づかなかった、あるいは気づこうとしなかった点に気づいていた。つまり、新しい能力主義には、称賛に値するのは誰であり、誰でないかを判定する新しい厳格な基準がついて回るということだ。

コナントに続いて高等教育の能力主義的改革を推進した人びとは、選別と判定の結びつきに関して明確な考えを持っていた。ある財団法人の代表で、のちにリンドン・ジョンソン政権で保健・教育・福祉長官を務めたジョン・W・ガードナーは『優秀性』（一九六一年）と題する著書で、新たな能力主義時代の精神をこう表現している。「われわれが目撃しているのは、高い能力を持ち高度な教育を受けた男女に対する社会の姿勢の革命である。史上初めて、そのような男女が切実に、きわめて幅広い領域で必要とされている」。少数の人びとによって運営されていたため、才能を無駄にする余裕のあったかつての社会とは異なり、現代のテクノロジー社会は複雑な機構によって統治されているため、たえず才能を探す必要があり、それが見つかる場所ならどこでも探索しなければならない。この「才能をとことん発掘せよ」という至上命令によっていまや教育に課されたのが、「厳正な選別プロセス」と化すことだった。[51]

コナントとは異なり、ガードナーは能力主義による選別の冷酷な面を認識していた。「教育が頭脳明晰な若者を効率よく頂点へ引き上げるようになるにつれて、関係するすべての人びとにとってますます熾烈な選別プロセスへと化す……学校は、有能な若者にとっては機会に満ちた黄金の道だ。しかし、同時に、有能さで劣る若者にとっては、自分の限界を思い知らされる競争の場でもある」。これが機会の平等の短所だった。機会の平等は「どの若者も、金銭や、社会的立場や、宗教や、人種の障害なしに、能力と大志によって到達できるところまで進む」ことを可能にした。しかし、「必要な能力を欠く者にとっての痛み」もはらんでいた。[52]

ガードナーの考えでは、その痛みは避けられないものであり、才能を発見して育てることが緊急に必要であることを思えば、支払うに値する代償だった。その痛みが特に強く感じられるのは、大学に進む資質がある生徒とない生徒がいるからだと、ガードナーも認めている。「社会が人びとを素質に応じて効率的かつ公平に選別すれば、敗者は、自分が低い地位にいるのはまさにそれだけの能力しかないからだと悟る。それはどんな人にとってもつらい経験だ」[53]

ヤングにとっては、この洞察こそ能力主義への反論の核心だった。ガードナーにとっては、それは不幸な副作用だった。「大学はきわめて大きな威信を手にしたせいで」成功を定義するまでになったと、ガードナーは結論している。「こんにち、世間の目には、大学進学は実質的に立身出世の前提条件になっていると映っている。そのため、われわれがつくり出した偽りの価値観の枠組みの中で、大学進学は有意義な人生への唯一のパスポートとなっている」。ガードナーは「業績を人間の価値と混同すべきでない」と果敢に主張し、個人はその業績にかかわらず尊重に値すると述べている。しかし、自ら実現を後押ししていた能力主義社会には、学業成績と社会的評価を区別する余地がほとんど残されていないことにも気づいていたようだ。[54]

世論において、大学教育が、個人の出世、社会的上昇、市場価値、自己評価と強く結びついているのは、明白な事実である。尊敬と信頼を得るためには大学に進学しなくてはならないと信じるアメリカ人が少なからずいれば、まさに意見の一致によって、この一般論が正しいことになってしまう。[55]

数年後、イェール大学学長のキングマン・ブルースターも、能力に基づいて学生を選別することと、大学進学を社会的な承認や評価の象徴とすることのあいだには密接な関係があると認めた。イェール大学に能力主義時代をもたらしたブルースターは、大学理事会の有力メンバーの反対にあいながらも、家系のレガシーに基づく入学選考を減らして学問的才能を重視しようとした。一九六六年、イェール大学は学費支払い能力を問わない選考を取り入れる。志願者が金銭的に困窮していても合格させ、入学の際には十分な経済支援を提供したのだ。ブルースターは抜け目なく、かつ先見の明を持ってこう主張した。その新たな方針によって、イェール大学は経済的に恵まれないが強みを持つ学生を引きつけられるだけでなく、裕福な生徒にとっても魅力を増すことになるのだと。金銭ではなく能力によって合格させることで知られている大学は、裕福な生徒も引きつけられるからだ。彼はこう記している。「財力がもはや合否に関係しない」ことになったため、「特権階級の受験者も、『経歴』と呼ばれる曖昧なものではなく能力によって合格したのだと感じ、誇らしかったのである」[56]。

かつて人びとは、上流階級の御曹司と机を並べられる大学にわが子を送り込むことに誇りを感じたものだった。いまや、きわめて優秀な学生であることのしるしとなる大学にわが子を送り込むことに誇りを感じていたのだ。

能力主義入試へと舵を切ったことで、傑出した生徒を引きつけることのできる大学の威信は増した。大学の威信の物差しとなるのは、通常、合格した生徒のＳＡＴの平均得点と、おかしなことではあるが、不合格にできた志願者の数だった。大学は次第に難易度によって格付けされるようになり、難易度が生徒たちの選択にも大きな影を落とすようになる。

一九六〇年代まで、大学を目指す生徒は自宅から近い大学に進むのが普通だった。その結果、学力は幅広い大学に分散した。ところが、能力主義による高等教育の再編が形をなすと、大学選びはより戦略的になっていく。生徒は、特に家庭が高所得であれば、入学できそうな最も難易度の高い大学を探しはじめた[57]。

「高等教育を研究する経済学者のキャロライン・M・ホクスビーは、こうした傾向を「高等教育の再選別」と呼んでいる。難易度の高い大学とそれほどでもない大学の差が広がったのだ。SATの得点が高い生徒がこぞって一握りの大学を目指し、大学入試は勝者総取り方式の競争となった。現在、大学に入るのが以前よりも難しくなったと思う人は多いが、それはすべてに当てはまるわけではない。アメリカの大学の過半数は、出願する生徒のほとんどを入学させている[58]。

過去数十年間で合格率を大幅に下げたのは、ごく一部の名門大学だけだ。それらの大学はメディアの注目の的であり、入試をめぐる狂騒をかき立て、その狂騒が大学進学を目指す富裕層の若者の十代の日々を台無しにしている。一九七二年には、「再選別」がすでにかなり進んでいたとはいえ、スタンフォード大学は出願者の三分の一を合格させていた。こんにち、合格率は五%に届かない。ジョンズ・ホプキンズ大学は一九八八年には出願者の過半数（五四%）を合格させていたが、いまでは合格率はわずか九%にすぎない。シカゴ大学は合格率の低下が最も激しい大学の一つで、一九九三年の七七%から二〇一九年には六%まで低下した[59]。

全体では、四六の大学で、いまや合格者数は出願者数の二〇%を下回っている。そのうちの数校は、二〇一九年の不正入試スキャンダルに親が関わった生徒の志望大学だった。しかし、そうした超難関大学に通うのはアメリカの学部生全体のわずか四％にすぎない。八〇％を超える学生が、出願者の半数以上を合格させる大学に通っている。[60]

過去五〇年にわたって再選別が進み、高得点の生徒が少数の最難関大学に集中するようになったのはなぜだろう。ホクスビーは経済学者らしい説明を提示している。交通費が安くなったおかげで、自宅から遠い大学へも行きやすくなったし、情報コストも低下したために、自分のSATの得点をほかの生徒とくらべやすくなった。さらに、超一流校は学生一人ひとりの教育により多くの資源を費やすため、合格できる学生にとってはそうした大学への進学が自分の「人的資本」への健全な投資となる。すると、後年に期待される大学基金への寄付にすら応じられるようになる。[61]

だが、こうした「再選別」と、高等教育の能力主義への転換が同時に進んだという事実は、それ以上の説明を示唆している。すなわち、難関大学の魅力があらがいがたいものとなったのは、出来上がりつつあった能力のヒエラルキーの頂点に位置していたからだと。意欲に満ちた裕福な生徒が親に後押しされて一流大学の門へ押し寄せるのは、優秀な学友と共に勉強したいからというだけでなく、それらの大学が能力主義的な威信を最も多く与えてくれるからでもある。超難関校へ進むことで得られる名誉は、自慢の種となるだけではなく、卒業後の就職の機会にまで持ち込まれる。それは主に、名門大学の学生のほうが下位校の学生よりよく勉強していると雇用主が信じているからではなく、彼らが名門大学の選別機能を信頼し、大学が与える能力主義の栄誉を評価しているからなのだ[62]。

傷ついた勝者

勝者総取りによる高等教育の再選別が好ましくなかった理由は、二つある。第一に、不平等を拡大したことだ。勝者総取り競争で勝ち抜く大学は一般に、裕福な学生の割合が最も高いからである。第二に、勝者に大きな犠牲を強いることだ。かつての世襲エリートが大した手間も苦労もなしにトップの地位に就いたのとは異なり、新たな能力主義的エリートは刻苦勉励の末にその地位を勝ち取る。

いまや新たなエリートも世襲色を帯びてはいるものの、能力主義による特権の移譲が保証されているわけではない。それは「入学すること」にかかっているのだ。そのせいで、能力主義的な成功には矛盾した道徳心理が伴う。全体を見ても、過去を振り返っても、名門大学のキャンパスには裕福な家庭の子女が圧倒的に多いことを考えれば、勝敗はあらかじめ決まっているようなものだ。ところが、熾烈な受験競争の渦中にいると、合格は個人の努力と学力の成果だとしか考えられない。こうした見方が、勝者の心にこんな信念を芽生えさせる。すなわち、成功は自らの努力の賜物であり、自力で勝ち取ったものであると。この思い込みは、能力主義的なおごりの現れとして批判されるかもしれない。個人の頑張りを必要以上に強調し、努力が成功につながったのはさまざまな恩恵のおかげであることを忘れているからだ。だが、その思い込みには胸が痛むところもある。若者が能力主義の競争に駆り立てられ、苦しみ、魂をむしばまれながら育んできたものだからだ。

　裕福な親は、名門大学への入学を目指すに際して、子供を強力に後押ししてやれる。しかし、そのために子供の高校時代はストレスに満ち、不安だらけで、寝不足に悩まされる試練の時期となることが多い。大学レベルの科目履修《アドバンスト・プレースメント・コース》、テスト準備の個人授業、スポーツの練習、ダンスと音楽のレッスン、山ほどの課外活動や公共奉仕活動を、たいがいは個人向け受験コンサルタントの助言と指導の下にこなさなければならないためだ。コンサルタント料はイェール大学の四年間の学費より高い場合もある。こうしたコンサルタントの中には、子供に障害があると診断してもらうよう親に勧める者もいる。標準テストの制限時間を延長してもらえるからだ（コネティカット州郊外の富裕層の多いある地域では、受験生の一八％がそのような診断を受けていた。その割合は全米平均の六倍に上る）。注文に合わせた夏の外国旅行プログラム作成を専門とするコンサルタントもいる。旅行の目的は、大学に出願する際の小論文用に格好のネタを仕入れることだ[63]。

こうした能力主義の軍拡競争は富裕層に有利になりがちで、裕福な親は自らの特権を子供に移譲できる。この種の特権移譲は二重の意味で望ましくない。有利な手段を持たない子供にとっては不公正であり、手段に絡め取られている子供にとっては抑圧となるからだ。能力主義的な闘争のせいで、過干渉で成績至上主義の押し付けがましい「親業」文化が生まれ、ティーンエイジャーに良からぬ影響を与えている。「過干渉な子育て《ヘリコプター・ペアレンティング》」が台頭した時期は、能力主義競争が激化した数十年と重なる。実際、parent（親）を動詞として使うparenting（親業）という言葉が一般的になったのは一九七〇年代に入ってからで、その頃から、子供をよい学校に入れるための準備は親が果たすべき責任と見られるようになってきた[64]。

一九七六年から二〇一二年までに、アメリカの親が子供の宿題を手伝ってやる時間は五倍以上に増えた[65]。大学入学の賞金が大きくなるにつれ、不安に駆られた干渉的な親業のあり方がありふれた悩みの種となった。二〇〇九年のタイム誌の特集記事には、警鐘とも受け取れる見出しがつけられた。「行き過ぎた親業に物申す――ママとパパがいまこそ子離れすべき理由」。同誌によれば、われわれが「子供の成功に執着するあまり、親業は一種の製品開発と化した」。いまの親は子供を幼い頃から管理したがる。「六～八歳児が自由に遊ぶ時間は一九八一年から九七年までに二五%減り、宿題は二倍以上に増えた」[66]

ある興味深い研究で、経済学者のマティアス・ドゥプケとファブリッツィオ・ジリボッティは、ヘリコプター・ペアレンティングの定義を「過去三〇年間に広まった、深く干渉し多くの時間を注ぐ支配的な子育て法」とし、その台頭について経済学的解釈を示している。彼らによれば、そのような子育ては、不平等の拡大と、教育によって得られる利益の増大に対する合理的な反応だという。親業への注力はこの数十年、多くの社会で激しさを増しているが、最も目立つのはアメリカや韓国など不平等の大きい社会で、不平等がさほど深刻でないスウェーデンや日本ではあまり高じていない[67]。

無理もない親心とはいえ、子供の人生を能力主義的成功に向かわせ、管理しようとする親の姿勢は、特に大学入学前のティーンエイジャーの心理にひどい傷を与えてきた。カリフォルニア州マリン郡（サンフランシスコ近郊の富裕層の多い地域）で若者の治療にあたる心理学者のマデリーン・レヴィンは、二〇〇〇年代前半に、裕福な家庭出身で一見順風満帆に見えるティーンエイジャーの多くが、ひどく不機嫌で、孤独で、自立心を欠いていることに気づいた。「一皮むけば、彼らの多くが……憂鬱《ゆううつ》と不安と怒りを抱えている……親や、教師や、コーチや、仲間の意見に依存しすぎ、難しい課題を解決するためばかりでなく、日常生活をうまく回すためにも他者に頼ることが少なくない」。裕福さと親の多大な干渉は、若者を人生の困難から保護するどころか、むしろ不幸で脆弱《ぜいじゃく》にしていることに彼女は気づきはじめた。[68]

レヴィンは『The Price of Privilege（特権の代償）』と題する著書で、「特権階級の若者に蔓延する心の病」と自ら呼ぶものについて記している。伝統的に、心理学者にとって「危うい」若者とは、貧困地区の「過酷な環境で育った」恵まれない子供たちのことだった。[69] レヴィンはこうした子供たちの窮状を認めつつも、アメリカの新たな「危うい」グループは、裕福な高学歴家庭のティーンエイジャーだと述べている。

彼らは経済的・社会的に恵まれているにもかかわらず、わが国のどんな子供たちのグループよりも、うつ症状、薬物乱用、不安障害、身体の不調、不機嫌さを抱える割合が高い。研究者がさまざまな社会経済的環境にある子供たちを調べると、最も問題を抱えているのは裕福な家庭の子供である場合が少なくない。[70]

レヴィンはスニヤ・S・ルーサーの研究を引用している。ルーサーが報告した「直観に反する見解」とは、「超一流大学や高収入の職業を目指すアメリカの上位中産階級の若者」は、そうでないティーンエイジャーよりも精神的問題を抱える割合が高く、その傾向は大学入学後も続くというものだ。人口全体とくらべて、全日制大学生は「薬物乱用または依存症の診断基準に合致する可能性が二・五倍高く（二三％対九％）」、全日制大学生の半数が、大量飲酒と、違法薬物または処方薬の乱用をしたことがあると語っている。[71]

裕福な家庭出身の若者がとてつもない精神的苦痛を味わうのは、なぜだろうか。その答えはおおむね、能力主義的な至上命令、すなわち「頑張れ、結果を出せ、成功せよ」という絶え間ない圧力に関わっている。ルーサーはこう書いている。「子供にとっても親にとっても、幼い頃から至る所に麗々しく掲げられてきたメッセージを無視するのはほとんど不可能だ。つまり、究極の幸福に達する道はただ一つ、金持ちになることで、そのためには一流大学に進学せよ、というメッセージである」[72]

能力の戦場で勝利を収める者は、勝ち誇ってはいるものの、傷だらけだ。それは私の教え子たちにも言える。まるでサーカスの輪くぐりのように、目の前の目標に必死で挑む習性は、なかなか変えられない。多くの学生がいまだに競争に駆り立てられていると感じている。そのせいで、自分が何者であるか、大切にする価値があるのは何かについて思索し、探究し、批判的に考察する時間として学生時代を利用する気になれない。心の健康に問題を抱えている学生の多さは、危機感を覚えるほどだ。能力主義の試練をくぐり抜けることで心理的な傷を負うのは、アイビーリーグの学生に限らない。アメリカの一〇〇校以上の大学の六万七〇〇〇人の学部生を対象とした最近の研究では、「大学生が直面する精神的苦痛はかつてないほど大きく」、憂鬱や不安を感じる割合が高まっていることが明らかになった。大学生の五人に一人が前年に自殺を考えたことがあり、四人に一人が精神的障害の診断あるいは治療を受けたという。[73] 若者（二〇～二四歳）の自殺率は二〇〇〇年から二〇一七年までに三六％上昇し、いまでは殺人の犠牲者よりも自殺者のほうが多い。[74]

そのような臨床症状のほかにも、心理学者によれば、この世代の大学生を苦しめているもっと目立たない病があるという。「ひそかに蔓延する完璧主義という病」である。不安に駆られた競争を何年も続けていると、若者は自尊心が低くなる。成績に振り回され、親や、教師や、入学審査委員会の、そして、しまいには自分自身の厳しい審判に自信を失ってしまうのだ。「実績と地位とイメージが人間の有用性と価値を決める世界で、完璧な自己という理不尽な理想が望まれ、必要とさえされるようになった」と、この研究を行なったトマス・カランとアンドルー・P・ヒルは述べている。彼らはアメリカ、カナダ、イギリスの四万人以上の大学生を調査し、一九八九年から二〇一六年の間に完璧主義が急増していると報告した。なかでも、社会や親の期待と結びついた完璧主義の姿勢は三二％増加している。[75]

完璧主義は、能力主義の病を象徴する。若者たちがたえず「学校、大学、職場によって選別され、ふるい分けられ、格付けされつづける」時代にあって、「新自由主義的な能力主義は、競争と実績と達成を強く要求し、現代の生活の中心に据える」[76]。達成の要求に応えられるか否かが、能力と自尊心の物差しとなる。

能力主義装置のレバーや滑車を実際に動かしている人たちも、その人的代償に気づいていないわけではない。ハーバード大学の入学事務局の責任者は、燃え尽き《バーンアウト》の危険性に関する率直で洞察に満ちた論説で、高みを目指す「輪くぐり」に明け暮れて高校・大学時代を過ごす学生について憂慮し、彼らは「生まれてこのかた続いてきた猛烈な新兵訓練をどうにか切り抜けた挙句、放心状態にある」と述べている。二〇〇〇年に発表されたこの論説は、一種の訓戒として、いまだにハーバード大学の入試ウェブサイトに掲載されている[77]。

輪くぐりは終わらない

名門大学は、入試方針によって達成への熱狂をあおり、それに報いを与えてきた。そして、学生がキャンパスにたどり着いたあとも、その熱狂を冷ましてやろうとはしない。選別と競争へ向かう本能は大学生活にも浸透し、学生は合格と不合格の儀式を再び繰り返す。一例を挙げよう。ハーバード・カレッジ（学部）には、課外活動のクラブや団体が四〇〇以上ある。なかには、オーケストラやアメリカンフットボールの大学代表チームなど、一定の技能を要し、当然ながら入部テストを行なうクラブもある。しかし、いまや特別の技能を必要とするか否かにかかわらず、学生団体へ入部するための「選抜」が普通になった。行き過ぎた選抜文化のせいで、一部の学生にとっては第一学年が「落選初級講座」と化し、不合格の失望とどうつき合うかを学ばざるをえないこともある。[78]

大学本体と同様に、学生団体もそれぞれに合格率の低さを自慢にしている。「ハーバード・カレッジ・コンサルティング・グループ」という団体は「ハーバードのキャンパスで最難関の専門職予備軍集団」を標榜《ひょうぼう》し、合格率は一二%を切る。新入生オリエンテーション週間とキャンパスツアーを企画運営する「クリムゾン・キー・ソサエティ」も選抜の厳しさを喧伝《けんでん》する。合格できるのは応募者のわずか一一・五%だという。「ツアーの案内は、誰にでも任せられるものではありませんから」と同ソサエティの選抜責任者は説明する。

とはいえ、才能の必要性よりも、能力主義競争のトラウマ――そして興奮――をもう一度味わいたいという衝動が強いようだ。ある一年生が学生新聞『ハーバード・クリムゾン』に語ったところによれば、「ハーバードに入学するという大きな輪くぐりをやってのけると、またアドレナリンの分泌を求めて、もっと輪をくぐりたくなるんです」。[79]

選抜文化の隆盛は、大学が競争的能力主義の基礎訓練の場と化し、自分に箔《はく》をつけて売り込む術を学ぶ場となった証である。また、大学の役割が大きく転換したことを反映してもいる。いまや学歴授与機能が肥大化し、教育機能を圧倒しているのだ。選別と競争が、教育と学習を押しのけてしまっている。学部長や学長は、まるで自分が出しゃばるのはよそうとでも言いたげに「学生たちは教室の中よりも外で多くを学びます」と語り、この傾向を助長する。その言葉が意味する（おそらくかつて意味した）のは、学生たちは講義や読書の際に浮かんだ疑問をざっくばらんに、継続的に話し合うことを通じて、学友たちから学ぶということだったのかもしれない。しかし、それは徐々に人脈づくりを意味するようになった。

選抜と人脈づくりに劣らず目につくのが、成績への執着だ。私自身、学生たちが成績を気にする度合いが近年強くなったと、証明こそできないものの間違いなくそう感じている。二〇一二年、アイビーリーグにおけるカンニング事件としては記憶に残るかぎり最大級の不祥事が起きた。ハーバード・カレッジで、約七〇人の学生が持ち帰り試験で不正をしたとして停学処分を受けたのだ(80)。二〇一七年には、同カレッジの学業成績認定委員会が学生の不正行為の対応に追われた。六〇人以上の学生が、コンピューターサイエンス初級クラスで不正行為をした可能性があるとされたのだ(81)。しかし、不正行為だけが成績への執着の現れではない。ある著名なロースクールでは、前学期の成績をいつ発表するかを学生に告知しないよう、教職員に通達している。そのような重大発表を予告すると不安をあまりにかき立ててしまうことが、経験から明らかになったからだ。いまでは成績発表は慎重に時期を見計らって行なわれている。落ち込んだ学生がカウンセリングサービスに助けを求めることができるようにするためだ。

おごりと屈辱

コナントは、すべてのアメリカ人をテストして選別するという課題をハーバード大学および高等教育に与えたとき、そのプロジェクトが過酷な能力主義的競争の引き金になるとは思いもしなかったことだろう。こんにち、機会の調停者としての大学の役割はすっかり定着し、ほかの役割を想像するのは容易でない。しかし、いまこそそれを想像すべき時だ。特権階級の傷ついた心を回復させるためだけでなく、能力主義の選別によって分断された市民生活を修復するためにも、高等教育の役割を再考する意義は大きい。

コナントが始動させた選別装置を解体したければ、能力による支配体制は、同時に二つの方向で専制をふるうという点に留意すべきだ。頂点に登り詰める人の場合、不安をかき立て、疲れ切ってしまうほどの完璧主義に導き、脆い自己評価を能力主義的なおごりによってどうにかごまかすよう仕向ける。置き去りにされた人には、自信を失わせ、屈辱さえ感じさせるほどの敗北感を植えつける。

これら二つの専制には、共通の道徳的根源がある――われわれは自分の運命に個人として全責任を負うという不変の能力主義的信念だ。成功すれば自分自身の手柄であり、失敗しても自分以外の誰も責められない。自己責任というこの厳しい考え方は、やる気を奮い立たせるように思えるものの、連帯と相互義務の感覚を芽生えにくくもする。こうした感覚を身につけていれば、現代の不平等の拡大に立ち向かえるはずなのだ。

こんにち見られる所得と社会的評価の不平等が、もっぱら高等教育のせいだと考えるのは間違いだ。市場主導のグローバリゼーションというプロジェクト、現代政治のテクノクラート的転回、民主主義制度の少数者支配といったことのすべてが、この状況に加担している。とはいえ、第7章でグローバル経済における労働というやっかいな問題に取り組む前に、能力主義的選別の過酷な影響を軽減するにはどうすればいいかを考えてみたい。それには両方向から、つまり、能力主義が勝者として選んだ者に負わせる傷と、敗者の烙印を押した者に味わわせる屈辱をともに癒す方法を考えるのがいいだろう。

手始めに、ささやかな大学入試改革案を検討してみよう。選別と競争の消耗戦のサイクルを緩和するには、何から始めればいいだろうか。

適格者のくじ引き

改革のための一つの方法は、名門大学の門戸を広げるために、SATへの依存を減らすとともに、レガシー出願者、スポーツ選手、寄付者の子供などの優遇をやめることだ[82]。こうした改革は、制度の不公正な面を減らしはするものの、高等教育は選別事業であるという考え方に逆行するわけではない。つまり、高等教育の役割は才能を見つけ出し、才能を持つ者に機会を配分して報いを与えることだという考え方はそのままなのだ。しかし、選別事業こそが問題である。それが真の能力主義に近づくほど、選別事業はいっそう深く根付くことになる。

そこで、こんな代案を考えてみよう。毎年、ハーバード大学とスタンフォード大学では、およそ二〇〇〇人の定員に対して四万人を超える高校生の出願がある。入試担当者の話によると、出願者の大多数が、ハーバードやスタンフォードでの勉強に適格で、問題なくやっていけるという。それはおそらく、定員を大幅に超える適格者が出願する数十校の難関大学にも言えるだろう（二〇一七年には、八七大学で合格率が三〇%を切っていた[83]）。すでに一九六〇年には、出願者数はそれほど膨大ではなかったものの、イェール大学の入試委員を長年務めたある人物がこんなことを漏らしているという。「ときどき、やりきれない気分になります。何千人分［の願書］を全部……階段の上からばらまいて、手当たり次第に一〇〇〇人を選んでも、委員会で話し合って選んだのと遜色ない学年ができあがるでしょうから」[84]

私の提案は、この意見を真剣に受け止めるものだ。四万人超の出願者のうち、ハーバード大学やスタンフォード大学では伸びない生徒、勉強についていく資質がなく、仲間の学生の教育に貢献できない生徒を除外する。そうすると、入試委員会の手元に適格な受験者として残るのは三万人、あるいは二万五〇〇〇人か二万人というところだろう。そのうちの誰が抜きん出て優秀かを予測するという極度に困難かつ不確実な課題に取り組むのはやめて、入学者をくじ引きで決めるのだ。言い換えれば、適格な出願者の書類を階段の上からばらまき、そのなかから二〇〇〇人を選んで、それで決まりということにする。[85]

この提案は、能力をまったく無視するわけではない。適格者だけが合格するのだ。しかし、能力を資格の一基準として扱うだけで、最大化すべき理想とはしていない。[86] これは何よりも実際的な見地から、賢明なやり方だ。どれほど目の肥えた入試担当者であろうと、どの一八歳の若者が将来、学問あるいはほかの分野で真に傑出した業績を挙げるかをきわめて正確に評価するのは不可能だ。われわれは才能に価値を置く。しかし、大学入試という領域では、才能は曖昧でつかみどころのない概念だ。数学の神童を幼い頃に見極めることは可能だろうが、広い意味での才能はもっと複雑で予測が難しいものである。

比較的狭い意味での才能や技能でさえ、見極めるのがいかに難しいかを考えてみよう。野球の歴史上最も優れた投手の一人であるノーラン・ライアンは、通算最多奪三振記録を持ち、野球殿堂入りを一回目の投票で果たしている。彼は一八歳のとき、ドラフト一二巡目でようやく指名されて入団した。メジャーリーグの球団はライアンを選ぶ前に、彼よりも有望だと見た選手二九四人を選んでいたのだ。[87]アメリカンフットボールの史上屈指のクオーターバック、トム・ブレイディは、ドラフト一九九位で指名された。[88]野球やフットボールの投球能力という限定された才能でさえ確実な予測が難しいならば、社会や何らかの活動分野に広範かつ巨大な影響を将来及ぼす能力など、予測できるはずがない。有望な高校三年生をきめ細かくランク付けすれば予測できると考えるのは、愚の骨頂である。

しかし、適格者のくじ引きを支持する最も説得力ある根拠は、能力の専制に対抗できることだ。適格性の基準を設けて、あとは偶然に任せれば、高校生活は健全さをいくらか取り戻すだろう。心を押し殺し、履歴を詰め込み、完璧性を追求することがすべてとなってしまった高校生活が、少なくともある程度は楽になるだろう。能力主義によって膨らんだ慢心をしぼませる効果もある。頂点に立つ者は自力で登り詰めたのではなく、家庭環境や生来の素質などに恵まれたおかげであり、それは道徳的に見れば、くじ運がよかったに等しいという普遍的真実がはっきり示されるからだ。

　予想される反論は、少なくとも四つある。

1　学力はどうなる？

　それは、適切な基準の設定次第だ。私の予感では、少なくとも上位六〇〜八〇の大学であれば、教室での議論や学業成績の質が目に見えて変わることはないだろう。この予感は間違っているかもしれないが、それを確かめる簡単な方法がある。まずは実験をしてみるといい。一学年の半数を既存のシステムで、残りの半数を適格者のくじ引きによって入学させ、卒業時の学業成績（および数年後の職業面での成功）をくらべるのだ。スタンフォード大学は実際に、一九六〇年代末にこうした実験を行なう寸前まで行ったものの、入学試験事務局長の反対に遭い、計画は頓挫した。(89)

2　多様性はどうなる？

　原理上は、くじ引きを調整することで、大学が是非とも必要だと見なす特徴にふさわしい多様性を確保できる。優遇したいカテゴリーの受験生に、一人につき二枚あるいは三枚のくじを割り当てればいいのだ。それによって、偶然の要素を排除せずに望ましい多様性をつくり出すことができる。検討に値する一つの方法は、現行の能力主義入試の世襲的傾向を弱めるために、親が大卒でない適格出願者を大学が一次選考で一定数選び、それからくじ引きを行なうというものだ。

3　レガシーや寄付者の子供はどうなる？

理想としては、大学は卒業生の子供の優遇をやめるべきだ。それでも優遇をやめたくない大学は、必要だと思うなら、卒業生の子供一人につき、一枚ではなく二枚以上のくじを割り当てればいい（前述した多様性の項目と同様の措置）。ここで留意に値するのは、レガシー入学者の割合を現在と同程度にするためには、大学によっては卒業生の子供一人に五〜六枚のくじを割り当てる必要がありそうだということだ。そうすることで、少なくとも、特権階級の子供を大学がどのくらい優遇しているかが鮮明になるし、場合によっては、そのような優遇を続けるべきかという議論のきっかけとなるかもしれない。

卒業生ではない大口寄付者の子供を優先する慣行も廃止すべきだ。それでも新入生の席を売って得る金銭的利益の魅力にあらがえない大学は、一握りの席を別扱いにしてオークションにかけるか、直接売り出せばいい。そうすれば、現在一部の大学が行なっている、能力を隠れ蓑《みの》にした妥協をもっと正直に認めることになる。現行のシステムと同様に、お金で買った席に座る学生を公表はしないにしても、少なくとも、優れた能力を持っているという偽りの思い上がりを買うことはもうできなくなる。

4　くじ引き入試を実施すれば競争率の高さはあまり意味を持たなくなり、その結果、一流大学の威信が損なわれるのでは？

おそらく、そうだろう。しかし、それは本当に反論になるだろうか。だとすれば、過去数十年間、威信に駆り立てられた高等教育の「再選別」が教育と学習の質を向上させたと信じていることになる。だが、それはかなり疑わしい。高得点の生徒を全米各地のさまざまな大学から超難関大学のちっぽけな輪の中に引き寄せることで、不平等は深刻化したが、教育はほとんど向上していない。能力主義の選別のせいで不安だらけの競争と「輪くぐり」を強いられてきた結果、学生たちはリベラルアーツ教育の探究的性格になじみにくくなっている。選別を緩和し、威信への偏執を減らすのは、くじ引き入試の欠点ではなく長所だろう。

それなりの数の名門大学が適格な学生をくじ引きで入学させるようになれば、高校生活のストレスは、少なくともある程度は軽減されるだろう。大学進学を目指すティーンエイジャーと親は次のことに気づくだろう。大学レベルの授業に十分ついていけるだけの学力を示すことはともかく、入試委員会に売り込むために高校生が思春期のすべてを費やし、課外活動と学業成績の軍拡競争に没頭する必要はもうないのだと。親の過保護と過干渉《ヘリコプター・ペアレンティング》は減り、それが親子双方の精神衛生のためになるだろう。能力の戦場で傷つくことがなくなり、大学にやって来る若者は「輪くぐり」よりも人間的・知的探索にもっと興味を示すようになるだろう。

　こうした変化は、能力の専制が勝者に与える傷を軽くするはずだ。しかし、その他大勢についてはどうだろう。難関大学を目指す熱狂に巻き込まれるのは、高校を卒業する三年生のわずか二〇％ほどにすぎない。難関でない大学や二年制のコミュニティ・カレッジに進んだり、進学しなかったりする八〇％の高校生についてはどうだろう。彼らにとって能力の専制は、魂を圧しつぶす受験競争ではなく、自信を失わせる労働の世界にある。そこは、能力主義の資格を持たない者には、わずかな金銭的報酬と低い社会的評価しか与えない世界なのだ。

選別装置を解体する

適切な対策をとるには、思い切った計画が必要だ。われわれは、超難関大学への入学を勝ち取ることへの報賞を減らして、能力主義的な選別装置の出力を落とすべきである。より広義には、人生での成功が四年制大学の学位の有無に左右される度合いを減らす方法を考えるべきだ。

労働に敬意を払おうとするなら、まず、労働に従事するための準備となるさまざまな学びと訓練について、真剣に考えることから始めなくてはならない。つまり、公的な高等教育から手を引く流れを逆転させ、技術・職業教育の軽視を改め、資金と威信において四年制大学とそれ以外の中等教育後の教育現場を厳然と隔てる壁を壊すのだ。

高等教育における能力主義的選別の緩和にとって障害となるのは、少なくともアメリカの場合、高等教育のかなりの部分を私立大学が担っていることだ。ところが、こうした教育機関は私立であるにもかかわらず、特に学生への金銭的支援と連邦政府後援の研究について、連邦政府からの巨額の補助金に頼っている。かなりの規模の寄付基金を擁する大学もあるが、基金から生じる収入は伝統的に非課税となる（共和党による二〇一七年の税制法案により、資金に余裕のある少数の大学は、基金収入に課税されることになった(90)）。原則として、連邦政府はこうした影響力を利用して私立大学に門戸を広げさせ、不利な経歴の生徒をもっと入学させるよう要求できるし、くじ引き入試を何らかの形で導入するよう求めることもできるはずだ[91]。

ところが、そうした手法だけでは、難関大学一校に入学することの報賞を減らすのさえ難しそうだ。もっと有意義なのは、公立の四年制大学の間口を広げ、コミュニティ・カレッジ、専門・職業教育、さらには職業訓練への支援を手厚くする措置だろう。何と言っても、それらは、大多数のアメリカ人がまともな暮らしをするのに必要な技能を学ぶ教育現場なのである。

ここ数十年で行政から州立大学への補助金が減る一方、授業料は上がっており、教育機関としての公共性が疑われるほどになっている[92]。一九八七年には、公立大学が学生一人に対して州および地方自治体から得る収入は、授業料の三倍だった。ところが、自治体からの補助金が減るにつれて、授業料が上がった。二〇一三年の公共高等教育の収入源は、授業料と、州および地方自治体からの補助金が半々だった[93]。

一流公立大学の多くは、もはや公立とは名ばかりである[94]。たとえば、ウィスコンシン大学マディソン校では、州からの割当金は予算のわずか一四％を占めるにすぎない[95]。ヴァージニア大学では、州からの補助金は予算のわずか一〇％に相当するだけだ[96]。テキサス大学オースティン校の場合、一九八〇年代半ばに州からの割当金が予算に占める割合は四七％だったが、現在ではわずか一一％である。一方、授業料の占める割合は四倍以上になった。[97]公的援助が後退し、授業料が上がるにつれて、学生が抱える負債は跳ね上がった。こんにちの大学生世代は多額の借金を負って社会に出る。過去一五年間で、学生ローンの負債総額は五倍以上に増えている。二〇二〇年には、一・五兆ドルを超えた。[98]

大学の財政が能力主義に傾いていることを最も明白に示しているのが、連邦政府の高等教育への支援と、技術・職業教育への支援のあいだの格差だ。ブルッキングズ研究所の経済学者イザベル・ソーヒルは、その格差を印象的に説明している。

雇用と職業訓練に費やされるささやかな金額を、助成金、貸付金、税額控除といった形で高等教育に費やされる金額とくらべてみよう。二〇一四〜一五年の学年度には、大学進学者を支援するために総額一六二〇億ドルが費やされた。一方、教育省が職業および技術教育に費やす金額は年間およそ一一億ドルである。[99]

ソーヒルが付け加えているところでは、職業および技術教育への補助金に、失業者の再就職支援への支出を合わせても、「連邦レベルでこれらの職業関連プログラムに費やされる金額は、年間およそ二〇〇億ドルにすぎない」という[100]。

アメリカが労働者の教育や再教育に費やす金額は、高等教育に費やす金額にくらべて低いだけではない。諸外国の支出額にくらべてもかなり見劣りする。労働市場で求められる技能を労働者に身につけさせるための政府の支援プログラムとして、経済学者が言及するのが「積極的労働市場政策」だ。こうした政策は、労働市場がそれ自体では円滑に機能していないという事実に対処するためのものである。労働者が自分の技能にふさわしい仕事を見つける一助として、職業訓練や就職支援のプログラムが必要とされる場合が多いのだ。ソーヒルの指摘によれば、経済先進国は平均するとGDPの〇・五％を積極的労働市場プログラムに支出している。フランス、フィンランド、スウェーデン、デンマークはその種のプログラムにGDPの一％以上を支出している。アメリカの支出額はわずか〇・一％ほどで、刑務所への支出額よりも少ない[101]。

アメリカが積極的労働市場政策に冷淡なのは、需要と供給は（ここでは労働に関して）、外部からの助けがなくても自動的に調整されるという市場への信頼を反映してのことかもしれない。だが、それだけではなく、高等教育こそ機会へと至る正道だという能力主義的信念をも反映している。ソーヒルはこう書いている。「アメリカが雇用と職業訓練をなおざりにしてきた一つの理由は、高等教育への出資に重きが置かれてきたことだ。その前提

は、誰もが大学に行く必要があるということのように思える」(102)

だが、前述したように、学士号を取得するのはアメリカ人の約三分の一にすぎない。それ以外のすべての人にとって、稼ぎのいい職に就けるかどうかは、われわれが情けないほど無視している形態の教育や訓練にかかっているのだ。四年制大学の学位こそ成功への入口だという能力主義のうたい文句は、向上心を刺激する一方で、多くの人への教育の必要性を真剣に受け止める妨げになっている。こうした無関心は経済に悪影響を及ぼすだけでなく、労働者階級が担っている仕事に対する敬意の欠如を表してもいるのだ。

評価のヒエラルキー

選別装置が負わせる損傷を修復するために必要なのは、職業訓練への補助金を増やすことだけではない。さまざまな種類の労働を評価するやり方を見直す必要もある。手始めにできることの一つとして、評価のヒエラルキーの解体がある。有名大学に入った学生に、コミュニティ・カレッジや技術・職業訓練プログラムに進んだ人よりも大きな栄誉と威信を授けるのをやめるのだ。配管工や電気技術者や歯科衛生士になるための勉強も、共通善への価値ある貢献として尊重されるべきであり、SATの得点の低さや財力の不足によりアイビーリーグへ進めなかった人への残念賞と見なしてはならない。

高等教育の威信の大半は、自ら公言する高邁《こうまい》な目的から生まれる。つまり、社会で働くのに必要な素養を学生に身につけさせるだけでなく、道徳的配慮のできる人間、有能な民主的市民となる心構えを教え、共通善について熟慮する力を育むという目的だ。道徳・政治哲学の教育を仕事としてきた私自身、道徳教育と市民教育の重要性を確信している。とはいえ、その使命は四年制大学だけが負っているとか、負うべきだとか決めつけるのはなぜだろう。市民に民主主義を教えるというより大きな理念からすれば、市民教育を大学に隔離するのはおかしいはずだ。

そもそも、名門大学が市民教育の任務を十分に果たしていないことを認めるべきだ。[103] ほとんどの場合、名門大学のカリキュラムは、道徳・市民教育にあまり重きを置かないし、公共の問題について情報に基づいた実践的判断を下す素養を与えるための歴史教育も重視していない。価値中立的とされる社会科学が存在感を増すとともに、範囲が狭く高度に専門化した講座がやたらと増えた。その結果、学生に道徳・政治哲学の大きな問いを投げかけ、自らの道徳的・政治的信念について批判的に考えるよう促す講座が入り込む余地はほとんどなくなっている。

もちろん、例外はある。また、多くの大学が学生に倫理的あるいは市民的テーマを扱う講座をとるよう求めてもいる。だが、たいていの場合、わが国の一流大学は現在、道徳や市民をめぐる根本問題について論じたり熟慮したりする能力を養うよりも、テクノクラート的な技能や姿勢をたたき込むのを得意としている。統治を担うエリートが過去二世代にわたって資質を欠き、公共の言説が道徳性に乏しい言葉で語られるようになったのは、こうしたテクノクラート的な偏向のせいかもしれない。

とはいえ、名門大学における道徳・市民教育の現状に関する私の評価が手厳しすぎるとしても、道徳理論や市民性を論じる講座を四年制大学だけが持つべきだという理由はない。いわゆる開かれた市民教育には、長い伝統がある。

示唆に富む例の一つが、アメリカで最初の大規模労働組合の一つである労働騎士団が、労働者が公共問題について学べるようにするため、工場内に読書室を設けるよう要求したことである。この要求は、市民としての学びは職場に不可欠だと考える共和主義の伝統から生まれた。(104)

歴史文化学者のクリストファー・ラッシュによれば、一九世紀にアメリカを訪れた外国人は、条件の広範な平等性に驚いたという。この言葉の意味するところは、富の平等な分配でもなければ出世の平等な機会ですらなく、独立した精神と判断力のおかげで、あらゆる市民がほぼ対等な立場にあることだった。

市民としての身分のおかげで、庶民層ですら知識と教養を身につける機会を得てきたようだが、それは他国では特権階級だけに許されているものだ……国民の幸福に対する労働の貢献は、筋肉だけでなく精神の形をとっていた。アメリカの職工は「無学な労働者ではなく、啓蒙されて思慮深く、手の使い方だけでなく原理にも明るい人びと」だとされていた。職工向けの雑誌はこうしたテーマを繰り返し扱っていたのだ。[105]

ラッシュはさらに大局的な見地からこう主張している。一九世紀のアメリカ社会が平等性を特徴としていた理由は、社会的流動性よりも、あらゆる階級と職業に知性と学習が行き渡っていたことのほうが大きいと。[106] 能力主義的な選別は、この種の平等を破壊してしまう。それは、知性と学習を高等教育の砦の中に閉じ込めようとし、公平な競争を通じてその砦に入れることを約束する。だが、学ぶ権利をこうした方法で配分すれば、労働の尊厳を損ない、共通善をむしばむことになる。市民教育は、コミュニティ・カレッジ、職業訓練所、組合会館といった場所でも、蔓《アイビー》に覆われたキャンパスと同じように充実させることができる。看護師や配管工の卵が、経営コンサルタントの卵よりも民主的議論の仕方を学ぶのに向いていないと決めつける理由は、どこにもないのだ。

能力のおごりをくじく

能力《メリット》や功績の概念、すなわち、われわれは自分の運命に責任があり、自分が手にするものに値するという考え方にとって最強のライバルとなるのは、運命は支配できるものではなく、われわれの成功も苦労も、神の恩寵、運命のいたずら、あるいはくじ運のおかげだという考え方だ。第2章で触れたように、清教徒《ピューリタン》は、すべてを神の恩寵とする倫理は耐えがたいものであることに気づいた。来世で救われるか、この世で成功するかは自分の手の届かないところで決まると信じる生き方は、自由の観念とも、自業自得の信念とも相容れない。だからこそ、能力や功績は恩寵を退けてしまいがちなのだ。成功者は遅かれ早かれ、成功は自分の手柄であり、敗者は資質が足りなかったのだと主張し、信じるようになる。

だが能力主義的信念は、勝ち誇っているときでさえ、それが約束しているはずの自制をしない。連帯の基盤も提供しない。敗者には容赦せず、勝者には抑圧的に振る舞い、能力は専制君主となる。そうなったとき、われわれにできるのは、その古くからのライバルの力を借りて専制君主の暴走を止めてもらうことだ。それこそ、くじ引き入試が人生のささやかな一領域で試みようとすることである。偶然に任せることで、能力のおごりをくじこうというのだ。

競争に明け暮れる裕福な子供たちを支配する能力の専制について考えるとき、私自身が十代で体験した二つの出来事を思い出す。

一九六〇年代末、選別と能力別クラス編成の熱狂は、カリフォルニア州パシフィック・パリセーズで私が通っていた公立の中学校と高校にまで押し寄せていた。いずれの学校も能力別編成が徹底していたため、高校には二三〇〇人ほどの生徒が通っていたにもかかわらず、私はいつも三〇～四〇人の同じ顔ぶれの級友と最上位クラスにいた。八年生［訳注：日本の中学二年生に相当］のときの数学の教師のやり方は、能力別編成の極致だった。代数のクラスだったか幾何学のクラスだったかは忘れてしまった。だが、席の配置は覚えている。六列のうち三列はいわゆる優秀生席で、成績平均値とまったく同じ順番で座らされる。つまり、席順は試験や小テストのたびに変わった。しかも、演出効果を高めるために、その教師は新しい席順を、毎回、採点した答案を返す前に発表した。私は数学が得意だったが、一番ではなかった。たいてい、二番から四～五番の席を行ったり来たりしていた。数学の秀才だったケイという女の子が、ほとんどいつも首位の座にいた。

一四歳の若者だった私は、学校の仕組みとはそういうものだと思っていた。出来がよいほど、順位が高くなる。数学が一番できるのはどの生徒か、どの小テストで誰がトップだったか、誰がしくじったかを、みんなが知っている。当時は気づかなかったが、私にとってこれが能力主義との最初の出会いだった。

一〇年生［訳注：日本の高校一年生に相当］になる頃には、能力別編成とランク付けの弊害が露わになっていた。最上位クラスの生徒の大半が成績に固執し、自分だけでなくほかの全員の成績が気になって仕方がない。競争心が強まるあまり、成績ばかりを心配し、知的好奇心を失いそうになっていた。

こうした状態を憂えたのが、一〇年生のときの生物の教師だったファーナム先生だ。皮肉屋でいつも蝶《ちょう》ネクタイを締めていた先生の教室は、ヘビ、サンショウウオ、魚、ネズミなどなど、興味深い野生動物でいっぱいだった。ある日、ファーナム先生は抜き打ちテストを行なった。私たちに紙を一枚取り出させ、一から一五まで番号を書かせて、マルかバツかで答えなさいと言う。まだ問題を出してもらっていませんと生徒が抗議すると、先生は、一つひとつ自分で問題文を考え、それが正しいか間違っているかを書くようにと命じた。生徒たちが不安げに、このでまかせ小テストも点数がつき、成績に反映されるのですかとたずねると、先生は「そうさ、もちろんだ」と答えたものだ。

そのときは、いっぷう変わっているが愉快な、教室での冗談だと思った。だが、いま振り返ってみると、ファーナム先生は先生なりのやり方で、能力の専制にあらがおうとしていたのだとわかる。生徒たちを選別と競争から引き離し、サンショウウオに目を見張るだけの余裕を与えてやろうとしたのだ。

第7章　労働を承認する

　第二次世界大戦の終戦から一九七〇年代までは、大学の学位を持たない人でも、いい仕事を見つけて家族を養い、中流階級として快適に暮らすことができた。それがこんにち、はるかに難しくなっている。過去四〇年間で、大卒者と高卒者の賃金の開き——経済学者が「大卒割増」と呼ぶもの——は二倍になった。一九七九年には、大卒者は高卒者よりもおよそ四〇％多く稼いでいた。二〇〇〇年代には、八〇％多く稼ぐようになった(1)。

　グローバリゼーション時代は高学歴者に豊かな報酬をもたらしたが、ほとんどの一般労働者には何ももたらしていない。一九七九年から二〇一六年までに、アメリカでは製造業の雇用が一九五〇万件から一二〇〇万件に減った(2)。生産性は上がったものの、生産高に占める労働者の取り分の割合はどんどん小さくなる一方で、役員と株主の取り分は増え続けた。[3] 一九七〇年代後半には、アメリカの大企業のCEOは平均的な労働者の三〇倍の収入を手にしていた。二〇一四年には、三〇〇倍の収入を得るようになった。[4]

アメリカ人男性の平均所得はこの半世紀、実質的に停滞してきた。一人当たりの所得は一九七九年から八五％増えたものの、四年制大学の学位を持たない白人男性の実質的収入は、いまでは当時よりも減っている。[5]

労働の尊厳をむしばむ

彼らが満足していないのは当然だ。しかし、不満の原因は経済的困難だけではない。能力主義の時代は、働く人びとをもっと陰険な形で傷つけてきた。労働の尊厳をむしばんできたのだ。選別装置は、大学入試で高得点をとる「頭脳」に価値を置くことによって、能力主義的な資格を持たない人をおとしめてきた。彼らの仕事は高収入の専門職よりも市場の評価が低く、共通善への貢献が少ないから社会の承認と評価の度合いも低いというのが、選別装置の言い分である。市場が勝ち組に与える潤沢な報酬と、大学の学位を持たない労働者に差し出す乏しい賃金を正当化しているのだ。

誰が何に値するのかをめぐるこうした考え方は、道徳的に擁護できない。先に（第5章で）検討した理由から、さまざまな仕事の市場価値は共通善への貢献度を示すという前提は、間違っている（多額の報酬を得る覚醒剤《メス》の売人と、安月給の高校教師を思い出そう）。しかし、この数十年で、収入が社会への貢献度を反映するという考えはすっかり定着した。公共文化全体にその考えが行き渡っている。

能力主義的選別が、この考えの定着に一役買った。新自由主義的な市場志向型グローバリゼーションも同様で、一九八〇年代以来、中道右派および中道左派の主要政党はそれを擁護してきた。グローバリゼーションが途方もない不平等を生んでも、これら二つの見方――能力主義と新自由主義――が、その不平等にあらがう根拠を押しのけてきた。そして、労働の尊厳をむしばみ、エリートに対する怒りと政治的反発をあおってもきた。

二〇一六年以来、専門家と学者はポピュリストの不満の源について議論してきた。根源にあるのは失業と賃金の停滞だろうか、それとも文化的排除だろうか？　しかし、そのようにはっきりと線引きするのは無理がある。労働は、経済的であると同時に文化的なものだ。生計を立てる手段であると同時に、社会的承認と評価の源でもある。

だからこそ、グローバリゼーションがもたらす不平等がそれほどの怒りと反感を生んだのだ。繁栄する人びとがいる一方で、グローバリゼーションから取り残された人びとは悪戦苦闘しただけでなく、自らの労働がもはや社会的評価の源ではないとも感じてきた。社会の目に、そしておそらく自身の目にも、彼らの労働は共通善への価値ある貢献のようには映らなくなった。

大学の学位を持たない労働者階級の男性では、ドナルド・トランプに投票した人が圧倒的に多かった。トランプによる怒りと反感の政策に引かれたということから、彼らの不満が経済的困難だけではなく、ほかにもあることがうかがえる。トランプの当選に至る歳月に増していった徒労感の表れからも、それがわかる。能力主義的な資格を持たない人にとって労働事情が悪くなるにつれて、就労年齢の男性で労働人口から完全に脱落する人が増えているのだ。

一九七一年には、労働者階級の白人男性の九三％が雇用されていた。二〇一六年には、その割合はわずか八〇％になっていた。無職だった二〇％のうち、求職していた人の割合はごくわずかである。労働者の技能に目もくれない市場の冷遇に打ちのめされたかのように、ほとんどがただ諦めてしまっていた。労働の放棄は、大学に進学しなかった人のあいだで特に深刻だ。最終学歴が高卒であるアメリカ人のうち、二〇一七年に雇用されていたのは六八％にすぎない(6)。

絶望死

しかし、アメリカの労働者階級の意欲喪失を最も切実に表すのは、労働の放棄ではない。多くの人が、人生そのものを放棄している。それを最も悲痛な形で示すのが、「絶望死」の増加だ。この造語の元になったのは、プリンストン大学の経済学者アン・ケイスとアンガス・ディートンが最近発見した不穏な事実である。二〇世紀を通じて、新しい医薬品は病気を退治し、平均寿命は着実に伸びた。ところが、二〇一四年から二〇一七年までのあいだに伸びは止まり、後退さえしている。この一〇〇年で初めて、アメリカ人の平均寿命は三年連続で縮んだ。(7)

これは、医学界で薬や治療法の新たな発見が止まったせいではない。ケイスとディートンの報告によれば、死亡率が上昇した原因は、自殺、薬物の過剰摂取、アルコール性肝臓疾患などによる死亡の蔓延である。二人はこれらを「絶望死」と名付けた。形こそさまざまだが、いずれも自ら招いた死だからだ。(8)

それらの死は一〇年以上前から増えつづけており、とりわけ中年の白人男性に多く見られる。四五〜五四歳の白人男女では、一九九〇年から二〇一七年までに絶望死が三倍に増えている。[9] 二〇一四年には、この年齢層で薬物、アルコール、自殺が原因で亡くなった人の数が、心臓疾患による死者数を初めて超えた。[10]

労働者階級のコミュニティとのあいだにいくらか距離がある人びとは、この危機を当初、さして気に留めなかった。社会全体の注意が向けられなかったため、失われたものの大きさが見過ごされたのだ。しかし、二〇一六年までに、薬物の過剰摂取によって亡くなるアメリカ人の年ごとの数が、ヴェトナム戦争によるアメリカ人死者の総数を超えるようになった。[11] ニューヨーク・タイムズ紙のコラムニスト、ニコラス・クリストフは、別の冷厳な対比を突きつけている。こんにち、絶望死するアメリカ人の二週間ごとの人数は、アフガニスタンとイラクにおける一八年間の紛争で命を落としたアメリカ人の総数を超えるという。[12]

この暗澹《あんたん》たる病苦の蔓延は、どう説明すればいいのだろう。有力な手がかりとなりそうなのが、病に最も冒されやすい人たちの学歴だ。ケイスとディートンの発見によれば、「絶望死の増加の大部分は、学士号を持たない人びとのあいだで起きている。四年制大学の学位を持つ人はほぼ無関係であり、最も危険にさらされているのは学位を持たない人である」。[13]

中年（四五～五四歳）の白人男女全体の死亡率は過去二〇年間であまり変わっていない。

しかし、学歴によって、死亡率には大きな差がある。一九九〇年代以降、大卒者の死亡率は四〇％低下した。大学の学位を持たない人については、二五％上昇している。つまり、ここでも高学歴者が有利なのだ。学士号を持つ人が中年期に亡くなる危険性は、学位を持たない人が直面する危険性のわずか四分の一である。[14]

その差の大きな原因となっているのが、絶望死だ。低学歴の人は昔から、大卒の学位を持つ人とくらべ、アルコール、薬物、自殺によって亡くなる危険性が高かった。とはいえ、死亡率における学歴格差は激化の一途をたどっている。二〇一七年には、学士号を持たない男性が絶望死する可能性は大卒者の三倍大きかった。[15]

その原因は貧困から生じる不満だろうとか、教育による差が顕著なのはひとえに低学歴者がおおむね貧しいせいだろうと考えられがちだ。ケイスとディートンもその可能性を検討したが、それでは説明できないことがわかった。一九九九～二〇一七年の絶望死の劇的な増加は、貧困の全般的増加と同時に起こったわけではない。州ごとに調べてもみたが、自殺、薬物の過剰摂取、アルコールによる死と貧困の増加水準のあいだには有意な関連が見つからなかった。

物質的な欠乏よりも大きな何かが、絶望をかき立てている。それは、能力主義社会において称えられ報いられるような資格を持たずに悪戦苦闘する人たちの苦境に特有のものだ。

ケイスとディートンの結論は、絶望死は「低学歴の白人労働者階級の生活様式が長年にわたり少しずつ失われてきたことの反映である」というものだった。[16]

学位を持つ人と持たない人のあいだには、死亡率だけでなく、生活の質に関しても溝が広がりつつある。学位を持たない人が直面しているのは、苦悩、不健康、深刻な精神の不調の増大に加え、労働と人づき合いの能力の低下だ。両者の溝は、賃金、家庭の安定、コミュニティに関しても広がる一方だ。いまでは四年制大学の学位が、社会的地位を示す唯一のしるしとなっている。あたかも、非大卒者は緋色の丸いバッジ――バッジの中央にはＢＡ（学士号）の文字があって、その上に赤い斜線が引かれている――の着用を強制されているかのようだ。[17]

この嘆かわしい状況は、マイケル・ヤングが述べた以下の文言の正しさを立証している。「能力をあまりに重んじる社会で、能力がないと判定される」のは辛い。「底辺層の人びとが、道徳的にこれほど無防備なまま取り残されることはかつてなかった」[18]また、この文言は、一九六〇年代前半に「優秀さ」と教育的選別を擁護したジョン・ガードナーの主張をも、薄気味悪いほど思い出させる。自分では意識していなかっただろうが、能力主義の短所を認めたという点においてガードナーには先見の明があった。「あらゆる若者が各自の能力と大志が導くところまで到達できるシステムを礼賛する」人は、「必要な能力を欠く人が感じる苦痛」を見過ごしがちだと、彼は書いている。「やはり苦痛はある。当然のことだ」(19)

二世代後、その苦痛を鎮める薬としてオキシコンチンが乱用され、死者数がうなぎ登りとなって、能力主義的選別が引き起こした重大な結果が露わになった——労働の世界が、選別から漏れた人の尊厳を認めなくなったのだ。

怒りの源

二〇一六年の共和党予備選挙で、当時は既成権力《エスタブリッシュメント》に反旗を翻す候補者だったドナルド・トランプが善戦したのは、絶望死の比率が高い地域だった。郡ごとの選挙分析からわかったのは、所得に応じた調整をしてもなお、白人の中年層の死亡率はトランプへの支持と密接に関連していたことだ。学士号を持たないことも同様に関連していた。(20)

主流派の学識者と政治家がトランプの当選に衝撃を受け、戸惑ったのは、一つには、その少し前から強まっていたエリートによる蔑視の文化を忘れて（場合によってはそれに加担して）いたからだろう。その文化はおおむね、能力主義的な選別プロジェクトと、市場主導のグローバリゼーションがもたらした不平等から生まれた。とはいえ、この文化はアメリカの生活のあらゆる面に顔を出す。テレビの連続ホームコメディに登場する労働者階級の父親は、たいてい道化役だ。『オール・イン・ザ・ファミリー』〔訳注：一九七〇年代のテレビドラマ〕のアーチー・バンカーしかり、『ザ・シンプソンズ』〔訳注：一九八九年から現在まで続いているテレビアニメ〕のホーマー・シンプソンしかり。メディア研究者の報告によれば、テレビ番組に登場するブルーカラーの父親は無能で愚鈍な物笑いの種として描かれ、有能で賢明な妻に支配されていることが多い。上位中流階級で専門職に就く父親は、もっと好意的に描かれている。(21)

エリートが労働者階級を軽視する物言いは、ごく普通に見られる。サンフランシスコのカリフォルニア大学ヘイスティングス・ロースクールのジョーン・ウィリアムズ教授は、進歩派の「階級に関する無知」をこう批判する。(22)

ほかの面では礼儀正しい社会で、エリート（進歩派が目立つ）が無意識に労働者階級の白人を馬鹿にすることがあまりに多い。よく耳にするのは、「飛行機が素通りする（発展の遅い内陸の）州」で「トレーラーハウスに住む貧乏人」が「配管工の持病

（腰痛）」に苦しむ、というような言い回しだ。ある階級へのあからさまな侮辱が、気の利いた冗談として通っているのだ。このような蔑視は政治キャンペーンにも影を落とし、ヒラリー・クリントンの「みじめな人たち」という発言や、バラク・オバマの「銃や宗教にすがる」人びとという言い方にも表れている。(23)

ウィリアムズは、「経済的な憤懣が人種をめぐる不安に火をつけ、一部のトランプ支持者（とトランプ自身）があからさまな人種差別になびいている。しかし、白人の労働者階級の怒りをたんなる人種差別として片づけるのは知性に欠ける安直なやり方で、危険である」と認めている。(24)

労働と階級について執筆するジャーナリスト、バーバラ・エーレンライクも同様の見解を述べている。彼女が引用するのは、W・E・B・デュボイス［訳注：一八六八〜一九六三年。アメリカの社会学者、公民権運動指導者］が一九三五年に記した以下の言葉だ。「留意すべきなのは、白人労働者たちは給与が低くても、一種の公的・心理的報酬によって埋め合わされているという面もあることだ」。アフリカ系アメリカ人とは異なり、白人労働者階級の市民は「あらゆる階級の白人とともに、公職、公共の公園、公立名門校に支障なく受け入れられて」いた。(25) この「公的・心理的報酬」はこんにちでは「白人特権」と呼ばれている。

公民権運動後、この理不尽な心理的報酬を是認していた人種隔離制度がなくなると、貧しい白人たちにとっては「自分よりもっと暮らし向きが悪く、もっとさげすまれている人がいるという気休め」がなくなったと、エーレンライクは言う。「下層階級の白人による人種差別を嫌悪するのは当然だと感じる」リベラル派エリートは、人種差別を非難するという点では正しい。(26) しかし、低い地位に甘んじている白人労働者階級の男女にとって、「白人特権」を持つとされるのがどれほど腹立たしいかには、気づいていない。彼らに「白人特権」があると言うのは、労働者の技量には目もくれない能力主義の秩序の中で名誉と承認を得ようとする彼らの奮闘を無視することになる。

ウィスコンシン大学マディソン校の政治学者キャサリン・J・クレイマーは、五年を費やしてウィスコンシン州各地の農業地帯の住民にインタビューを重ね、怒りの政治の複雑な性格について報告している。(27) 農業地帯の住民は、あまりに多くの税金と政府の配慮が、それらに値しない人びとに注がれていると感じていた。クレイマーによれば、「それらに値しない人のなかには、人種的マイノリティの生活保護受給者のほかに、都会に住む私のような怠け者の専門職も含まれる。デスクワークをし、生産するものといえば、アイデアくらいなのだから」。彼らが抱く怒りには人種差別も混じっているが、もっと基本的な懸念も絡んでいる。それは「彼らのような場所に住む、彼らのような人たちが見過ごされ、見下されている」という懸念だと、クレイマーは説明する。[28]

カリフォルニア大学バークレー校の社会学者アーリー・ラッセル・ホックシールドは、ルイジアナ州のバイユー（湿地帯）に入り込み、労働者階級の不満に関するきわめて説得力ある記録をつづった。保守的な南部の労働者たちとキッチンのテーブルで語り合いながら彼女が理解しようとしたのは、彼らが連邦政府を軽蔑し、信用しない理由だ。とりわけコミュニティの環境に大損害を与えた石油・化学会社と闘うために、政府の援助を絶対に必要とするにもかかわらず、なぜ彼らは政府を信用しないのか。彼女はそこで知ったことを咀嚼《そしゃく》し、再構成して物語を紡ぎ、「［自分と］語り合った相手の生活における希望、恐れ、誇り、恥、怒り、不安」を描き出した。[29]

ホックシールドが書いたのは、経済的困窮と文化的排除が織り成す物語だ。経済面での進歩は難しくなり、「一握りのエリートに限定される」ようになった。下位九〇％の人たちにとっては、アメリカン・ドリームの実現装置は「停止してしまった。原因は、自動化、海外移転、労働者に対する多国籍企業の力の強大化である。同時に、それら九〇％の人びとに関しては、白人男性とそれ以外のすべての人たちのあいだで、仕事や、承認や、政府からの補助金を得るための競争が激しくなった」。[30] さらに悪いことに、アメリカン・ドリーム実現のチャンスを列に並んで辛抱強く待っていると信じていた彼らは、前方の割り込みに気づいた。割り込んできたのは黒人、女性、移民、難民である。彼らは、割り込み組と見なす人びと（たとえば、アファーマティヴ・アクションで恩恵を受ける人たち）に反感を抱き、割り込みをとがめもせずに許している政治指導者に怒っていた。[31]

順番を待つ人が割り込みをなじると、エリートからは人種差別主義者とか、「田舎者」とか、「白人のクズ」などと侮辱的に呼ばれる。ホックシールドは、インタビューに応じてくれた労働者階級の人びとの八方ふさがりの窮状に共感を寄せ、こう述べている。

自分の国で異邦人になってしまったようなものだ。自分が他人の目に映っているかさえ、わからない。他人の目に入り、名誉を授けられていると感じるためには悪戦苦闘しなければいけない。それに、名誉を授けられている――そして、そのように見られている――と感じるためには、前進していると感じなくてはならない。ところが、自分自身のせいではなく、目に見えない力のせいで、後ろへ後ろへ退いていくのだ。[32]

労働者階級の不満に真剣に立ち向かおうとするなら、公共文化に浸透したエリートによる蔑視や学歴偏重の偏見と闘わなくてはならない。また、労働の尊厳を政治課題の中心に据えるべきだ。それは、見かけほど簡単ではない。社会が労働の尊厳を重んじるとはどういうことかについては、さまざまなイデオロギー的信念を抱く人びとの見解が対立することになるだろう。グローバリゼーションとテクノロジーが、それらの一見必然的な傾向により、労働の尊厳をむしばむおそれがある時代にはなおさらのことだ。しかし、社会が労働に名誉と報いをどう与えるかは、共通善をどう定義するかという問題の核心だ。労働の意味を考え抜こうとするなら、道徳と経済に関わる問いに向き合わねばならない。この問いはともすれば避けられがちだが、われわれの現在の不満の奥に潜み、取り組まれないいまだ。それは、共通善への価値ある貢献として重要なのは何か、われわれは市民としてお互いに何を負っているのかという問いである。

労働の尊厳を回復する

近年、不平等が増大し、労働者階級の怒りが力を増していることへの対応として、一部の政治家が労働の尊厳について語ってきた。その言葉を、ビル・クリントンは歴代のどの大統領よりも多用したし、ドナルド・トランプも頻繁に引き合いに出す[33]。労働の尊厳は、政治家たちのレトリックのジェスチャーとして左右を問わず党派を超えて愛用されてきたが、主な利用目的はおなじみの政治的立場に資することだ[34]。

保守派の一部は、福祉を削減して、怠け者の生活をより困窮させ、政府に依存できなくすることで、労働の尊厳が称えられると言う。トランプ政権の農務長官が明言したところによれば、食糧配給券《フードスタンプ》を入手しにくくすれば、「国民のうちかなりの部分にとって労働の尊厳が取り戻される」という。トランプは、法人税の減税によっておもに富裕層に恩恵を与えた二〇一七年の法案を擁護し、自らの目標を「あらゆるアメリカ人が労働の尊厳と給与の誇りを知ることだ」と述べた。(35)

一方のリベラル派も、労働の尊厳を訴えることがある。目的はセーフティネットの強化と労働者の購買力の底上げで、最低賃金の引き上げ、医療、家族休暇、子育てに関する政策の提供、低所得家庭の税額控除をうたう。しかし、そのレトリックは、こうした十分な政策提案の後押しにもかかわらず、労働者階級の怒りと反感を鎮められなかった。そのせいで、二〇一六年にトランプが当選するに至ったのだ。リベラル派の多くはその成り行きに戸惑った。それらの措置によって経済的恩恵を受けるはずの大勢の人たちは一体なぜ、その措置に反対する候補者に投票したのだろう。

よくある答えは、白人労働者階級の有権者は文化的排除を恐れるあまり、一部の評者が言うように「中指を立てて（怒りに任せて）投票する」ことの経済的利害を見過ごした、あるいは無視したというものだ。しかし、そう説明するのは早計すぎる。経済的利害と文化的地位を厳密に分けすぎてもいる。経済的懸念は、自分の懐にあるお金だけに関わるわけではない。経済に果たす役割が社会の中の自分の地位にどう影響するかにも関わる。四〇年間にわたるグローバリゼーションと不平等拡大のせいで取り残された人たちは、賃金の停滞だけに苦しんでいたのではない。彼らが直面し、恐れたのは、時代から取り残されることだ。自分が暮らす社会は、自分が提供できる技能をもう必要としていないように見えたのだ。

ロバート・F・ケネディは、一九六八年に党の大統領候補者指名を目指していたとき、それを理解していた。失業の痛みは、たんに失職により収入を絶たれることではなく、共通善に貢献する機会を奪われることだ。「失業とは、やることがないということ──それは、ほかの人たちと何の関係も持たないということです」と彼は説いた。「仕事がない、同胞の役に立たないということは、実際には、ラルフ・エリソンが描いた『見えない人間』になるということなのです」(36)

ケネディが当時の社会の不満について垣間見ていたことを、現代のリベラル派はこんなにちの社会において気づいていない。現代のリベラル派は、労働者階級と中流階級の有権者に、分配的正義を増すことを提案してきた。つまり、経済成長の果実をもっと公平に、もっと十分に手に入れられるようにすることを提案したのだ。しかし、有権者がそれより欲しがっているのは、より大きな貢献的正義――他人が必要とし重んじるものをつくり出すことに伴う社会的な承認と評価を得る機会なのである。

リベラル派が分配的正義を強調するのは、GDPの最大化にひたすら集中することとは対極の提案をするという点で、正しい。根底にあるのは、正義にかなう社会は全体的な繁栄の最大化を目指すだけではなく、所得と富の公平な分配をも追求するという信念だ。その考え方に従えば、GDPを増やすことが予期される政策――自由貿易協定や、低賃金国への労働の外部委託《アウトソーシング》を企業に奨励する政策――が擁護されるのは、勝者が敗者に埋め合わせをする場合だけだ。たとえば、グローバリゼーションの勝ち組である企業と個人の増大した利益に課税することによって、社会のセーフティネットを強化し、排除された労働者に所得補助金か職業再訓練を提供することもできるだろう。

この手法は一九八〇年代以降、欧米の中道左派（および中道右派の一部）の主流派政党の考え方に取り入れられてきた。つまり、グローバリゼーションと、それがもたらす繁栄の利益を受け入れつつ、そのせいで国内労働者が被った損害の埋め合わせに利益を活用するのだ。ところが、ポピュリストの抗議は高まり、このプロジェクトを非難するまでになっている。この惨状全体を振り返れば、なぜグローバリゼーション・プロジェクトが失敗したかが見えてくるはずだ。

そもそも、このプロジェクトは実際には完了していない。経済は成長したものの、勝者は敗者に埋め合わせをしなかった。それどころか、新自由主義のグローバリゼーションがもたらしたのは、拡大する一方の不平等だ。経済成長の利益はほぼすべて最上位層に渡り、働く人びとの大半には税引き後でさえ、ほとんど収入の向上が見られない。グローバリゼーション・プロジェクトの再分配的な面は途中で頓挫した。一つの理由は、政治におけるお金の力が大きくなり、民主的制度の「少数支配」とも呼べる状態になっていることだ。

さらに、別の問題もある。GDP最大化への専心は、取り残された人びとへの援助が伴っていたとしても、生産よりも消費に重きを置く。そして、自分を生産者ではなく消費者と見るようわれわれを誘導する。実際には、もちろん、われわれは両方の立場にある。消費者としては、自分のお金で買える最大のものを手に入れたい、財もサービスもできるだけ安値で買いたいと思う。それをつくったのが海外の低賃金労働者でも、高賃金のアメリカ人労働者でも構わない。一方、生産者としては、やりがいがあって報酬のいい労働を望む。

消費者であり、生産者であるというわれわれのアイデンティティを仲裁するのが、政治の役目だ。ところが、グローバリゼーション・プロジェクトは経済成長の最大化を追求した結果、消費者の幸福を追求することになり、外部委託、移民、金融化などが生産者の幸福に及ぼす影響をほとんど顧みなかった。グローバリゼーションを支配するエリートは、このプロジェクトから生じた不平等に立ち向かわなかっただけではない。グローバリゼーションが労働の尊厳に与えた有害な影響に目もくれなかったのだ。

承認としての労働

労働者・中流階級世帯の購買力を増して不平等の埋め合わせをする、あるいはセーフティネットを補強するという政策提案は、いまや根深いものとなった怒りと反感への対処としては役に立たない。なぜなら、その怒りは承認と評価の喪失から来ているからだ。購買力の縮小は確かに問題だが、働く人びとの怒りを最もあおっているのは、生産者としての地位が被った損傷である。この損傷は、能力主義的な選別と市場主導のグローバリゼーションが相まって生じたものだ。

この損傷を認め、労働の尊厳の回復を目指す政治方針だけが、政治をかき乱す不満に対して有効に働きかけられる。こうした政治方針は、分配的正義と同様に、貢献的正義にも配慮するものでなくてはならない(37)。というのも、この国全体に広まった怒りには、承認の危機という面があるからだ。そして、共通善に貢献し、それによって承認を勝ち取るのは、消費者としてではなく生産者としてのわれわれの役割においてのことなのである。

消費者と生産者のアイデンティティの対比は、共通善を理解する二つの異なる方法を指し示している。一つ目は、経済政策立案者のあいだではおなじみの、共通善をあらゆる人の嗜好と関心の総計と定義づける方法だ。その解釈に従えば、共通善の達成は経済成長の最大化によって、つまり、普通は消費者の福利の最大化によって、なしとげられる。共通善が単に消費者の嗜好を満足させることであるならば、市場賃金は、誰が何に貢献したかを測るのにふさわしい物差しになる。お金を最も多く稼ぐ人が、消費者が欲する財とサービスを生産することによって、共通善に最も価値ある貢献をしたことになる。

二つ目の方法は、共通善に関するこうした消費主義的考え方を排し、市民的概念とでも呼べるものを支持する。市民的理想に従えば、共通善とは、たんに嗜好を蓄積することでも、消費者の福利を最大化することでもない。自らの嗜好について批判的に考察すること——理想としては、嗜好を向上あるいは改善することであり、それによって価値ある充実した人生を送ろうとすることだ。それは、経済活動だけを通じて達成できるわけではない。正義にかなう善き社会を実現するにはどうすればいいかを、同胞である市民とともに熟慮することが必要だ。その社会は、市民的美徳を涵養し、われわれの政治的共同体にふさわしい目的について論理的に考えさせてくれるような社会である。(38)

つまり、共通善の市民的概念は、人びとに公的な熟議の場と機会を提供する一種の政治を必要とする。だが、この概念は、労働について一つの考え方を示してもいる。市民的概念の視点からは、経済においてわれわれが演じる最も重要な役割は、消費者ではなく生産者としての役割だ。なぜなら、われわれは生産者として同胞の市民の必要を満たす財とサービスを供給する能力を培い、発揮して、社会的評価を得るからだ。貢献の真の価値は、受け取る賃金では測れない。賃金は、経済哲学者フランク・ナイトが指摘したように（第5章参照）、需要と供給の偶発性に左右されるからだ。貢献の価値を決めるのはそのような需要と供給ではなく、力を注ぐ対象の道徳的・市民的重要性だ。そこには独立した道徳的判断が含まれる。労働市場はいくら効率的でも、そのような判断を提供できない。

経済政策は究極的には消費のためにあるという考えは、こんにちではあまりになじみ深く、別の考え方をするのは難しい。「消費こそ、あらゆる生産の唯一の目的であり用途である」とアダム・スミスは『国富論』で宣言し、「生産者の利益には配慮すべきだが、それは消費者の利益を増すのに必要な場合に限る」と述べている[39]。ジョン・メイナード・ケインズもスミスに同調して、消費は「あらゆる経済活動の唯一の目的であり目標である」[40]と断言し、こんにちの大半の経済学者もこれに賛同している。しかし、道徳・政治思想のより古い伝統には、別の考え方がある。アリストテレスは、人間の発展は自らの能力を培い利用することを通じて自らの本性を自覚することにかかっていると主張した。アメリカの共和主義の伝統は、ある種の職業――まずは農業、それから職人の労働、そして広い意味での自由民の労働――は美徳を涵養し、市民に自己統治の力を与えると教えた。[41]

二〇世紀になると、共和主義の伝統的な生産者の倫理は、消費者主義的な自由の観念と、経済成長の政治経済理論に徐々に取って代わられる。[42]しかし、複雑な社会においても、労働は貢献と互いの承認という枠組みの下に市民を団結させるという考えが消え去ったわけではない。その考えは折に触れ、勇気を奮い立たせる言葉で表現されてきた。マーティン・ルーサー・キング牧師は暗殺される少し前、テネシー州メンフィスでストライキ中の清掃作業員に呼びかけ、彼らの尊厳を共通善への貢献に結びつけた。

私たちの社会がもし存続できるなら、いずれ、清掃作業員に敬意を払うようになるでしょう。考えてみれば、私たちが出すごみを集める人は、医者と同じくらい大切です。なぜなら、彼が仕事をしなければ、病気が蔓延するからです。どんな労働にも尊厳があります。[43]

一九八一年の回勅《かいちょく》［訳注：ローマ教皇が全司教に送る同文通達］「人間の労働について」で、

ローマ教皇ヨハネ＝パウロ二世は、人間は労働を通じて「人間として充足する。実際、ある意味で『より人間的に』なるとも言える」と述べた。また、労働が共同体と結びついているとも考えていた。「人は労働によって、自らの最も根源的なアイデンティティを国家の一員としての資格と結びつけ、同胞と共に築いた共通善を労働を通じて増そうとする」(44)

数年後、米国カトリック司教協議会は、教書〔訳注：司教が教区の全信徒に送る文書〕で経済に関するカトリックの社会的教義を解説し、「貢献的」正義を明確に定義した。あらゆる人は「社会生活への積極的かつ生産的な参加者であるという義務を負って」おり、政府は「経済と社会の制度を整備し、人民が自由と労働の尊厳を尊重しながら社会に貢献できるようにする義務」を負うというのだ。(45)

宗教者ではない哲学者の一部も、同じような考えを表明している。ドイツの社会理論学者アクセル・ホネットの主張によれば、所得と富の分配をめぐるこんにちの争いは、承認と評価をめぐる争いと考えると、最も理解しやすいという。(46) 彼のこの考えはヘーゲル哲学に沿っている。ヘーゲルは難解なことで悪名高い思想家だが、高給取りのアスリートの俸給をめぐる論争を追いかけたことのあるスポーツファンなら、誰でも直観的に納得できるだろう。すでに何百万ドルも稼いでいるのに、より高い契約額を要求して粘る選手は、ファンからの苦情に「金銭の問題ではない。敬意の問題だ」と応じるのが常だ。

これが、ヘーゲルの「承認を求める闘い」が意味するものだ。ヘーゲルに従えば、労働市場は必要性を効率よく満たすシステムである以上に、承認のシステムである。このシステムは所得によって労働に報いるだけでなく、各人の労働を共通善への貢献として公に承認する。市場はそれ自体では労働者に技能も承認も授けない。そこで、ヘーゲルは同業組合かギルドのような制度を提案した。社会的評価に値するとされる貢献にふさわしい技能を労働者が持てるようにするためだ。彼の主張を要約すると、当時生まれつつあった資本主義的な労働の構造が倫理的に正当化されるのは、二つの条件を満たした場合だけである。ホネットはその条件を簡潔にまとめている。「第一に、最低限の賃金を支払わなくてはならない。第二に、あらゆる労働活動に共通善への貢献であることがわかるような形を与えなければならない」[47]

八〇年後、フランスの社会理論学者エミール・デュルケームが労働に関するヘーゲルの説明を基にして主張したのは、労働の分業は社会の連帯の源になりうるが、そのためにはあらゆる人の貢献が共同体にとっての真の価値に応じて報われる必要があるということだった。[48] スミスや、ケインズや、現代の多くの経済学者とは異なり、ヘーゲルとデュルケームは労働を、消費という目的のための手段としては見なかった。むしろ、労働は、最高の条件が整えば、社会を統合する活動、承認の場、共通善に貢献する義務を称える方法となると主張しているのだ。

貢献的正義

両極化が深刻になっている現代、大勢の働く人びとが無視され、過小評価されていると感じ、社会的な結束と連帯の源が何より必要とされている。だとすれば、労働の尊厳についてのこうした確固たる概念が政治的議論の中心に据えられてもよさそうなものだ。しかし、そうはなっていない。なぜだろうか。なぜ、こんにちの支配的な政治方針は正義の貢献的側面にも、その土台をなす生産者中心の倫理にも抵抗を示すのだろうか。

それはわれわれが消費を好むうえ、経済成長が財をもたらしてくれると信じているからだ、という単純な答えが思い浮かぶかもしれない。だが、問題はもっと根深い。経済成長を公共政策の最優先の目的とするのは、それが物資的恩恵を約束するだけでなく、現代のように対立に満ちた多元的社会にとってとりわけ魅力的だからだ。経済が成長していれば、道徳的に賛否両論ある問題について議論を戦わせる必要がなさそうに見えるのである。

人生で何が大切かについては、さまざまな考えがある。人間的充足とはどんなことかについて、われわれの意見は一致しない。消費者としてのわれわれは、嗜好も欲するものも異なる。こうした違いにもかかわらず、消費者の福利を最大化することは、経済政策にとって価値中立的な目標のように思える。消費者の福利が目標だとすれば、嗜好が多様であろうとも、少ないより多い方がいいことになる。経済成長の果実をどう分配するかについては、どうしても意見の不一致が生じる。だからこそ、分配的正義をめぐる議論が必要なのだ。ところが、経済のパイは縮小するよりは拡大するほうがいいという点では、誰もが合意できる。もしくは合意できるように見える。

それとは対照的に、貢献的正義は、人間的充足に関しても最善の生き方に関しても、中立的ではない。アリストテレスからアメリカの共和主義の伝統に至るまで、ヘーゲルからカトリックの社会的教義に至るまで、貢献的正義の理論が教えるのは、われわれが人間として最も充実するのは共通善に貢献し、その貢献によって同胞である市民から評価されるときだということだ。この伝統に従えば、人間が根本的に必要とするのは、生活を共にする人びとから必要とされることである。労働の尊厳は、そのような必要に応えるために自分の能力を発揮することにある。それが善き生を生きることを意味するなら、消費を「経済活動の唯一の目的であり目標である」と考えるのは間違っている。

GDPの規模と配分のみを関心事とする政治経済理論は、労働の尊厳をむしばみ、市民生活を貧しくする。ロバート・F・ケネディはそれを理解していた。「仲間意識、コミュニティ、愛国心の共有――われわれの文明のこうした本質的価値観は、ただ一緒に財を買い、消費することから生まれるのではありません」。その価値観を生むのはむしろ「十分な給料が支払われる尊厳ある職です。働く人が『自分はこの国をつくるのに手を貸した。この国の公共の冒険的大事業に参加した』と、コミュニティや、家族や、国や、それに何よりも自分自身に向かって言えるような職なのです」。(49)

そのように語る政治家は、いまではほとんどいない。ロバート・F・ケネディ以後何十年も、進歩派の大半はコミュニティや愛国心や労働の尊厳をうたう政治を放棄し、代わりに出世のレトリックを駆使してきた。賃金の伸び悩みや、外部委託や、不平等や、移民とロボットが仕事を奪いに来ることを懸念する人に対して、統治者であるエリートたちは元気づけるような助言を与えた。大学へ行きなさい。グローバル経済で競い、勝つことのできる術を身につけなさい。どれだけ稼げるかは、どれだけ学べるかにかかっている。やればできる、と。

それは、グローバル化し、能力主義的で、市場主導の時代にふさわしい理想主義だった。勝者の耳には心地よいが、敗者にとっては侮辱的だ。その時代は、二〇一六年に終わった。ブレグジットの実現とトランプの当選、それにヨーロッパにおける極端な国家主義・反移民主義政党の台頭が、グローバリゼーション・プロジェクトの失敗を告げたのだ。いまや問われているのは、どんな政治的プロジェクトがそれに代わるかである。

労働の尊厳について議論する

労働の尊厳は、格好の出発点になる。労働の尊厳は表面上、異論の余地のない理想だ。否定する政治家は皆無である。しかし、労働を真摯に受け止める──承認の場として扱う──政治方針は、主流派のリベラル主義者にとっても保守主義者にとっても気まずい問いを投げかける。なぜなら、市場に基づくグローバリゼーションの擁護者が広く共有する前提に異議を唱えることになるからだ。その前提とは、市場結果は、人びとの共通善への貢献の社会的真価を反映するというものである。

給料について考えてみよう。さまざまな仕事に支払われる額が、その仕事の社会的真価に対して高すぎたり低すぎたりすることがままあるという点では、大方の意見が一致するはずだ。富豪のカジノ王による社会への貢献には、小児科医のそれとくらべて千倍もの価値があると言い張るのは、熱烈なリバタリアンだけだろう。二〇二〇年に起きたパンデミックのおかげで、多くの人は、少なくともしばしのあいだ次の点に思いを致さざるをえなくなった。つまり、スーパーマーケットの店員、配送員、在宅医療供給業者、その他の必要不可欠だが給料は高くない労働者がいかに重要かということだ。ところが、市場社会では、稼いだお金と共通善への貢献の価値を混同する傾向になかなかあらがえない。

こうした混同は、たんに浅はかな考えの産物にすぎないわけではない。哲学的議論によって欠点が明らかにされてもなお、解消されないのだ。そこには、この世界はわれわれが受け取るものと受け取るべきものが一致するようにできているという、能力主義的な希望の魅力が反映されている。その希望が、旧約聖書の時代から、現代の「歴史の正しい側」にいるという言い方にまで通じる摂理主義的な考え方を後押ししてきたのである。

市場主導の社会では、物質的成功を道徳的功績のしるしと解釈する誘惑につきまとわれる。それは、繰り返しあらがう必要がある誘惑だ。そのための一つの方法が、共通善への真に価値ある貢献とは何か、市場の裁定のどこが的外れなのかについて、慎重かつ民主的な考察を促す方法を論じ、規定することだ。

そのような議論から合意が生まれると期待するのは、非現実的だろう。共通善をめぐって意見が分かれるのは避けられない。しかし、労働の尊厳をめぐる議論を再開することで、党派的独善を排し、公共の言説を道徳的に活性化し、四〇年に及ぶ市場への信奉と能力主義の傲慢によって両極化した政治を超えて前に進むことができるはずだ。

実例として、二つの政治方針案について考えてみよう。労働の尊厳を重視し、そのために市場結果に疑義を呈する必要があるとする二つの案だ。一つは保守的な方向、もう一つは進歩的な方向のものである。

「オープンな方針」の傲慢

第一案は、若手の保守派思想家で、共和党の大統領候補だったミット・ロムニーの政策顧問を務めたこともあるオーレン・キャスによるものだ。彼は洞察に富む著書『The Once and Future Worker（過去と未来の労働者）』で、トランプが栓を抜きながらも解決しそびれた不満に立ち向かうための一連の案を提示した。アメリカの労働を刷新するために必要なのは、共和党が伝統としてきた自由市場の擁護をやめることだと、キャスは主張する。共和党が注力すべきなのは、GDPのかさ上げを期待して法人税を減税し、自由貿易を無制限に推進することではなく、労働者が安定した家族とコミュニティを支えるのに十分な給与を得られる職に就けるようにする政策である。それが善き社会にとって経済成長よりも大切なことだと、彼は説く(50)。

その目標を達成するための一つの策として彼が提案するのが、低賃金労働者への賃金補助だ。これは、共和党の手法としては異色の策だ。低賃金従業員の一時間当たりの給与に、目標とする時給額に基づいた補助金を政府が上乗せするという構想である。賃金補助は、ある意味では給与税の対極にある。労働者一人ひとりの収入から一定額を差し引くのではなく、政府が一定額を上乗せし、低所得労働者が十分な市場賃金を支払われる技能を欠いていても、まともな暮らしができるようにしようというのだ(51)。

この賃金補助案をもっと大胆に実行したのが、二〇二〇年に新型コロナウイルスのパンデミックによって経済が停止したヨーロッパの国々だ。アメリカ政府のようにパンデミックによる失職者に失業保険を給付するのではなく、イギリス、デンマーク、オランダの政府は労働者をレイオフ（一時解雇）しなかった企業に対し、賃金の七五～九〇％を補償した。賃金補助の利点は、緊急事態中でも雇用を維持できるため、労働者が解雇されて失業保険に頼らざるをえない事態に陥らないことだ。それとは対照的に、アメリカのやり方は、労働者が失った賃金を補いはするが、雇用の維持を保証して労働の尊厳を肯定することにはならない(52)。

キャスは、保守派の歓心を買いそうな案も提示している。製造業と鉱業の雇用を奪う環境規制を緩和する案が、その一つだ(53)。移民と自由貿易という懸念材料については、消費者の立場ではなく労働者の立場から見るよう促す。われわれの目標ができるだけ低い消費者価格だとすれば、自由貿易、外部委託、比較的開かれた移民政策が望ましい。しかし、技能が低～中程度のアメリカの労働者がまともに生計を立て、家族を養い、コミュニティをつくれるような労働市場の創出が最大の関心事ならば、貿易、外部委託、移民のある程度の規制は、正当化される。[54]

キャスの独創的な提案の利点が何であれ、彼の計画で興味深いのは、軸足をGDPの最大化から、労働の尊厳と社会的一体性につながる労働市場の創出に移すとどうなるかを考察していることだ。そうすることで、キャスはグローバリゼーションの擁護者を痛烈に批判している。彼らは一九九〇年代以来、最大の政治的分断はもはや左派と右派のあいだにあるのではなく、「開放的《オープン》と閉鎖的《クローズド》」のあいだにあると主張してきた。キャスの的確な指摘によれば、グローバリゼーション論争をこのような枠にはめ込むのは、「高技能で大卒の、現代経済の『勝ち組』」を開かれた精神の持ち主、彼らを批判する者を偏狭な精神の持ち主と決めつけ、財と資本と人間の国境を越えた自由な移動に疑義を呈するのは頑迷だと断じることになる。新自由主義的グローバリゼーションを擁護するために、取り残された人たちをこれほど見下すやり方は、ほかに思いつかない。[55]

「オープンな方針」の支持者は、豊かでない人にとっての解決策は高度な教育だと主張する。「その理念は人びとを上昇させて機会を増やすとうたい、やる気を鼓舞するように見える」とキャスは記す。「しかし、真意はそれほどほめられたものではない。経済がもはや平均的労働者の味方でないなら、労働者のほうが経済に好かれるように変わる必要があるというのだ」。キャスは「オープンな方針は、過半数が取り残されていると感じる民主的社会では維持できない。その議論は力を失いつつあるのだ」と結論づけている。「無責任なポピュリズム」の危険性に言及しつつ、「問題は、オープンな方針が敗北するかどうかではない。どんな方針がそれに代わるかだ」と彼は述べている。(56)

金融、投機、共通善

労働の尊厳を回復するための第二案は、政治的進歩派の共感を呼びそうな策であり、主流派政治家が見落としがちなグローバリゼーション政策の側面、すなわち金融の役割の増大に光を当てている。金融業界が一躍世間の注目を集めるようになったきっかけは、二〇〇八年の金融危機だ。この危機が巻き起こした論争のテーマは、主に税金による救済の条件と、ウォール街をいかに刷新し、将来の危機の危険性を減らすかにあった。

それとくらべて、この数十年間で金融がいかに経済を再構成し、功績と成功の意味を微妙に変えたかという点について、世間の関心が向けられることははるかに少なかった。こうした変化が、労働の尊厳に重くのしかかっている。グローバリゼーションに対するポピュリストの反発においては、金融よりも貿易と移民が槍玉に挙げられてきた。それらが労働者階級の職と地位に与える影響は目に見えるし、直感的に理解できる。しかし、経済の金融化のほうが労働の尊厳にとってより有害で、より意欲を奪うかもしれない。それはおそらく、市場が報いるものと実際に共通善に貢献するものの落差を、こんにちの経済において最も明白に表す例だからだろう。

金融業は過去数十年で急激に成長し、こんにち、先進諸国の経済に大きな場所を占めている。アメリカではGDPに金融業が占める割合は一九五〇年代から三倍近くになり、二〇〇八年には企業利益の三〇%以上を占めるまでになった。金融業界の従業員は同等の資質を持つ他業種の労働者よりも収入が七〇%多い[57]。

こうした金融活動がすべて生産的で、そのおかげで経済が価値ある財とサービスを生み出す力を増しているならば、何の問題もない。だが、現実はそうではない。金融は、いかに好調であっても、それ自体は生産的でない。金融の役割は社会的に有用な目的——新しい企業、工場、道路、空港、学校、病院、住宅など——に資本を割り当てて経済活動を円滑にすることだ。ところが、ここ数十年、アメリカ経済に金融の占める割合が激増するにつれて、実体経済への投資の規模は縮小する一方である。複雑な金融工学が経済のますます多くの部分を占めるようになり、関係者には莫大な利益をもたらしているが、経済をより生産的にする働きは何もしていない[58]。

イギリスの金融サービス機構の元長官、アデア・ターナーはこう説明する。「この二〇

〜三〇年、裕福な先進諸国で金融システムの規模と複雑さが増したことにより、経済の成長や安定性が増したという明白な証拠はない。金融活動は、経済価値をもたらすのではなく、実体経済からレント［正当化されない超過利潤］を搾り取っている可能性がある」[59]

この慎重な判断は、一九九〇年代にクリントン政権とイギリスの政権を金融規制緩和へと導いた一般通念についての辛辣な裁定となっている。つまり、簡潔に言えば、この数十年間にウォール街が編み出した複雑なデリバティブなどの金融商品は、実は経済に役立つどころか害を与えているというのだ。

ある具体例について考えてみよう。マイケル・ルイスは著書『フラッシュ・ボーイズ』で、シカゴの先物トレーダーとニューヨーク株式市場を結ぶ光ファイバーケーブルを設置した会社の話を書いた。ケーブルのおかげで、豚バラ肉先物などの投機的取引のスピードは数ミリ秒速くなった。このごくわずかな優位が、高速取引をするトレーダーにとっては何億ドルもの価値を持つ[60]。しかし、そのようなやり取りを瞬きよりもさらに速くすることが、経済に何らかの価値ある貢献をするとは、とても言えない。

経済的価値が疑わしい金融イノベーションは、高速取引だけではない。投機家がいかなる生産活動にも投資せずに先物価格に賭けることを可能にするクレジット・デフォルト・スワップ［訳注：企業や国などの破綻リスクを売買する金融派生商品］は、カジノ賭博と見分けがつかない。一方が勝って他方が負け、お金の所有者は代わるが、その過程でいかなる投資も生じないのだ。企業が利益を研究開発や新しい設備に投資せず、株を買い戻せば、株主は儲かるが、その企業の生産力は向上しない。

金融化がまさに始まろうとしていた一九八四年に、イェール大学の著名な経済学者ジェームズ・トービンは「われわれの金融市場のカジノ的側面」という予言めいた警告を発した。彼が懸念したのは次のようなことだった。「金融活動につぎ込まれるわれわれの資源は、若年層の精鋭も含め、増える一方だ。その活動は財とサービスの生産には無縁で、社会的生産性とは不釣り合いに高い個人報酬を生んでいる」[61]

金融活動のうち、実体経済の生産力を高めるものの割合と、金融業自体に非生産的な偶発的利益をもたらすものの割合を正確に知るのは困難だ。それでも、信頼に足る権威であるアデア・ターナーの見積もりによれば、アメリカやイギリスのような先進諸国では、金融フローのうち、既存資産や複雑な金融派生商品への投機ではなく、新規の生産的な起業に向けられるのはわずか一五％だという[62]。仮に、この見積もりが金融の生産的側面を半分しか認めていないとしても、その数字には愕然とさせられる。経済だけでなく道徳的・政治的意味も持つからだ。

経済についてこの見積もりが示唆するのは、金融活動の多くは経済成長を促すのではなく、妨げるということだ。道徳的・政治的観点からすると、市場が金融に与える報酬と、金融の共通善への貢献の価値のあいだには大きな開きがあることを示している。この開きが、投機的活動に携わる人に付与される過大な威光と相まって、実体経済で有用な財やサービスを生産して生計を立てる人の尊厳をあざけっているのだ。

現代の金融が経済に与える悪影響を懸念する人びとは、さまざまな改革法を提案してきた。しかし、私が懸念するのは、現代の金融が道徳と政治に及ぼす影響だ。労働の尊厳の承認を政治方針とすれば、税制度を利用することで、投機の抑制と生産的労働の称賛によって評価の経済を立て直すことができるだろう。

大まかに言えば、それは税負担を労働から消費と投機へ移すことを意味する。急進的な方法の一つは、給与税を引き下げるか撤廃し、代わりに消費と資産と金融取引に課税して、税収を増やす方法だ。この方向への穏健な進め方は、給与税を減税し（雇用する側にとってもされる側にとっても労働を高価にする）、失われた税収を補うために、実体経済にはほとんど貢献しない高頻度取引に金融取引税を課す方法だ。

税負担を労働から消費と投機へ移行させるこうした措置を実行すれば、税制度はいまよりも効率的になり逆進性も緩和されるかもしれない。とはいえ、そのような考慮は重要ではあるものの、それだけが大事というわけではない。課税が有する表現としての意義も考えるべきだ。つまり、成功と失敗、名誉と承認に対するわれわれの姿勢は、公共生活への資金提供の仕方に深く組み込まれている。課税は、たんに歳入を増やす方法というだけではない。共通善への価値ある貢献として何を重んじるかという社会の判断を表現する方法でもある。

つくる者と受け取る者

ある面では、税務政策の道徳的側面はおなじみのものだ。われわれは普段から、課税の公平さについて――あれこれの税が富裕層あるいは貧困層のどちらにとってより負担が大きいかといった形で――論じている。しかし、課税の表現的な側面は、公平さをめぐる論議を超えて、社会による道徳的判断にも及ぶ。どんな活動が名誉と承認に値し、どんな活動が抑制されるべきかについての判断である。そのような判断が明示される場合もある。タバコ、アルコール、カジノに課される税は「悪行税」と呼ばれる。有害で好ましくないと見なされる行為（喫煙、飲酒、賭博）の抑制が目的だからだ。この種の税は、それらの行為に対する社会の非難を、行為に必要なコストを引き上げることによって表現している。課税の提案は、（肥満をなくすための）砂糖入り炭酸飲料税にしても、（気候変動に取り組むための）炭素排出税にしても、やはり規範を変え、行動を改めることを目的とする。
すべての税にそうした目的があるわけではない。所得税の目的は、有給雇用への非難を表現することでもなければ、そうした仕事に就こうとする人びとの意欲をそぐことでもない。一般売上税も、買い物の抑止を意図しているわけではない。いずれも、たんに歳入を増やすための方法だ。

ところが、一見価値中立的な政策に、道徳的判断が暗示されていることが少なくない。特に、労働をはじめ、お金のさまざまな稼ぎ方にかかる税にそれが言える。たとえば、なぜ資本利得による所得にかかる税率が労働所得のそれよりも低いのか？　ウォーレン・バフェットがこの問いを提起したのは、大富豪の投資家である自分が払う税率が秘書のそれより低いと指摘した際のことだ(63)。

労働よりも投資に課される税率が低いのは投資を奨励し、ひいては経済成長を促すためだと主張する人もいる。ある面では、その主張は純粋に実利的、すなわち功利主義的である。資本利得を手にする裕福な投資家を称えることではなく、ＧＤＰを増やすことを目的にしているからだ。しかし政治的には、この一見実利的な主張の説得力は、一皮むけば露わになる道徳的前提——功績をめぐる主張——にも由来している。その前提とは、投資家は「雇用創出者」であるから税率を低くすることで報いるべきだというものだ。

この主張を身も蓋もない形で提示したのが、共和党議員でアメリカの元下院議長のポール・ライアンだ。彼はリバタリアンの作家アイン・ランドの熱烈なファンでもあった。社会保障制度を批判するライアンは、「つくる者」（経済に最も貢献する者）と「受け取る者」（納税額よりも政府から受け取る手当のほうが多い者）をはっきりと分けた。彼が懸念したのは、社会保障制度が進展するにつれて、いわゆる「受け取る者」の数が「つくる者」より多くなりつつあることだった。(64)

ライアンが経済的貢献についてあまりに道徳的に語りすぎると反論する者もいた。つくる者と受け取る者の区別は受け入れつつも、ライアンは両者を誤認していると主張する者もいた。フィナンシャル・タイムズ紙とCNNのビジネスコラムニスト、ラナ・フォルーハーが洞察に富む著書『Makers and Takers: The Rise of Finance and the Fall of American Business（つくる者と受け取る者――金融の勃興とアメリカのビジネスの凋落）』で示したのは、後者の見方の強力な例だ。フォルーハーは、アデア・ターナー、ウォーレン・バフェットなど、非生産的金融化を批判する人の言葉を引用し、こんにちの経済において「受け取る者」の筆頭に挙げられるのは投機的活動に携わる金融業界の人びとで、彼らは実体経済に貢献せずに莫大な棚ぼたの利益を手にしていると論じている。

こうした金融はすべて、私たちに繁栄をもたらしてはいない。それどころか、不平等を深刻化させ、さらなる金融危機を招き、その度に莫大な経済的価値を破壊してきた。金融は、私たちの経済の一助となるどころか、障害となっている。拡大した金融は経済を成長させず、むしろ減速させている。[65]

フォルーハーはこう結論している。「つくる者」とされる人びとは「社会における受け取りのほとんどを行なっている。所得に占める割合から言えば納める税が最も少なく、経済のパイから不釣り合いに大きな分け前を分捕り、しばしば成長を妨げるビジネスモデルを推進している」と。彼女の主張によれば、真の「つくる者」とは実体経済の中で労働し、有用な財やサービスを供給する人と、その種の生産的活動に投資する人のことだ。[66]

こんにちの経済において誰がつくる者であり、誰が受け取る者かという議論は、とどのつまり、貢献的正義をめぐる議論だ。つまり、どんな経済的役割が名誉と承認にふさわしいかという議論である。この問題を徹底的に考えようとするなら、共通善への価値ある貢献として大切なのは何かという公共の議論が必要だ。給与税の一部あるいは全部を金融取引税で置き換える――実質的には、実体経済にとって無益な賭博めいた投機に「悪行税」を課す――という私の提案は、そうした議論に一つの枠組みを与えることを意図している。

もちろん、ほかにもいろいろな案があるだろう。私の大局的な主張は、労働の尊厳を回復するためには、われわれの経済システムの土台にある道徳的問いに取り組むことが必要だということだ。その問いは、ここ数十年のテクノクラート的な政治の中で見えにくくなってきている。

そうした問いの一つが、どういう種類の労働が承認と評価に値するかというものだ。また、われわれは市民としてお互いに何を負っているかという別の問いもある。これらの問いは関連している。なぜなら、支持するに値する貢献と見なされるものを決めるためには、共有する共同生活の目標と目的についてともに考え抜くことが不可欠だからだ。また、共通の目標と目的について熟慮するためには、帰属意識が不可欠だ。自らが恩恵を受けている共同体の一員として自分自身を見ることが必要なのだ。われわれは、他者に依存し、その依存を認めるかぎりにおいてのみ、われわれの集団の幸福に対する他者の貢献に感謝する理由がある。そのために必要なのが、確固とした共同体意識だ。市民として「ここでは誰もがともにある」と言い、信じることができなくてはならない。それは危機に瀕して呪文のように唱える決まり文句ではなく、毎日の生活の信憑《しんぴょう》性ある描写でなくてはならないのだ。

過去四〇年にわたり、市場主導のグローバリゼーションと能力主義的な成功概念が相まって、こうした道徳的絆を破壊してきた。グローバルなサプライチェーンと資本の流れ、それらによって培われた国際人意識のせいで、われわれは同胞である市民にあまり頼らなくなり、彼らの仕事に感謝しなくなり、連帯の呼びかけに反応しなくなってきた。能力主義的選別が、成功は自らの手柄だとわれわれに教え、われわれの恩義の意識を壊してきた。われわれはいま、そのような破壊が生み出した怒りの嵐の真っただ中にいる。労働の尊厳を回復するために、能力《メリット》の時代が破壊した社会の絆を修復しなくてはいけない。

結論——能力と共通善

野球史に残る名選手ヘンリー（ハンク）・アーロンは、人種隔離時代のアメリカ南部で育った。彼の伝記の著者ハワード・ブライアントの描写によれば、幼少期、「ヘンリーは、雑貨店で列に並ぶ父親が、後から入ってきた白人に否応なく順番を譲らされるのをいつも見ていた」。ジャッキー・ロビンソンが野球界の人種の壁を壊したとき、一三歳だったヘンリーは大いに勇気づけられ、自分もいつかメジャーリーグでプレーできるはずだという希望を抱く。バットもボールもなかったため、ありあわせの物で練習し、兄弟が投げる瓶のキャップを棒で打っていた。彼はやがて、ベイブ・ルースの通算本塁打記録を破ることになる。(1)

ブライアントは胸に迫るこんな一節を書いている。「打撃は、ヘンリーが人生で初めて

知った能力主義の世界だったと言える」(2)

このくだりを読めば、能力主義を愛さずにはいられないし、能力主義こそ不正義への最終回答――才能は偏見にも、人種差別にも、機会の不平等にも打ち勝つという証明――だと思わずにはいられない。そして、その考えからは、正義にかなう社会とは能力主義社会であり、自分の才能と努力の許すかぎり出世できる平等な機会が誰にでもある社会だという結論に至るまで、ほんの一歩である。

だが、それは間違っている。ヘンリー・アーロンの物語が示す道徳は、能力主義を愛するべきだというものではない。本塁打を打つことでしか乗り越えられない正義にもとる人種差別制度を憎むべきだというものだ。機会の平等は、不正義を正すために道徳的に必要な手段である。とはいえ、それはあくまでも救済のための原則であり、善き社会にふさわしい理想ではない。

機会の平等を超えて

こうした区別を堅持するのは容易ではない。われわれは少数の人びとの英雄的な立身出世に触発され、ほかの人たちもまた足枷《あしかせ》となる状況を脱するにはどうすればいいかと問う。

人びとが逃れたい状況を改善するのではなく、社会的移動性を不平等の解決策とする政治をつくりあげているのだ。

障壁を破壊するのはいいことだ。どんな人も、貧困や偏見によって抑圧されてはならない。だが、善き社会の土台となるのは、難局を乗り越えられるという約束だけではない。もっぱら（あるいは主に）出世だけを目指していると、民主主義に必要な社会的絆と市民的愛着を培うのが難しくなってしまう。われわれの社会よりも出世の機会に恵まれた社会でさえ、出世できない人もしかるべき場所で活躍し、自らを共同事業の参加者と見なせるようにする方法を探る必要がある。それができていないせいで、能力主義的な資格を持たない人は生きづらく、居場所がないように感じてしまうのだ。

機会の平等に代わる唯一の選択肢は、不毛かつ抑圧的な、成果の平等だと考えられがちだ。しかし、選択肢はほかにもある。広い意味での条件の平等である。それによって、巨万の富や栄誉ある地位には無縁な人でも、まともで尊厳ある暮らしができるようにするのだ——社会的に評価される仕事の能力を身につけて発揮し、広く行き渡った学びの文化を共有し、仲間の市民と公共の問題について熟議することによって。

条件の平等についての最も優れた解説が二つ、大恐慌のさなかに現れた。『平等論』（一九三一年）と題した著書で、イギリスの経済史家・社会批評家のR・H・トーニーは、機会の平等はせいぜいのところ不完全な理想にすぎないと主張した。『出世』の機会は、実際の平等の代わりとなるわけでも、現存する所得と社会的条件の大きな格差をなくすわけでもない」と彼は書いている。(3)

社会の幸福……は、団結と連帯を土台とする。出世する機会だけでなく、高いレベルの一般教養、共通の利害の強い意識が存在することが不可欠だ……個人が幸せになるためには、快適かつ栄誉ある新たな地位に自由に出世できる必要があるだけではない。出世しようがしまいが、尊厳と文化のある生活を送ることができなければならない。(4)

同年、大西洋の向こう側では、ジェームズ・トラスロー・アダムズという作家が『米國史』と題する自国への賛歌を書き上げた。この本のことを覚えている人はほとんどいないが、巻末部分で彼がつくり出した言葉は誰でも知っている。「アメリカン・ドリーム」だ。こんにち振り返れば、彼が述べたアメリカン・ドリームを、出世を称えるわれわれのレトリックと同一視するのはたやすい。アダムズはこう書いている。アメリカが「人類に与えた特別で比類なき贈り物」は「誰にとっても人生がよりよく、より豊かで、より充実したものとなるはずの国、誰でも力量や業績に応じて機会に恵まれる国」という夢であると。(5)

それは、自動車と高賃金の夢だけでなく、社会秩序の夢でもある。その社会秩序においては、あらゆる男女が、偶然に左右される出自や身分などの状況にかかわらず、生来の能力を十二分に発揮し、あるがままに他者から認められることが可能だ。(6)

しかし、よく読んでみると、アダムズが描いた夢は出世だけに関わっていたわけではないことがわかる。広い意味での民主的な条件の平等を実現することにも関わっていたのだ。具体例として彼が挙げているのがアメリカ議会図書館だ。それは「民主主義が自らの力で達成できることの象徴」であり、職業や地位を問わず、あらゆるアメリカ人を引きつける公共の学びの場である。

一般閲覧室を見下ろす。この部屋だけで一万冊の本が収められ、それらは請求する必要もなく、自由に読むことができる。座席は静かに本を読む人たちで埋まっている。老いも若きも、富者も貧者も、黒人も白人も、重役も労働者も、将軍も兵卒も、著名な学者も学童も、みなが、自分たちの民主主義が提供する自分たちの図書館で本を読んでいる。(7)

アダムズはこの光景を「アメリカン・ドリームの完璧な実現の手本——人民自身により蓄積された資源が提供する手段、［および］それを利用できる知性を持つ大衆」と見なした。こうした手本が「われわれの国民生活のあらゆる領域で実践されれば」アメリカン・ドリームは「揺るぎない現実」になるだろうとアダムズは述べている。(8)

民主主義と謙虚さ

こんにちの社会には、条件の平等があまりない。階級、人種、民族、信仰を超えて人びとが集う公共の場はきわめてまれだ。四〇年に及ぶ市場主導のグローバリゼーションが所得と富のきわめて顕著な不平等を生んだため、われわれは別々の暮らし方をするようになってしまった。裕福な人と、資力の乏しい人は、日々の生活で交わることがほとんどない。それぞれが別々の場所で暮らし、働き、買い物をし、遊ぶ。子供たちは別々の学校へ行く。そして、能力主義の選別装置が作動したあと、最上層にいる人は、自分は自らの成功に値し、最下層の人たちもその階層に値するという考えにあらがえなくなる。その考えが政治に悪意を吹き込み、党派色をいっそう強めたため、いまでは多くの人が、派閥の境界を超えた結びつきは異教徒との結婚よりもやっかいだと見なしている。われわれが大きな公共の問題についてともに考える力を失い、互いの言い分を聞く力さえ失ってしまったのも、無理はない。

能力主義は当初、労働と信仰を通じて神の恩寵を自分に都合よく曲げられるという前向きな考え方として登場した。そこから宗教色が取り除かれると、個人の自由が晴れやかに約束され、こう考えられるようになった。運命を握っているのは自分自身だ。やればできる、と。

しかし、そうした自由の理念は、共有された民主的プロジェクトの義務からわれわれの関心をそらすものだ。第7章で考察した共通善の二つの考え方、すなわち消費者的共通善と市民的共通善を思い出してほしい。共通善が消費者の福利の最大化にすぎないなら、結局のところ、条件の平等の達成はどうでもよいことになる。民主主義が手段の異なる経済、つまり個人の利害と嗜好の総計の問題にすぎないなら、その運命が市民の道徳的絆に依存することはない。われわれが活気ある共同生活を共有しようが、同類ばかりが集まる私有化された飛び地に暮らそうが、消費者的な民主主義概念はそのごく限られた役割を果たすことができる。

だが、共通善に到達する唯一の手段が、われわれの政治共同体にふさわしい目的と目標をめぐる仲間の市民との熟議だとすれば、民主主義は共同生活の性格と無縁であるはずがない。完璧な平等が必要というわけではない。それでも、多様な職業や地位の市民が共通の空間や公共の場で出会うことは必要だ。なぜなら、それが互いについて折り合いをつけ、差異を受容することを学ぶ方法だからだ。また、共通善を尊重することを知る方法でもある。(9)

人はその才能に市場が与えるどんな富にも値するという能力主義的な信念は、連帯をほとんど不可能なプロジェクトにしてしまう。いったいなぜ、成功者が社会の恵まれないメンバーに負うものがあるというのだろうか？　その問いに答えるためには、われわれはどれほど頑張ったにしても、自分だけの力で身を立て、生きているのではないこと、才能を認めてくれる社会に生まれたのは幸運のおかげで、自分の手柄ではないことを認めなくてはならない。自分の運命が偶然の産物であることを身にしみて感じれば、ある種の謙虚さが生まれ、こんなふうに思うのではないだろうか。「神の恩寵か、出自の偶然か、運命の神秘がなかったら、私もああなっていた」。そのような謙虚さが、われわれを分断する冷酷な成功の倫理から引き返すきっかけとなる。能力の専制を超えて、怨嗟《えんさ》の少ない、より寛容な公共生活へ向かわせてくれるのだ。

謝辞

本書のテーマの一部を同僚たちと検討する機会に、数回にわたり恵まれたことに感謝している。ハーバード大学行政学部の政治理論研究会では、ジョナサン・グールドから鋭い批評をいただいた。ハーバード大学ロースクールの夏期教員ワークショップでは、リチャード・ファロン、テリー・フィッシャー、ヨーチャイ・ベンクラー、ベン・サックスから活発な反応をいただき、有意義な意見交換ができた。ハーバード大学マヒンドラ人文科学センターでは、妻のキク・アダットとともに教員セミナー「芸術、大衆文化、市民的生活」の共同議長を務めた。

二〇一九年秋学期には、「能力主義とその批判者」ゼミで、これまで出会ったなかでも指折りの、意欲と知的関心の高い学部生たちを教えた。彼ら全員のおかげで、本書で扱った題材について理解を深めることができた。イェール大学ロースクールのダニエル・マーコヴィッツの能力主義に関する近刊書をゼミで取り上げ、マーコヴィッツ自身も一度ゼミに参加してくれた。そこで繰り広げられた忘れがたい議論から、学生たちも私も多くを学んだ。

幸運にも、以下に挙げるような多数の研究機関や公共の場での講演を通じて本書の一部を紹介し、講演後の議論から刺激を受けることができた。ノートルダム大学のニーマイヤー記念政治哲学講演、ビルバオ（スペイン）のデウスト大学でのガルメンディア記念講演、ベルリン（ドイツ）のアメリカン・アカデミーでのエアバス講演、ロンドンのRSA（王立技芸協会）、ウィーン（オーストリア）の人間科学研究所、ヴェネツィア（イタリア）のジョルジョ・チーニ財団での「文明についての新たな対話」、ロンドンのロンドン・スクール・オブ・エコノミクス・アンド・ポリティカルサイエンス（LSE）のマーシャル・インスティチュート、ノースウェスタン大学の「民主的アジェンダ」会議、ハーバード大学で初開催された「フランスの日」。講演と討論の参加者の思慮と熱意にお礼を申し上げたい。

本書の様々な側面をめぐって有益な会話やメールを交わしたエリザベス・アンダーソン、モシェ・ハルバータル、ピーター・ホール、ダニエル・マーコヴィッツ、カレン・マーフィー、サミュエル・シェフラー、能力主義と大学入試についての博士論文の内容を共有させてくれたチャールズ・ピーターセン、優秀な研究助手アラヴィンド・「ヴィニー」・バイジュー、編集者として思慮に富む支援をしてくれたファラー・ストラウス&ジルー社のデボラ・ギムに感謝している。ICMパートナーズ(ニューヨーク)の私のエージェント、尊敬すべきエスター・ニューバーグ女史と、カーティス・ブラウン社(ロンドン)のキャロライナ・サットン、ヘレン・マンダース、サラ・ハーヴェイにも謝意を表したい。

ファラー・ストラウス&ジルー社と本を作るのは三度目で、いつもながら楽しい仕事だった。ジョナサン・ガラッシ、ミッツィー・エンジェル、ジェフ・セロイ、シェイラ・オシェアの豊かな知的・文学的感性のおかげである。卓越した編集者であるエリック・チンスキには、本書の執筆を始める前から、私が何を書きたいかを把握し、要所要所で賢明な助言をしてくれたことに、格別の感謝を捧げる。イギリスの出版元アレン・レイン/ペンギン社の名編集者、スチュアート・プロフィットにも、エリックと同様に、各章を綿密な批評眼で吟味してくれたことに、深い感謝と賛辞を捧げたい。大西洋の両側の編集者にこれほどお世話になったのだから、まだ足りない点があれば、私に弁解の余地はない。

最後になったが、私が誰よりも感謝しているのは「物書きの家」の面々だ。これは妻のキク・アダット、息子のアダム・アダット・サンデルとアーロン・アダット・サンデル、そして私がわが家の慣行につけた呼び名で、集まった家族の前で原稿の節や章を声に出して読み上げ、それぞれの仕事に対して意見や批評を忌憚《きたん》なくぶつけ合うことを言う。彼らの気遣いと、助言と、愛のおかげで、本書も、私も、磨きをかけられた。

解　説

東京大学大学院教育学研究科教授
本田由紀

本書は、アメリカの政治哲学者でハーバード大学教授のマイケル・J・サンデルが、二〇二〇年に世に出した著作 *The Tyranny of Merit* の邦訳である。言うまでもなく、サンデルは学生との対話による授業「ハーバード白熱教室」で知られ、『これからの「正義」の話をしよう――いまを生き延びるための哲学』、『公共哲学――政治における道徳を考える』、『それをお金で買いますか――市場主義の限界』、『完全な人間を目指さなくてもよい理由――遺伝子操作とエンハンスメントの倫理』など多数の著作が日本でも刊行されている。

サンデルの思想の特徴は、民主的なコミュニティを通じた「共通善」の追求を掲げ、功利主義や市場主義を厳しく批判することにあるとされる。その立場から本書でサンデルがテーマに選んだのは、「メリトクラシー」（邦訳では「能力主義」という訳語が当てられており、英語と日本語の比較対照については後述する）である。

本書中の複数個所で言及されているように、メリトクラシーとは、イギリスの社会学者・社会活動家マイケル・ヤングが、一九五八年に著した *The Rise of the Meritocracy*（伊藤慎一訳『メリトクラシーの法則』）で提起した言葉である。それは、IQと努力により獲得される「メリット（merit）」――標準的な英和辞書では「（称賛に値する）価値、長所、取りえ、美点、手柄、勲功、功績、功労」といった日本語訳が記されている――に基づいて、人々の職業や収入などの社会経済的地位が決まるしくみをもつ社会のことを意味する。

社会の近代化に伴い、学校教育の制度化・普及とともに社会に浸透したとされるメリトクラシーは、家柄など本人が変えることができない属性により生涯が決まってしまう前近代的なしくみ（「属性主義」もしくは「アリストクラシー」＝貴族制と呼ばれる）よりも、はるかに公正かつ効率的で望ましいものであると一般的には考えられてきた。

しかしサンデルは、このメリトクラシーが、なぜ、いかにして支配的になり、それがいかなる弊害をもつに至っているかを、豊富な事例やデータを示しつつ縦横に論じている。

その弊害が集約的に述べられている部分を、やや長くなるが引用しておこう。

「第一に、不平等が蔓延し、社会的流動性が停滞する状況の下で、われわれは自分の運命に責任を負っており、自分の手にするものに値する存在だというメッセージを繰り返すことは、連帯をむしばみ、グローバリゼーションに取り残された人びとの自信を失わせる。第二に、大卒の学位は立派な仕事やまともな暮らしへの主要ルートだと強調することは、学歴偏重の偏見を生み出す。それは労働の尊厳を傷つけ、大学へ行かなかった人びとをおとしめる。第三に、社会的・政治的問題を最もうまく解決するのは、高度な教育を受けた価値中立的な専門家だと主張することは、テクノクラート的なうぬぼれである。それは民主主義を腐敗させ、一般市民の力を奪うことになる。」（二三五－二三六ページ）

　この引用部分にも「大卒の学位」、「高度な教育」といった言葉で表れているように、サンデルが「メリトクラシー」のもっとも典型的・中核的な事象とみなしているのは、大学――特に威信の高い有名大学――の「学歴」である。本書の中で特に、序論、第4章、第6章では、アメリカにおける学歴獲得競争の熾烈化とその問題点を論じている。序論では二〇一九年に明らかになった不正入試事件を導入として、人びとが有名大卒の学歴という「メリット」を希求するようになっている現状を述べている。第4章では、歴代のアメリカ大統領、中でもバラク・オバマが、いかに高学歴者を優遇し、「賢明《スマート》」さを重視するテクノクラート的な主張を繰り広げてきたかを論じる。第6章では、アメリカにおける大学入試に利用されてきた大学進学適性試験（SAT）という選別装置が、当初の理念であった社会的流動性とは異なる事態をいかに生み出してきたかを描いている。

しかしサンデルの射程は、学歴の問題に留まらない。第1章では、二〇一六年の大統領選挙におけるトランプの勝利の背後に、労働者と中流階級がメリトクラシーの「勝者」であるエリートに対して抱くようになった憤懣《ふんまん》があったことを論じている。第2章では、長い歴史の中で、「神の恩寵」であったものが、「メリット」に応じた富という見方へと転化してゆく過程を描く。第3章では再び現代を対象とし、メリトクラシーが「責任」「努力」「意欲」などのレトリックと結びつくことにより、実際にはきわめて不平等である社会体制と、困窮者への侮蔑と放置を正当化する機能を果たしてきたことが述べられる。第5章は、現代の社会思想や哲学によるメリトクラシー批判が不十分であったことが、ハイエクやロールズを参照しつつ議論される。第7章では労働に焦点を当て、メリトクラシーの中で失われてきた労働の尊厳を回復するための方向性が検討される。そして終章では結論として、消費者的共通善ではなく市民的共通善、機会の平等ではなく条件の平等が、「メリット」の専制を超えてゆくためには必要であると結んでいる。

このような検討をふまえてサンデルは次のことを対処策として提唱している。まず大学入試については、社会階層別アファーマティブ・アクション（積極的差別是正措置）と適格者のくじ引きによる合否決定、技術・職業訓練プログラムの拡充、そして名門大学における道徳・市民教育の拡大である（第6章）。また労働や福祉については、賃金補助と消費・富・金融取引への課税を重くすることによる再分配である（第7章）。それらを通じて目指すべき社会のあり方は、次のように描かれる。「巨万の富や栄誉ある地位には無縁な人でも、まともで尊厳ある暮らしができるようにするのだ——社会的に評価される仕事の能力を身につけて発揮し、広く行き渡った学びの文化を共有し、仲間の市民と公共の問題について熟議することによって」（三九四ページ）。

以上が本書の概略である。アメリカにおけるメリトクラシー批判は本書が初めてではない。たとえば Lani Guinier, 2015, *The Tyranny of the Meritocracy* や、Stephen J. McNamee and Robert K. Miller Jr., 2004, *The Meritocracy Myth* などの類書はある。しかし、宗教改革からトランプまで、社会思想からスキャンダルまで、きわめて幅広く目配りし、メリトクラシーが社会に及ぼす問題を深く論じたものとして、本書は抜きん出ていると言えるだろう。

さらに、本書の全体的な特徴として、いくつか指摘しておきたい。第一に、これまで民主党寄りとされてきたサンデルが、民主党の政治家、特にオバマのメリトクラシーへの肯定的姿勢について、具体的な発言を多数引用しつつ、きわめて厳しく批判していることである。すでに述べたように、ここにはトランプの勝利を招いた民意への分析が色濃く影響している。メリトクラシーの建て前を掲げる社会において、実際には這い上がる手段をもたず、侮蔑され忘れられた人々の怒りを、サンデルは繰り返し述べている。これは民主党がこれまで示しがちだった偏りへの真摯な諫《いさ》めと理解すべきだろう。

第二に、サンデルは、メリトクラシーに対して批判的ではあるが、その全廃を主張しているわけではない。上述のように、職業訓練プログラムや大学入学の適格者主義、「社会的に評価される仕事の能力を身につけて発揮」することについては、否定どころかむしろ強く主張しており、知識やスキルの形成とそれに適した立場に就くこと自体は擁護している。筆者自身の用語系（本田由紀、二〇二〇、『教育は何を評価してきたのか』岩波新書を参照）を用いるならば、垂直的序列化――人々に一元的な優劣の烙印を押すこと――は否定するものの、水平的多様化――様々に異なる個人や仕事のあり方に優劣をつけずそれぞれを尊重すること――までは否定していない。ラディカルな論者の中には後者をも否定する例があるが、筆者自身は水平的多様化を提唱していることから、サンデルと見解を共有するものである。

第三に、従来の著作と同様、サンデルは「共通善」や「道徳」を本書でも強調している。人々の尊厳が賃金保障やグローバル市場を通じた消費によっては保障されないという主張には肯《うべな》える面もあるが、何を善とみなすかについての議論の必要性を説くことに留まっており、曖昧さを含むことは否めない印象である。

最後に、英語と日本語の比較対象、すなわち翻訳に関して注意すべき点を述べておきたい。言うまでもなく、これは経験豊富な熟達した翻訳者を批判するものではなく、むしろ、日本で理解しやすいようにきめ細かく訳語を選択することが、結果的に、日本語と英語の概念的相違を浮かび上がらせていることを指摘しておく必要があると考えたことによる。

冒頭で述べたように、本訳書ではmeritocracyは「能力主義」、meritは「能力」と訳されている。それは日本で一般的に見られる訳し方である。しかし、実はmeritは「能力」よりは「功績」のほうが英語の原義に即している。現に、第5章では同じmeritという言葉に「功績」という訳語が当てられているケースが多数ある。逆に、ability、capacityなどの言葉が「能力」と訳されている箇所もいくつもある。

つまり重要なのは、英語の世界では実際には「功績主義」という意味で用いられているmeritocracyが、日本語では「能力主義」と読み替えられて通用してしまっているということである（詳しくは前掲拙著を参照）。「功績」が顕在化し証明された結果であるのに対し、「能力」は人間の中にあって「功績」を生み出す原因とみなされている。この両者が混同され、「能力」という一つの言葉が、あらゆる場所で説明や表現に用いられているのが日本社会なのである。その意味で、日本は「メリットの専制」というよりも、「能力の専制」と言える状況にある。些末な違いと考える読者もいるかもしれない。しかし、人びとに内在する「能力」という幻想・仮構に支配されている点で、日本の問題のほうがより根深いと筆者は考えている。そうした彼我の相違をも念頭に置きつつ、本書を読んでいただきたい。

二〇二一年二月

文庫版のための解説

単行本への解説を私が執筆したのは二〇二一年の初頭であった。それから約二年半が経った二〇二三年七月のいま、新たに文庫版への解説をしたためている。この二年半の間に世界はどうなったのか。限られた紙幅ではあるが、サンデルが投げかけた問いがアメリカや日本の社会にどのように着地しつつあるのかを概観してみたい。

アメリカでは二〇二一年一月二〇日にトランプに代わってバイデンが大統領に就任し、サンデルが危惧していた「置き去りにされた人々」によるトランプ支持には一応の区切りがついた。バイデンは二〇二一年四月二六日に労働者の組織化と権限強化に関する大統領令に署名し、ウォール街や巨大テック企業への規制強化や、賃金格差の是正に取り組む姿勢を見せている。二〇二二年四月にはAmazonの物流倉庫で初の労働組合が結成され、バイデンも演説で賞賛の言葉を述べた。このような姿勢は、高学歴エリートが一般の労働者を見下す状況を厳しく批判したサンデルの見方に沿うものである。むろんバイデン後のアメリカも相次ぐ銃犯罪や人種差別などを含む多くの問題をいまだ抱え続けている。

日本では二〇二一年一〇月に菅義偉から岸田文雄へと首相が交代した。岸田は当初は「成長と分配の好循環」や「令和版所得倍増」などの方針を掲げていたが、二〇二二年二月に勃発したロシア‐ウクライナ戦争を一因とする急激な物価上昇とコロナ禍の負の影響の長期化により、日本の人々の中での格差や困窮はむしろ悪化している。二〇二三年の第二一一回通常国会では、防衛費のみ急増した予算が通過し、難民申請者を出身国に送還することを可能にする入管法の修正や、性的少数者への差別を正当化しかねない「LGBT理解増進法」の成立など、総じて弱者やマイノリティに対する迫害や排除が強化される方向にある。

二〇二二年七月八日に元首相の安倍晋三が手製の銃により殺害された事件は、容疑者が旧統一教会の被害者であったことから、日本という国の深部や骨格に対する根底的な疑問や批判を喚起する結果になった。信者に多額の献金を要求し生活も家庭も破壊するカルト宗教と政治家——特に自民党の——が癒着し、選挙支援や信者の投票動員により当選を得ていたことが明るみに出た。日本は「能力主義」どころか、利害と思惑で結びついた組織や人の裏取引により政治権力を手にすることができる国であり続けているのである。

経済の低迷、急激に進行する少子高齢化、世界に取り残されたようなジェンダー不平等など、様々なデータが示す日本の凋落は否定しようもない。この社会で生きる一般の人々は、「学力」と「人間力」により人間を序列化する仕組みのもとで、たまたま生まれた家にどれほどの資源があるかに応じ、一方では潤沢な投資を注がれて「勝ち組」の座を占める者がおり、他方にはどうしようもない困窮から「闇バイト」や売春でかろうじて生きる者がいる。コロナ以降、富裕層が子どもの教育にかける費用は急増し、貧窮層では減少している。ただし恵まれた「勝ち組」ですら、親からの「教育虐待」による鬱屈を抱え、「ぼっち」という侮蔑に怯えて人を殺す場合さえある。

出口が見えない中で、「能力主義」をめぐる議論を通じて何らかの解を探ろうとする議論がいくらか現れている。たとえば小説家の平野啓一郎は、サンデルとの対談の中で、「一人の人間をトータルに肯定する時に、その労働者としての比率をむしろ低下させて、もっとその人を多面的に見て評価する社会になった方が、実は能力主義の弊害を弱められるんじゃないかと思うんです」と述べている[1]。サンデルはこれに対して「価値を分配するのに、純粋に経済的な方法から、より広く市民的で人間的な方法へとシフトすることが重要でしょう」と賛意を示している。平野の言う「多面的に見て評価する社会」、サンデルの言う「市民的で人間的な方法」がそれぞれ具体的に何を意味するのかは詳細に述べられていないが、何らかの美点を労働以外の面でも示さなければ存在を承認されない社会であるとすれば、出口となりうるかは不明である。

また社会心理学者の小坂井敏晶は、「能力」も「人格」も外因によるものであるため「自己責任」にはならないとし、「能力主義」は隠蔽とごまかしに他ならないことからすべてをくじ引きで決めることを提唱している。[2]またどのようにしても格差はなくならないとする。サンデルも、一定の学力水準が確保されていることを条件とした上で、入学試験をくじ引きにすることを提案しており、両者の発想には共通点がある。ただしこれについても、くじに外れたことの怨嗟が社会に総量として蓄積されてゆく危険を軽視すべきではないのではないかという危惧が残る。

簡単な解は無い。しかし、よりすがる原理がもしあるとすれば、使い古された言葉ではあるが「人権」ということになると考える。誰もが生きていけるようにすること。その基本を保障した上で、各人が望む人生の道を実現できる多様なルートを可能な限り整備するための教育や労働の設計が、喫緊に必要だ。いずれも日本では圧倒的に欠落している。「能力主義」（メリトクラシー）の弱毒化[3]への道は、日本でも世界でも、今後長く続くことになるだろう。

二〇二三年七月

1. 「東大やハーバードの入試には「くじ」が必要だ。マイケル・サンデル教授が「運の存在」に気づかせようとする理由（対談全文・後編）」（二〇二一年一〇月一四日 The Huffington Post 記事）
2. 「能力不足は自己責任ではない　社会心理学者が暴く学校教育のごまかし」（二〇二三年七月一日朝日新聞記事）
3. 本田由紀「メリトクラシーを「弱毒化」するために」宮本太郎編『自助社会を終わらせる』（岩波書店、二〇二二年）

注

プロローグ

1. Margot Sanger-Katz, "On Coronavirus, Americans Still Trust the Experts," *The New York Times,* June 27, 2020, https://www.nytimes.com/2020/06/27/upshot/coronavirus-americans-trust-experts.html.
2. The COVID Tracking Project, https://covidtracking.com/race. データは2021年2月21日時点のもの。人種のカテゴリーは、Hispanic/Latinx という民族性と一部重複している可能性がある。
3. James Clyburn, FiveThirtyEight による2020年2月26日のインタビュー、https://abcnews.go.com/fivethirtyeight/video/rep-james-clyburn-settled-endorsing-joe-biden-president-69231417. クライバーンの引用箇所が目にとまったのは、エリザベス・アンダーソンのおかげである。

序論――入学すること

1. Jennifer Medina, Katie Benner and Kate Taylor, "Actresses, Business Leaders and Other Wealthy Parents Charged in U.S. College Entry Fraud," *The New York Times*, March 12, 2019, nytimes.com/2019/03/12/us/college-admissions-cheating-scandal.html.
2. Ibid. 以下も参照のこと。"Here's How the F.B.I. Says Parents Cheated to Get Their Kids into Elite Colleges," *The New York Times*, March 12, 2019, nytimes.com/2019/03/12/us/admissions-scandal.html; Affidavit in Support of Criminal Complaint, March 11, 2019, U.S. Department of Justice: justice.gov/file/1142876/download.
3. Lara Trump on *Fox News at Night*, March 12, 2019: facebook.com/FoxNews/videos/lara-trump-weighs-in-on-college-admissions-scandal/2334404040124820.
4. Andrew Lelling, U.S. Attorney, District of Massachusetts, March 12, 2019, CNN transcript of statement: edition.cnn.com/

TRANSCRIPTS/1903/12/ath.02.html.

5. Frank Bruni, "Bribes to Get into Yale and Stanford? What Else Is New?," *The New York Times*, March 12, 2019, nytimes.com/2019/03/12/opinion/college-bribery-admissions.html; Eugene Scott, "Why Trump Jr. Mocked the Parents Caught Up in the College Admissions Scandal," *The Washington Post*, March 13, 2019, washingtonpost.com/politics/2019/03/13 /why-trump-jr-mocked-parents-caught-up-college-admissions-scandal. ジャレッド・クシュナーの事例と入学におけるお金の役割に関する最初の報道については以下を参照のこと。Daniel Golden, *The Price of Admission* (New York: Broadway Books, 2006), pp. 44–46. ウォートン校へのトランプの寄付に関する報道については以下を参照。Luis Ferre Sadurni, "Donald Trump May Have Donated over $1.4 Million to Penn," *Daily Pennsylvanian*, November 3, 2016, thedp .com/article/2016/11/trumps-history-of-donating-to-penn.
6. シンガーの発言は以下より。Affidavit in Support of Criminal Complaint, March 11, 2019, U.S. Department of Justice: justice.gov/file/1142876/download, p. 13.
7. Andrew Lelling, U.S. Attorney, District of Massachusetts, March 12, 2019, CNN transcript of statement: edition.cnn.com/TRANSCRIPTS/1903/12/ath.02.html.
8. Andre Perry, "Students Need a Boost in Wealth More Than a Boost in SAT Scores," *The Hechinger Report*, May 17, 2019, hechingerreport.org/students-need-a-boost-in-wealth-more-than-a-boost-in-sat-scores.
9. Ron Lieber, "One More College Edge," *The New York Times*, March 16, 2019; Paul Tough, *The Years That Matter Most: How College Makes or Breaks Us* (Boston: Houghton Mifflin Harcourt, 2019), pp. 153–67.
10. "Some Colleges Have More Students from the Top 1 Percent Than the Bottom 60," *The New York Times*, January 18, 2017: nytimes.com/interactive/2017/01/18/upshot/some-colleges-have-more-students-from-the-top-1-percent-than-the-bottom-60.html. データは以下からのもの。Raj Chetty, John Friedman, Emmanuel Saez, Nicholas Turner,

and Danny Yagan, “Mobility Report Cards: The Role of Colleges in Intergenerational Mobility,” NBER Working Paper No. 23618, revised version, December 2017: opportunityinsights.org/paper/mobilityreportcards.

11. Caroline M. Hoxby, “The Changing Selectivity of American Colleges,” *Journal of Economic Perspectives* 23, no. 4 (Fall 2009), pp. 95–118.
12. Ibid., pp. 95–100; Paul Tough, *The Years That Matter Most*, p. 39.
13. Matthias Doepke and Fabrizio Zilibotti, *Love, Money & Parenting: How Economics Explains the Way We Raise Our Kids* (Princeton: Princeton University Press, 2019), pp. 8–11, 51–84.

第1章　勝者と敗者

1. エコノミスト誌のあるカバーストーリーがこうした見解のよい例となっている。以下を参照のこと。“Drawbridges Up: The New Divide in Rich Countries Is Not Between Left and Right but Between Open and Closed,” *The Economist*, July 30, 2016: economist.com/briefing/2016/07/30/drawbridges-up. 微妙に異なる見解については、以下を参照。Bagehot, “Some Thoughts on the Open v Closed Divide,” *The Economist*, March 16, 2018: economist.com/bagehots-notebook/2018/03/16/some-thoughts-on-the-open-v-closed-divide.
2. このセクションのこれ以降の数段落は、以下の文章を基にしている。Michael Sandel, “Right-Wing Populism Is Rising as Progressive Politics Fails—Is It Too Late to Save Democracy?,” *New Statesman*, May 21, 2018: newstatesman.com/2018/05/right-wing-populism-rising-progressive-politics-fails-it-too-late-save-democracy; and Michael J. Sandel, “Populism, Trump, and the Future of Democracy,” openDemocracy.net, May 9, 2018: opendemocracy.net/en/populism-trump-and-future-of-democracy.
3. アメリカ合衆国では、1980年以降の経済成長の大半が上位10％の人びとへの利益となった。彼らの所得は121％増えた。人口の下位半分はほとんど何も手にしなかった。2014年の彼らの平均所得（約

1万6000ドル）は、実質ベースで1980年とほぼ変わらない。労働年齢の男性の場合、収入の中央値は「2014年において1964年と同じ約3万5000ドルだ。半世紀のあいだ、中位の男性労働者の所得はまったく増えなかった」。Thomas Piketty, Emmauel Saez, and Gabriel Zucman, "Distributional National Accounts: Methods and Estimates for the United States," *Quarterly Journal of Economics* 133, issue 2 (May 2018), pp. 557, 578, 592–93, available at eml.berkeley.edu/~saez/PSZ2018QJE.pdf; Facundo Alvaredo, Lucas Chancel, Thomas Piketty, Emmanuel Saez, and Gabriel Zucman, *World Inequality Report 2018* (Cambridge, MA: Harvard University Press, 2018), pp. 3, 83–84. アメリカ合衆国をはじめとする国々の所得分布データは、World Inequality Database, wid.world でも手に入る。以下も参照のこと。Thomas Piketty, *Capital in the Twenty-First Century* (Cambridge, MA: Harvard University Press, 2014), p. 297, そのなかでピケティは、1977年から2007年にかけて、最も裕福な10%の人びとがアメリカ合衆国の経済成長全体の4分の3を吸い上げたと述べている。

アメリカ合衆国では、上位1%の人びとが国民所得の20.2%を手にするのに対し、下位半分の人びとは12.5%を受け取っている。アメリカ合衆国では上位10%の人びとが国民所得の半分近く（47%）を懐に入れるのに対し、西欧では37%、中国では41%、ブラジルとインドでは55%である。以下を参照のこと。Piketty, Saez, and Zucman, "Distributional National Accounts," p. 575, available at eml.berkeley.edu/~saez/PSZ2018QJE.pdf; Alvaredo, Chancel, Piketty, Saez, and Zucman, *World Inequality Report 2018*, pp. 3, 83–84.

4. アメリカ合衆国大統領の演説と公文書のオンライン・アーカイブを著者が調査。American Presidency Project, U.C. Santa Barbara, presidency.ucsb.edu.

5. ピュー慈善財団の研究によると、下位5分の1に生まれたアメリカ人の4%が、成人時に上位5分の1にまで出世し、30%が中位5分の1以上に出世し、43%が下位5分の1にとどまるという。"Pursuing the American Dream: Economic Mobility Across Generations," Pew

Charitable Trusts, July 2012, p. 6, Figure 3, available at pewtrusts.org/~/media/legacy/uploadedfiles/wwwpewtrustsorg/reports/economic_mobility /pursuingamericandreampdf.pdf. ハーバード大学の経済学者であるラジ・チェティらの研究結果によると、下位５分の１に生まれたアメリカ人の7.5％が上位5分の1に出世し、38％が中位5分の1以上に出世し、34％が底辺にとどまるという。Raj Chetty, Nathaniel Hendren, Patrick Kline, and Emmanuel Saez, "Where Is the Land of Opportunity? The Geography of Intergenerational Mobility in the United States," *Quarterly Journal of Economics* 129, no. 4 (2014), pp. 1553–623; available at rajchetty.com/chettyfiles /mobility_geo.pdf (mobility figures at p. 16 and Table II) で閲覧可能。アーチブリッジ研究所のスコット・ウィンシップの研究によると、下位5分の1に生まれた子供の3％だけが上位5分の1に、26％だけが中位5分の1以上に到達し、46％は底辺を脱出できないままだという。Scott Winship, "Economic Mobility in America," Archbridge Institute, March 2017, p. 18, Figure 3, available at archbridgeinst.wpengine.com/wp-content/uploads/2017/04/Contemporary-levels-of-mobility-digital-version_Winship.pdf.

6. Miles Corak, "Income Inequality, Equality of Opportunity, and Intergenerational Mobility," *Journal of Economic Perspectives* 27, no. 3 (Summer 2013), pp. 79–102 (Figure 1, p. 82を参照), online at pubs.aeaweb.org/doi/pdfplus/10.1257/jep.27.3.79; Miles Corak, "Do Poor Children Become Poor Adults? Lessons from a Cross Country Comparison of Generational Earnings Mobility," IZA Discussion Paper No. 1993, March 2006 (Table 1, p. 42を参照), at ftp .iza.org/dp1993.pdf; *A Broken Social Elevator? How to Promote Social Mobility* (Paris: OECD Publishing, 2018), online at doi.org/10.1787/9789264301085-en. OECDの調査はコラクの調査と同じような結果を示しているが、ドイツについては別だ。OECDの調査によれば、ドイツの社会的流動性はアメリカ合衆国よりも低い。country comparisons in Figure 4.8, p. 195を参照のこと。
7. Stefanie Stantcheva, "Prisoners of the American Dream, " *Project*

Syndicate, February 22, 2018: scholar.harvard.edu/files/stantcheva/files/prisoners_of_the_american_dream_by_stefanie _stantcheva_-_project_syndicate_0.pdf.

8. Raj Chetty, John Friedman, Emmanuel Saez, Nicholas Turner, and Danny Yagan, "Mobility Report Cards: The Role of Colleges in Intergenerational Mobility," NBER Working Paper No. 23618, Revised Version, July 2017: equality-of-opportunity.org/papers/coll_mrc _paper.pdf.
9. fivethirtyeight.com/features/even-among-the-wealthy-education-predicts-trump-support/; jrf.org.uk/report/brexit-vote-explained-poverty-low-skills-and-lack-opportunities.
10. Aaron Blake, "Hillary Clinton Takes Her 'Deplorables' Argument for Another Spin," *The Washington Post*, March 13, 2018, washingtonpost.com/news/the-fix/wp/2018/03/12/hillary -clinton-takes-her-deplorables-argument-for-another-spin. 高所得の有権者のあいだでは、トランプはクリントンに辛うじて勝利を収めた。だが、以下のような人びとのあいだでは圧勝した。農村部や小都市の有権者（62 - 34%）、非大卒の白人有権者（67 - 28%）、他国との貿易はより多くの仕事を生み出すのではなく奪ってしまうと考える有権者（65 - 31%）。以下を参照のこと。"Election 2016: Exit Polls," *The New York Times*, November 8, 2016: nytimes.com/interactive/2016/11/08/us/politics/election-exit-polls.html.
11. Donald J. Trump, "Remarks Announcing United States Withdrawal from the United Nations Framework Convention on Climate Change Paris Agreement," June 1, 2017, the American Presidency Project, presidency.ucsb.edu/node/328739.
12. 孔子の能力主義に関するさまざまな解釈については、以下を参照。Daniel A. Bell and Chenyang Li, eds., *The East Asian Challenge for Democracy: Political Meritocracy in Comparative Perspective* (New York: Cambridge University Press, 2013); プラトンについては以下を参照。*The Republic of Plato*, translated by Allan Bloom (New York: Basic Books, 1968), Book VI; アリストテレスについては以下を参照。

The Politics of Aristotle, translated by Ernest Barker (Oxford: Oxford University Press, 1946), Book III, and *The Nicomachean Ethics of Aristotle*, translated by Sir David Ross (Oxford: Oxford University Press, 1925), Books I and VI.

13. Joseph F. Kett, *Merit: The History of a Founding Idea from the American Revolution to the 21st Century* (Ithaca, NY: Cornell University Press, 2013), pp. 1–10, 33–44. Thomas Jefferson to John Adams, October 28, 1813, in Lester J. Cappon, ed., *The Adams-Jefferson Letters: The Complete Correspondence Between Thomas Jefferson and Abigail and John Adams* (Chapel Hill: University of North Carolina, 1959), vol. 2, pp. 387–92.
14. Michael Young, *The Rise of the Meritocracy* (Harmondsworth: Penguin Books, 1958)（マイケル・ヤング『メリトクラシー』窪田鎮夫・山元卯一郎訳、講談社エディトリアル、2021など）.
15. Ibid., p. 106.

第2章　「偉大なのは善だから」――能力の道徳の簡単な歴史

1. "lot, n." OED Online, Oxford University Press, June 2019, oed.com/view/Entry/110425（2019年7月16日にアクセス）.
2. たとえば、Jonah 1:4–16.
3. 『ヨブ記』4:7. この部分とそれ以降のヨブに関する議論は、次の文献を参考にしている。Moshe Halbertalの優れた論文、"Job, the Mourner," in Leora Batnitzky and Ilana Pardes, eds., *The Book of Job: Aesthetics, Ethics, and Hermeneutics* (Berlin: de Gruyter, 2015), pp. 37–46.
4. Ibid., pp. 39, 44–45. Halbertalはヨブに関するこの解釈をMaimonidesのものとしている。人が住んでいない土地への降雨については『ヨブ記』38:25–26を参照。
5. Ibid., pp. 39, 45.
6. この部分と次のパラグラフについては、以下の文献の啓発的な議論を参照している。Anthony T. Kronman, *Confessions of a Born-Again Pagan* (New Haven, CT: Yale University Press, 2016), esp. pp. 88–98,

240–71, 363–93.
7. Halbertal, "Job, the Mourner," p. 37.
8. Kronman, *Confessions of a Born-Again Pagan*, pp. 240–59; J. B. Schneewind, *The Invention of Autonomy* (Cambridge: Cambridge University Press, 1998), pp. 29–30.
9. Eric Nelson, *The Theology of Liberalism: Political Philosophy and the Justice of God* (Cambridge, MA: Harvard University Press, 2019); Michael Axworthy, "The Revenge of Pelagius," *New Statesman*, December 7, 2018, p. 18; Joshua Hawley, "The Age of Pelagius," *Christianity Today*, June 2019, at christianitytoday.com/ct/2019/june-web-only/age-of -pelagius-joshua-hawley.html.
10. Kronman, *Confessions of a Born-Again Pagan*, pp. 256–71; Schneewind, *The Invention of Autonomy*, p. 272.
11. Kronman, *Confessions of a Born-Again Pagan*, pp. 363–81.
12. Max Weber, *The Protestant Ethic and the Spirit of Capitalism* (originally published 1904–1905), translated by Talcott Parsons (New York: Charles Scribner's Sons, 1958)（マックス・ヴェーバー『プロテスタンティズムの倫理と資本主義の精神』大塚久雄訳、岩波文庫、1991）.
13. Ibid., p. 104.
14. Ibid., pp. 109–10.
15. Ibid., pp. 110–15.
16. Ibid., pp. 115.
17. Ibid., p. 160.
18. Ibid., pp. 154, 121.
19. Ibid., pp. 121–22.
20. Max Weber, "The Social Psychology of the World Religions," in H. H. Gerth and C. Wright Mills, eds., *From Max Weber: Essays in Sociology* (New York: Oxford University Press, 1946)（W・ガース、W・ミルズ『マックス・ウェーバー　その人と業績』山口和男・犬伏宣宏訳、ミネルヴァ書房、1962）, p. 271. 強調は原書による。
21. Jackson Lears, *Something for Nothing: Luck in America* (New York:

Viking, 2003), p. 34.

22. Ibid.

23. Ibid., pp. 57–62. Ecclesiastes 9:11–12, cited at p. 59.

24. Lears, *Something for Nothing*, p. 60.

25. Ibid., p. 76.

26. Ibid.

27. Ibid., p. 22.

28. Ibid.

29. John Arlidge and Philip Beresford, “Inside the Goldmine,” *The Sunday Times* (London), November 8, 2009.

30. グラハムの発言は以下より。“Harricane Katrina: Wrath of God?,” *Morning Joe* on NBC News, October 5, 2005, at nbcnews.com/id/9600878/ns/msnbc-morning_joe/t/hurricane-katrina -wrath-god/#.XQZz8NNKjuQ.

31. ロバートソンの発言は以下より。Dan Fletcher, “Why Is Pat Robertson Blaming Haiti ? ” *Time*, Jan. 14, 2010.

32. フォールウェルの発言は以下より。Laurie Goodstein, “After the Attacks: Finding Fault,” *The New York Times*, September 15, 2001.

33. Devin Dwyer, “Divine Retribution? Japan Quake, Tsunami Resurface God Debate,” ABC News, March 18, 2011, at abcnews.go.com/Politics/japan-earthquake-tsunami-divine-retribution-natural-disaster-religious/story?id=13167670; Harry Harootunian, “Why the Japanese Don’t Trust Their Government,” *Le Monde Diplomatique*, April 11, at mondediplo .com/2011/04/08japantrust.

34. ケニヨンの発言は以下に引用されている。Kate Bowler, “Death, the Prosperity Gospel and Me,” *The New York Times*, February 13, 2016. 以下も参照のこと。Kate Bowler, *Blessed: A History of the American Prosperity Gospel* (New York: Oxford University Press, 2013).

35. Bowler, “Death, the Prosperity Gospel and Me.”

36. オスティーンの発言は以下より。Bowler, ibid.

37. David Van Biema and Jeff Chu, “Does God Want You to Be Rich?” *Time*, September 10, 2006.

38. Bowler, "Death, the Prosperity Gospel and Me."
39. Bowler, *Blessed*, p. 181; polling data in Biema and Chu, "Does God Want You to Be Rich?"
40. Bowler, *Blessed*, p. 226.
41. Ibid.
42. Bowler, "Death, the Prosperity Gospel and Me."
43. Vann R. Newkirk II, "The American Health Care Act's Prosperity Gospel," *The Atlantic*, May 5, 2017. を参照。
44. ブルックスの発言は以下より。Newkirk, ibid., and in Jonathan Chait, "Republican Blurts Out That Sick People Don't Deserve Affordable Care," *New York*, May 1, 2017.
45. John Mackey, "The Whole Foods Alternative to ObamaCare," *The Wall Street Journal*, August 11, 2009. Chait, ibid も参照のこと。
46. Mackey,ibid.
47. Hillary Clinton, "Address Accepting the Presidential Nomination at the Democratic Convention in Philadelphia, Pennsylvania," July 28, 2016, at presidency.ucsb.edu/documents /address-accepting-the-presidential-nomination-the-democratic-national-convention.
48. President Dwight D. Eisenhower, "Address at the New England 'Forward to '54' Dinner," Boston, Massachusetts, September 21, 1953, at presidency.ucsb.edu/documents/address-the-new-england-forward-54-dinner-boston-massachusetts.
49. John Pitney, "The Tocqueville Fraud," *The Weekly Standard*, November 12, 1995, at weeklystandard.com/john-j-pitney/the-tocqueville-fraud を参照。
50. その表現の引用回数を調べてみると、ジェラルド・R・フォードは大統領として6回、ロナルド・レーガンは10回、ジョージ・H・W・ブッシュは6回、それを用いている。使用回数の計算には検索可能な次のドキュメント・アーカイブを利用した。the American Presidency Project, University of California, Santa Barbara, at presidency.ucsb.edu/advanced-search.
51. President Ronald Reagan, "Remarks at the Annual Convention of the

National Association of Evangelicals in Columbus, Ohio," March 6, 1984, at presidency.ucsb.edu/documents /remarks-the-annual-convention-the-national-association-evangelicals-columbus-ohio.

52. 使用回数の計算には検索可能な次のドキュメント・アーカイブを利用した。the American Presidency Project, University of California, Santa Barbara, at presidency.ucsb.edu/advanced-search. このアーカイブには、大統領の演説とコメントがすべて、また、現職大統領ではない大統領候補者の選挙演説の一部が含まれている。アーカイブを検索すると、ジョン・ケリーは2004年の選挙戦でこの表現を少なくとも1回、ヒラリー・クリントンは2016年の選挙戦で少なくとも7回使った。

53. Yascha Mounk, *The Age of Responsibility: Luck, Choice, and the Welfare State* (Cambridge, MA: Harvard University Press, 2017) を参照。

54. この文句を初めて使った大統領はロナルド・レーガンで、1988年にカナダとの自由貿易協定について語ったときのことだ。presidency.ucsb.edu/documents/remarks-the-american-coalition-for-trade-expansion-with-canada. ところが彼は、数カ月後には、アメリカン・エンタープライズ研究所での演説で、1970年代にソ連による東欧の支配を受け入れたがった人びとが使った「不愉快なマルクス主義的表現」として「歴史の正しい側」を批判した。presidency.ucsb.edu/documents/remarks-the-american-enterprise-institute-for-public -policy-research. 次の文献も広く参照のこと。Jay Nordlinger, "The Right Side of History," *National Review*, March 31, 2011, and David A. Graham, "The Wrong Side of 'the Right Side of History,'" *The Atlantic*, December 21, 2015.

55. President George W. Bush, "Remarks to Military Personnel at Fort Hood, Texas," April 12, 2005, at presidency.ucsb.edu/documents/remarks-military-personnel-fort-hood-texas. Vice President Richard B. Cheney, "Vice President's Remarks at a Rally for Expeditionary Strike Group One," May 23, 2006, at presidency.ucsb.edu/documents/vice-presidents-remarks-rally-for-expeditionary-strike-group-one.

56. 使用回数の計算には検索可能な次のドキュメント・アーカイブを利用した。the American Presidency Project, University of California, Santa Barbara, at presidency.ucsb.edu /advanced-search.
57. President Barack Obama, "Commencement Address at the United States Military Academy in West Point, New York," May 22, 2010, at presidency.ucsb.edu/documents/commencement-address-the-united-states-military-academy-west-point-new-york-2; Obama, "Commencement Address at the United States Air Force Academy in Colorado Springs, Colorado," June 2, 2016, at presidency.ucsb.edu/documents/commencement-address-the-united-states-air-force-academy-colorado-springs-colorado-1.
58. President William J. Clinton, "Interview with Larry King," January 20, 1994, at presidency.ucsb.edu/documents/interview-with-larry-king-1; President Barack Obama, "Inaugural Address," January 20, 2009, at presidency.ucsb.edu/documents/inaugural-address-5.
59. President Barack Obama, "The President's News Conference," June 23, 2009, at presidency.ucsb.edu/documents/the-presidents-news-conference-1122; Obama, "The President's News Conference, " March 11, 2011, at presidency.ucsb.edu/documents/the-presidents-news-conference-1112; Obama, "The President's News Conference," February 15, 2011, at presidency .ucsb.edu/documents/the-presidents-news-conference-1113.
60. 使用回数の計算には検索可能な次のドキュメント・アーカイブを利用した。the American Presidency Project, University of California, Santa Barbara, at presidency.ucsb.edu/advanced-search. 絨毯については以下を参照。Chris Hayes, "The Idea That the Moral Universe Inherently Bends Toward Justice Is Inspiring. It's Also Wrong." At nbcnews.com/think/opinion/idea-moral-universe-inherently-bends-towards-justice-inspiring-it-s-ncna859661, and David A. Graham, "The Wrong Side of 'the Right Side of History.'"
61. Theodore Parker, *Ten Sermons of Religion*, 2nd ed. (Boston: Little, Brown and Company, 1855), pp. 84–85.

62. Google books Ngram at <iframe name="ngram_chart" src="https://books.google.com/ngrams/interactive_chart?content=right+side+of+history&year_start=1980&year_end =2010&corpus=15&smoothing=3&share=&direct_url=t1%3B%2Cright%20side%20of%20history%3B%2Cc0" width=900 height=500 marginwidth=0 marginheight=0 hspace=0 vspace=0 frameborder=0 scrolling=no></iframe>.

63. President William J. Clinton, "Media Roundtable Interview on NAFTA," November 12, 1993, at presidency.ucsb.edu/documents/media-roundtable-interview-nafta; Clinton, "Remarks to the People of Germany in Berlin," May 13, 1998, at presidency.ucsb.edu/documents/remarks-the-people-germany-berlin.

64. President William J. Clinton, "Remarks at a Campaign Concert for Senator John F. Kerry in Boston," September 28, 1996, at presidency.ucsb.edu/documents/remarks-campaign-concert-for-senator-john-f-kerry-boston; President Barack Obama, "Remarks at a Democratic National Committee Reception in San Jose, California," May 8, 2014, at presidency.ucsb.edu/documents/remarks-democratic-national-committee-reception-san-jose-california; Obama, "Remarks on Signing an Executive Order on Lesbian, Gay, Bisexual, and Transgender Employment Discrimination," July 21, 2014, at presidency.ucsb.edu/documents/remarks-signing-executive-order-lesbian-gay-bisexual-and-transgender-employment; William J. Clinton, "Address at the Democratic National Convention in Denver, Colorado," August 27, 2008, at presidency.ucsb.edu/documents/address-the-democratic-national-convention-denver-colorado.

65. President Barack Obama, "Remarks at a Reception Celebrating Lesbian, Gay, Bisexual, and Transgender Pride Month," June 13, 2013, at presidency.ucsb.edu/documents/remarks-reception-celebrating-lesbian-gay-bisexual-and-transgender-pride-month.

66. President Barack Obama, "Remarks at an Obama Victory Fund 2012 Fundraiser in Beverly Hills, California," June 6, 2012, at presidency.

ucsb.edu/documents/remarks-obama-victory-fund-2012-fundraiser-beverly-hills-california.

67. Eric Westervelt, “Greatness Is Not a Given: ‘America The Beautiful’ Asks How We Can Do Better,” National Public Radio, April 4, 2019, at npr.org/2019/04/04/709531017/america-the-beautiful-american-anthem.

68. Katharine Lee Bates, *America the Beautiful and Other Poems* (New York: Thomas Y. Crowell Co., 1911), pp. 3–4.

69. 以下を参照。Mark Krikorian, “God Shed His Grace on Thee,” *National Review*, July 6, 2011.

70. レイ・チャールズの演奏を収録した以下のビデオより。“America the Beautiful” at the 2001 World Series is available at youtube.com/watch?v=HlHMQEegpFs.

第3章 出世のレトリック

1. Evan Osnos, *Age of Ambition: Chasing Fortune, Truth, and Faith in the New China* (New York: Farrar, Straus and Giroux, 2014), pp. 308–10.

2. ビル・クリントン大統領はこのフレーズを21回使った。たとえば、「われわれは、すべての子供が、たまたま貧しかったり、たまたま経済的機会があまりない地域に生まれたり、たまたま少数人種だったり、あるいは、たまたま取り残された人びとだったりしても、一人としてチャンスを否定されないようにする重い責任を負っています。なぜなら、われわれには無駄にしてもよい人間などいないからです。この世界はきわめて競争的で、人びとの力で動いています。したがって、われわれはあらゆる人間を必要としているのです」。William J. Clinton, “Remarks in San Jose, California,” August 7, 1996, the American Presidency Project, presidency.ucsb.edu/node/223422.

3. Yascha Mounk, *The Age of Responsibility: Luck, Choice, and the Welfare State* (Cambridge, MA: Harvard University Press, 2017)（ヤシャ・モンク『自己責任の時代――その先に構想する支えあう福祉国家』那須耕介・栗村亜寿香訳、みすず書房、2019）, および Jacob S. Hacker, *The Great Risk Shift* (New York: Oxford University Press, 2006) を参

照。

4. Ronald Reagan, "Address Before a Joint Session of Congress on the State of the Union," January 27, 1987, the American Presidency Project, presidency.ucsb.edu/node/252758.
5. クーリッジ、フーヴァー、フランクリン・D・ローズヴェルト各大統領によるこのフレーズの使用例は、以下を参照。the American Presidency Project, presidency.ucsb.edu/advanced-search.
6. レーガンは大統領として「自らに落ち度がないにもかかわらず」というフレーズを26回使った。クリントンは72回、オバマは56回だった。著者による回数の計算には検索可能な次のドキュメント・アーカイブを利用した。the American Presidency Project, presidency.ucsb.edu/advanced-search.
7. William J. Clinton, "Inaugural Address," January 20, 1993, the American Presidency Project, presidency.ucsb.edu/node/219347.
8. William J. Clinton, 'Address Before a Joint Session of the Congress on the State of the Union," January 24, 1995, the American Presidency Project, presidency.ucsb.edu/node /221902.
9. William J. Clinton, "Remarks on Arrival at McClellan Air Force Base, Sacramento, California," April 7, 1995, the American Presidency Project, presidency.ucsb.edu/node /220655.
10. William J. Clinton, "Statement on Signing the Personal Responsibility and Work Opportunity Reconciliation Act of 1996," August 22, 1996, at the American Presidency Project, presidency.ucsb.edu/node/222686.
11. Tony Blair, *New Britain: My Vision of a Young Country* (London: Fourth Estate, 1996), pp. 19, 173. pp. 273, 292も参照のこと。
12. Gerhard Schröder, December 31, 2002, 以下より引用。 Yascha Mounk, *The Age of Responsibility: Luck, Choice, and the Welfare State* (Cambridge, MA: Harvard University Press, 2017), pp. 220–21. Translated by Mounk. pp. 1–6も参照のこと。
13. Mounk, ibid., p. 30における引用；広くは、pp. 28–37も参照のこと。
14. Ronald Reagan, "Remarks at a White House Briefing for Black Administration Appointees," June 25, 1984, the American Presidency

Project, presidency.ucsb.edu/node/260916; Ronald Reagan, “Radio Address to the Nation on Tax Reform,” May 25, 1985, the American Presidency Project, presidency.ucsb.edu/node/259932.

15. William J. Clinton, “Remarks to the Democratic Leadership Council,” December 3, 1993, the American Presidency Project, presidency.ucsb.edu/node/218963; オバマはこのフレーズのいくつかのヴァージョンを任期中に50回、レーガンは15回、クリントンは14回、ジョージ・W・ブッシュは3回、ジョージ・H・W・ブッシュは2回、ジェラルド・フォードは1回、リチャード・ニクソンも1回使った。このフレーズを書面で使ったのは、ニクソンが3回、リンドン・ジョンソンが2回だった。ジョンソン以前には、演説でも文書でもこれを使った大統領はいなかった。著者による使用回数の計算には、検索可能な次の大統領演説アーカイブを利用した。the American Presidency Project, presidency.ucsb.edu/advanced-search.

16. Barack Obama, “Remarks at the White House College Opportunity Summit,” December 4, 2014, the American Presidency Project, presidency.ucsb.edu/node/308043.

17. Barack Obama, “Remarks at a Campaign Rally in Austin, Texas,” July 17, 2012, the American Presidency Project, presidency.ucsb.edu/node/301979.

18. Google Ngram search at books.google.com/ngrams/graph?content=you+ deserve&year_start =1970&year_end =2008&corpus =15&smoothing =3&share =&direct_url =t1%3B%2Cyou%20deserve%3B%2Cc0. ニューヨーク・タイムズ紙の検索可能なオンライン・アーカイブによれば「あなたは値する」という表現は、1981年には14回、2018年には69回現れている。10年単位で見ても、1970年代に111回、80年代に175回、90年代に228回、2000年代に480回、2010年代（2019年7月31日まで）に475回と着実に増加している。

19. John Lofflin, “What’s New in Subliminal Messages: ‘I Deserve to Succeed. I Deserve to Reach My Goals. I Deserve to Be Rich,’” *The New York Times*, March 20, 1988, nytimes .com/1988/03/20/

business/what-s-new-subliminal-messages-deserve-succeed-deserve-reach-my-goals-deserve-be.html?searchResultPosition=1; David Tanis, "You Deserve More Succulent Chicken," *The New York Times*, March 29, 2019, nytimes.com/2019/03/29/dining/chicken-paillard-recipe.html?searchResultPosition=1.
20. 第5章におけるフリードリヒ・ハイエク、ジョン・ロールズ、運の平等論者の議論を参照。
21. レーガンが「あなたは値する」というフレーズを31回使ったのに対し、ケネディ、ジョンソン、ニクソン、フォード、カーターの各大統領は合計で27回だった。検索可能な次の大統領演説アーカイブによる。the American Presidency Project, presidency.ucsb.edu/advanced-search.
22. Ronald Reagan, "Remarks and a Question-and-Answer Session with Members of the Commonwealth Club of California in San Francisco," March 4, 1983, the American Presidency Project, presidency.ucsb.edu/node/262792.
23. レーガンは「あなたは値する」というフレーズを31回、クリントンは68回、オバマは104回使った。検索可能な次の大統領演説アーカイブによる。the American Presidency Project, presidency.ucsb.edu/advanced-search. William J. Clinton, "Remarks to the Community in San Bernardino, California," May 20, 1994, the American Presidency Project, presidency.ucsb.edu/node/220148; Barack Obama, "Remarks at the Costco Wholesale Corporation Warehouse in Lanham, Maryland," January 29, 2014, the American Presidency Project, presidency.ucsb.edu/node/305268; Barack Obama, "Remarks at Cuyahoga Community College Western Campus in Parma, Ohio," September 8, 2010, the American Presidency Project, presidency.ucsb.edu/node/288117.
24. Theresa May, "Britain, the Great Meritocracy: Prime Minister's Speech," September 9, 2016, at gov.uk/government/speeches/britain-the-great-meritocracy-prime-ministers-speech.
25. Ibid.

26. Barack Obama, Interview with Bill Simmons of ESPN, March 1, 2012, the American Presidency Project, presidency.ucsb.edu/node/327087.
27. Hillary Clinton, "Remarks at the Frontline Outreach Center in Orlando, Florida," September 21, 2016, the American Presidency Project, presidency.ucsb.edu/node/319595; "Remarks at Eastern Market in Detroit, Michigan," November 4, 2016, the American Presidency Project, presidency.ucsb.edu/node/319839; "Remarks at Ohio State University in Columbus, Ohio," October 10, 2016, the American Presidency Project, presidency.ucsb.edu/node/319580.
28. Erin A. Cech, "Rugged Meritocratists: The Role of Overt Bias and the Meritocratic Ideology in Trump Supporters' Opposition to Social Justice Efforts," *Socius: Sociological Research for a Dynamic World 3* (January 1, 2017), pp. 1–20, journals.sagepub.com/doi/full/10.1177/2378023117712395.
29. Ibid., pp. 7–12.
30. アメリカでは上位1%が国民所得の20.2%を手にする一方、下位半分は12.5%を得ている。また、アメリカでは上位10%が国民所得の半分近く（47%）を懐に入れるのに対し、西欧では37%、中国は41%、ブラジルとインドは55%を手にしている。Thomas Piketty, Emmauel Saez, and Gabriel Zucman, "Distributional National Accounts: Methods and Estimates for the United States," *Quarterly Journal of Economics* 133, issue 2 (May 2018), p. 575, eml.berkeley.edu/~saez/PSZ2018QJE.pdf で閲覧可能 ; Alvaredo, Chancel, Piketty, Saez, and Zucman, *World Inequality Report 2018*（『世界不平等レポート2018』徳永優子・西村美由起訳、みすず書房、2018), pp. 3, 83–84. アメリカおよびその他の国々の所得分布データはオンラインで入手可能。World Inequality Database, wid.world.
31. アメリカでは、1980年以来の経済成長のほとんどは上位10%のものになり、その所得は121%増加した一方、人口の下位半分に渡った分はほとんどなく、下位半分の人びとの2014年の平均所得（約1万6000ドル）は、2018年においても実質ベースで1980年とほぼ同

じだった。労働年齢の男性の所得中央値は「2014年も1964年とほぼ同じで、約3万5000ドルだった。平均的な男性労働者にとっては半世紀にわたって成長がなかった」Piketty, Saez, and Zucman, "Distributional National Accounts," pp. 557, 578, 592–93. 次の文献も参照のこと。Thomas Piketty, *Capital in the Twenty-First Century* (Cambridge, MA: Harvard University Press, 2014)（トマ・ピケティ『21世紀の資本』山形浩生・守岡桜・森本正史訳、みすず書房、2014), p. 297. そこでピケティは、1977年から2007年にかけて、上位10%の富裕層がアメリカの経済成長全体の4分の3を得たと述べている。

32. アメリカ人は「懸命に働く気があれば、ほとんどの人は成功できる」という考えに77%対20%で同意している。ドイツ人は51%対48%、フランスと日本では「ほとんどの人にとって努力が成功を保証するわけではない」という意見に多数が肯定的である（フランスは54%対46%、日本は59%対40%）。Pew Global Attitudes Project, July 12, 2012, pewresearch.org/global/2012/07/12/chapter-4-the-casualties-faith-in-hard-work-and-capitalism.

33. アメリカ人の73%は、努力は「人生で成功するために非常に重要」だと答えているが、ドイツでは回答者の49%、フランスでは25%だ。韓国と日本ではそれぞれ34%と42%である。Pew Research Center, Spring 2014 Global Attitudes survey, October 7, 2014, pewresearch.org/global/2014/10/09/emerging-and-developing-economies-much-more-optimistic-than-rich-countries-about-the-future/inequality-05.

34. 裕福なのはなぜかとたずねられると、43%は努力したからと答え、42%は人生における利点を持っていたからと答える。貧しいのはなぜかと問われると、52%は本人に制御できない環境のせいと答え、本人の努力不足と答えた人は31%だった。こうした質問に対する反応は、民主党支持者と共和党支持者で異なっている。Amina Dunn, "Partisans Are Divided over the Fairness of the U.S. Economy—and Why People Are Rich or Poor," Pew Research Center, October 4, 2018, pewresearch.org/fact-tank/2018/10/04/partisans-are-divided-

over-the-fairness-of-the-u-s-economy-and-why-people-are-rich-or-poor.

35.「人生の成功は自分の支配できない力によってほぼ決定される」かどうかをたずねられると、韓国人の74%、ドイツ人の67%、イタリア人の66%がそう思うと答えるのに対し、アメリカ人では40%にすぎない。Pew Research Center, Spring 2014 Global Attitudes survey, October 9, 2014, pewresearch.org/global/2014/10/09/emerging-and-developing-economies-much-more-optimistic-than-rich-countries-about-the-future.

36. Raj Chetty, David Grusky, Maximilian Hell, Nathaniel Hendren, Robert Manduca, and Jimmy Narang, "The Fading American Dream: Trends in Absolute Income Mobility Since 1940," *Science* 356 (6336), 2017, pp. 398–406, opportunityinsights.org/paper/the-fading-american-dream で閲覧できる。父親と息子の所得を比較すると、変化はいっそう厳しい。1940年生まれの男性の95%は、父親より高い所得を得た。1984年生まれの男性で父親より高い所得を得たのは41%にすぎなかった。

37. ピュー慈善財団の研究によると、下位5分の1に生まれたアメリカ人の4%が、成人時に上位5分の1にまで出世し、30%が中位5分の1以上に出世し、43%が下位5分の1にとどまるという。"Pursuing the American Dream: Economic Mobility Across Generations," Pew Charitable Trusts, July 2012, p. 6, Figure 3, pewtrusts.org/~/media/legacy/uploadedfiles/wwwpewtrustsorg/reports/economic_mobility/pursuingamericandreampdf.pdf で閲覧可能。ハーバード大学の経済学者であるラジ・チェティらの研究結果によると、下位5分の1に生まれたアメリカ人の7.5%が上位5分の1に出世し、38%が中位5分の1以上に出世し、34%が底辺にとどまるという。Raj Chetty, Nathaniel Hendren, Patrick Kline, and Emmanuel Saez, "Where Is the Land of Opportunity? The Geography of Intergenerational Mobility in the United States," *Quarterly Journal of Economics* 129, no. 4 (2014), pp. 1553–623; rajchetty.com/chettyfiles /mobility_geo.pdf (mobility figures at p. 16 and Table II) で閲覧可能。アーチブリッジ研究所のスコット・ウィンシップの研究によると、下位5分の1に生まれた

子供の3%だけが上位5分の1に、26%だけが中位5分の1以上に到達し、46%は底辺を脱出できないままだという。Scott Winship, "Economic Mobility in America," Archbridge Institute, March 2017, p. 18, Figure 3, available at archbridgeinst.wpengine.com/wp-content/uploads/2017/04/Contemporary-levels-of-mobility-digital-version_Winship.pdf.

38. Miles Corak, "Income Inequality, Equality of Opportunity, and Intergenerational Mobility," *Journal of Economic Perspectives* 27, no. 3 (Summer 2013), pp. 79–102 (Figure 1, p. 82を参照), online at pubs.aeaweb.org/doi/pdfplus/10.1257/jep.27.3.79; Miles Corak, "Do Poor Children Become Poor Adults? Lessons from a Cross Country Comparison of Generational Earnings Mobility," IZA Discussion Paper No. 1993, March 2006 (Table 1, p. 42を参照), at ftp.iza.org/dp1993.pdf; *A Broken Social Elevator? How to Promote Social Mobility* (Paris: OECD Publishing, 2018), オンラインの doi.org/10.1787/9789264301085-en. OECDの調査もコラクのそれと同様の結果を示しているが、ドイツは例外で、OECDの調査によるとアメリカより社会的流動性が低い。 p.195 Figure 4.8の国際比較を参照。

39. Chetty et al., "Where Is the Land of Opportunity?" p. 16. 以下も参照。Julia B. Isaacs, Isabel Sawhill, and Ron Haskins, *Getting Ahead or Losing Ground: Economic Mobility in America* (Economic Mobility Project: An Initiative of the Pew Charitable Trusts, 2008), at pewtrusts.org//media/legacy/uploadedfiles/wwwpewtrustsorg/reports/economic_mobility/economicmobilityinamericafullpdf.pdf. Mobility data for the U.S. and Denmark is at Figure 1, p. 40.

40. Javier C. Hernández and Quoctrung Bui, "The American Dream Is Alive. In China," *The New York Times*, November 18, 2018, nytimes.com/interactive/2018/11/18/world/asia/china-social-mobility.html.

41. Ibid.

42. Ibid. 中国とアメリカの世代間移動を比較している世界銀行のデータは以下に含まれる。Ambar Narayan et al., *Fair Progress?: Economic Mobility Across Generations Around the World* (Washington, DC: World

Bank, 2018), pp. 107 (Figure 3.6), 140 (Map 4.1) and 141 (Figure 4.2). 世界銀行の研究はオンラインで以下から入手可能。openknowledge.worldbank.org /handle/10986/28428. OECD のある調査では、中国の社会的流動性がアメリカよりもやや低いことを示すデータが引用されている。*A Broken Social Elevator? How to Promote Social Mobility* (Paris: OECD Publishing, 2018), Figure 4.8, p. 195, at doi.org/10.1787/9789264301085-en を参照。

43. *The Republic of Plato*, Book III, 414b–17b. Translated by Allan Bloom (New York: Basic Books, 1968), pp. 93–96.
44. Alberto Alesina, Stefanie Stantcheva, and Edoardo Teso, "Intergenerational Mobility and Preferences for Redistribution," *American Economic Review* 108, no. 2 (February 2018), pp. 521–54. オンラインの pubs.aeaweb.org/doi/pdfplus/10.1257/aer.20162015.
45. サマーズの発言は以下より。Ron Suskind, *Confidence Men: Wall Street, Washington, and the Education of a President* (New York: Harper, 2011), p. 197.
46. President Barack Obama, "The President's Weekly Address," August 18, 2012; the American Presidency Project, presidency.ucsb.edu/node/302249.
47. Ibid.

第4章　学歴偏重主義——容認されている最後の偏見

1. Grace Ashford, "Michael Cohen Says Trump Told Him to Threaten Schools Not to Release Grades," *The New York Times*, February 27, 2019, nytimes.com/2019/02/27/us/politics /trump-school-grades.html; full transcript: Michael Cohen's Opening Statement to Congress, *The New York Times*, February 27, 2019, nytimes.com/2019/02/27/us/politics/cohen-documents-testimony.html ?module=inline.
2. Maggie Haberman, "Trump: How'd Obama Get into Ivies?," *Politico*, April 25, 2011, politico.com/story/2011/04/trump-howd-obama-get-into-ivies-053694.
3. Nina Burleigh, "Trump Speaks at Fourth-Grade Level, Lowest of Last

15 Presidents, New Analysis Finds," *Newsweek*, January 8, 2018, newsweek.com/trump-fire-and-fury-smart-genius-obama-774169; data and methodology at blog.factba.se/2018/01/08/; Rebecca Morin, " 'Idiot,' 'Dope,' 'Moron': How Trump's Aides Have Insulted the Boss," *Politico*, September 4, 2018, politico.com/story/2018/09/04/trumps-insults-idiot-woodward-806455; Valerie Strauss, "President Trump Is Smarter Than You. Just Ask Him," *The Washington Post*, February 9, 2017, washingtonpost.com/news/answer-sheet/wp/2017/02/09/president-trump-is -smarter-than-you-just-ask-him/; Andrew Restuccia, "Trump Fixates on IQ as a Measure of Worth," *Politico*, May 30, 2019, politico.com/story/2019/05/30/donald-trump-iq-intelligence-1347149; David Smith, "Trump's Tactic to Attack Black People and Women: Insult Their Intelligence," *The Guardian*, August 10, 2018, theguardian.com/us-news/2018/aug/10/trump-attacks-twitter-black-people-women.

4. Strauss, "President Trump Is Smarter Than You. Just Ask Him," Donald J. Trump, "Remarks at the Central Intelligence Agency in Langley, Virginia," January 21, 2017, the American Presidency Project, presidency.ucsb.edu/node /323537.
5. トランプの発言は以下より。Michael Kranish, "Trump Has Referred to His Wharton Degree as 'Super Genius Stuff,'" *The Washington Post*, July 8, 2019, washingtonpost.com/politics/trump-who-often-boasts-of-his-wharton-degree-says-he-was-admitted-to-the-hardest-school-to-get-into-the-college-official-who-reviewed-his-application-recalls-it-differently/2019/07/08 /0a4eb414–977a-11e9–830a-21b9b36b64ad_story.html.
6. Strauss, "President Trump Is Smarter Than You. Just Ask Him,"
7. Donald J. Trump, "Remarks at a 'Make America Great Again' Rally in Phoenix, Arizona," August 22, 2017, the American Presidency Project, presidency.ucsb.edu/node/331393.
8. バイデンのコメントは以下を参照。youtube.com/watch?v=QWM6EuKxz5A;Trump-Biden comparison discussed in Meghan

Kruger, "Who's the Smartest of Them All? Trump and Biden Both Say 'Me,' " *The Washington Post*, July 17, 2019, washingtonpost.com/opinions/whos-the-smartest-of-them-all-trump-and-biden-both-say-me/2019/07/17/30221c46-a8cb-11e9-9214-246e594de5d5_story.html.

9. James R. Dickenson, "Biden Academic Claims 'Inaccurate,' " *The Washington Post*, September 22, 1987, washingtonpost.com/archive/politics/1987/09/22/biden-academic-claims-inaccurate/932eaeed-9071-47a1-aeac-c94a51b668e1.

10. Kavanaugh hearing: transcript, *The Washington Post*, September 27, 2018, washingtonpost.com/news/national/wp/2018/09/27/kavanaugh-hearing-transcript.

11. George H. W. Bush, "Address to the Nation on the National Education Strategy," April 18,1991, the American Presidency Project, presidency.ucsb.edu/node/266128; ブレアの発言は以下より。Ewen Macaskill, "Blair's Promise: Everyone Can Be a Winner," *The Guardian*, October 2, 1996, theguardian.com/education/1996/oct/02/schools.uk.

12. William J. Clinton, "Remarks at a Democratic National Committee Dinner," May 8, 1996, the American Presidency Project, presidency.ucsb.edu/node/222520. 以下のオンライン・アーカイブによると、クリントンはこの表現をいくつかのパターンで（「何を学ぶか」や「何を学べるか」など）32回使った。the American Presidency Project, presidency.ucsb.edu /advanced-search. ジョン・マケインはクリントンの対句を逆さにした次のようなパターンを使った。「グローバル経済においては、何を学ぶかが何を稼ぐかを決める」。たとえば、McCain, "Address at Episcopal High School in Alexandria, Virginia," April 1, 2008, the American Presidency Project, presidency.ucsb.edu/node/277705.

13. Barack Obama, "Remarks at Pathways in Technology Early College High School in New York City," October 25, 2013, the American Presidency Project, presidency.ucsb.edu/node /305195.

14. Ibid.
15. Ibid.
16. Christopher Hayes, *The Twilight of the Elites: America After Meritocracy* (New York: Crown Publishers, 2012), p. 48.
17. Ibid.
18. Thomas Frank, *Listen, Liberal—or What Ever Happened to the Party of the People?* (New York: Metropolitan Books, 2016), pp. 34–35.
19. Ibid., pp. 72–73. 1979年以降の生産性と賃金の乖離に関するデータについては以下を参照。"Productivity-Pay Gap," Economic Policy Institute, July 2019, epi.org/productivity-pay-gap.
20. 2018年には、25歳以上のアメリカ人の35%が大学で四年の課程を修了しており、1999年の25%、1988年の20%から上昇している。United States Census Bureau, CPS Historical Time Series Tables, 2018, Table A-2, census.gov/data/tables/time-series /demo/educational-attainment/cps-historical-time-series.html.
21. Jonathan Alter, *The Promise: President Obama, Year One* (New York: Simon and Schuster, 2010), p. 64.
22. Ibid.
23. Patrick J. Egan, "Ashton Carter and the Astoundingly Elite Educational Credentials of Obama's Cabinet Appointees," *The Washington Post*, December 5, 2014, washingtonpost.com/news/monkey-cage/wp/2014/12/05/ashton-carter-and-the-astoundingly-elite-educational-credentials-of-obamas-cabinet-appointees. Cited in Frank, *Listen, Liberal*, p. 164.
24. David Halberstam, *The Best and the Brightest* (New York: Random House, 1969)（デイヴィッド・ハルバースタム『ベスト&ブライテスト——栄光と興奮に憑かれて』浅野輔訳、二玄社、2009）.
25. Alter, *The Promise*, p. 63.
26. Frank, *Listen, Liberal*, p. 40.
27. Ibid., pp. 165–66.
28. Ibid., p. 166; Neil Barofsky, *Bailout: An Inside Account of How Washington Abandoned Main Street While Rescuing Wall Street* (New

York: Free Press, 2012).
29. Barofsky, *Bailout*, p. 139.
30. 大統領演説に関する以下のオンライン・アーカイブを利用した著者による調査。the American Presidency Project, presidency.ucsb.edu/advanced-search.
31. Google Ngram で探せる書籍における単語の出現頻度。books.google.com/ngrams. In *The New York Times*, the word "smart" appeared 620 times in 1980, 2,672 times in 2000. Word searched by year at nytimes.com/search?query=smart.
32. William J. Clinton, "The President's Radio Address," August 19, 2000, the American Presidency Project, presidency.ucsb.edu/node/218332; "Remarks on Proposed Medicare Prescription Drug Benefit Legislation and an Exchange with Reporters," June 14, 2000, the American Presidency Project, presidency.ucsb.edu/node/226899; "The President's Radio Address," September 2, 2000, the American Presidency Project, presidency.ucsb.edu/node /218133.
33. Barack Obama, "Statement on International Women's Day," March 8, 2013, the American Presidency Project, presidency.ucsb.edu/node/303937; "Remarks to the United Nations General Assembly in New York City," September 20, 2016, the American Presidency Project, presidency.ucsb.edu/node/318949; "Remarks on Immigration Reform," October 24, 2013, the American Presidency Project, presidency.ucsb.edu/node/305189; "Remarks at Forsyth Technical Community College in Winston-Salem, North Carolina," December 6, 2010, the American Presidency Project, presidency.ucsb.edu/node/288963.
34. ヒラリー・クリントンの発言は以下より。"Press Release—President Obama Announces Key State Department Appointments," March 6, 2009, the American Presidency Project, presidency.ucsb.edu/node/322243.
35. Transcript of Obama's 2002 speech at npr.org/templates/story/story.php?storyId=99591469.

36. オバマの発言は以下より。David Rothkopf, *Foreign Policy*, June 4, 2014, foreignpolicy.com/2014/06/04/obamas-dont-do-stupid-shit-foreign-policy.

37. Barack Obama, "Remarks at Newport News Shipbuilding in Newport News, Virginia," February 26, 2013, the American Presidency Project, presidency.ucsb.edu/node/303848; "The President's News Conference," March 1, 2013, the American Presidency Project, presidency.ucsb.edu/node/303955.

38. Barack Obama, "The President's News Conference," March 1, 2013.

39. Toon Kuppens, Russell Spears, Antony S. R. Manstead, Bram Spruyt, and Matthew J. Easterbrook, "Educationism and the Irony of Meritocracy: Negative Attitudes of Higher Educated People Towards the Less Educated," *Journal of Experimental Social Psychology* 76(May 2018), pp. 429–47.

40. Ibid., pp. 441–42.

41. Ibid., pp. 437, 444.

42. Ibid., pp. 438–39, 441–43.

43. Ibid., p. 444.

44. Ibid., pp. 441, 445.

45. Jennifer E. Manning, "Membership of the 116th Congress: A Profile," Congressional Research Service, June 7, 2019, p. 5, crsreports.congress.gov/product/pdf/R/R45583; A. W. Geiger, Kristen Bialik, and John Gramlich, "The Changing Face of Congress in 6 Charts," Pew Research Center, February 15, 2019, pewresearch.org/fact-tank/2019/02/15/the-changing -face-of-congress.

46. Nicholas Carnes, *The Cash Ceiling: Why Only the Rich Run for Office—and What We Can Do About It* (Princeton, NJ: Princeton University Press, 2018), pp. 5–6.

47. データは以下の文献による。Rebecca Montacute and Tim Carr, "Parliamentary Privilege—the MPs in 2017," Research Brief, the Sutton Trust, June 2017, pp. 1–3, suttontrust.com/research-paper/parliamentary-privilege-the-mps-2017-education-background. 以下も参照のこと。

Lukas Audickas and Richard Cracknell, "Social Background of MPs 1979–2017," House of Commons Library, November 12, 2018, researchbriefings.parliament.uk/ResearchBriefing/Summary/CBP-7483#fullreport, この資料には、大卒資格を持った国会議員についてやや低い数字（82%）が載っている。一般住民についての数字（70%が大卒資格を持っていない）は以下の文献による。Bagehot, "People Without Degrees Are the Most Under-represented Group," *The Economist*, May 12, 2018.

48. Ibid.,"Social Background of MPs 1979–2017,"House of Commons Library, pp.11–12; Ashley Cowburn, "Long Read: How Political Parties Lost the Working Class," *New Statesman*, June 2, 2017, newstatesman.com/2017/06/long-read-how-political-parties-lost-working-class; Oliver Heath, "Policy Alienation, Social Alienation and Working-Class Abstention in Britain, 1964–2010," *British Journal of Political Science* 48, issue 4 (October 2018), p. 1063, doi.org/10.1017/S0007123416000272.

49. Mark Bovens and Anchrit Wille, *Diploma Democracy: The Rise of Political Meritocracy* (Oxford: Oxford University Press, 2017), pp. 1–2, 5.

50. Ibid., pp. 112–16, 120; Conor Dillon, "Tempting PhDs Lead Politicians into Plagiarism," DW, February 13, 2013, p.dw.com/p/17dJu.

51. Bovens and Wille, *Diploma Democracy*, pp. 113–16.

52. Ibid.

53. Jackie Bischof, "The Best US Presidents, as Ranked by Presidential Historians," *Quartz*,February 19, 2017, qz.com/914825/presidents-day-the-best-us-presidents-in-history-as-ranked-by-presidential-historians/; Brandon Rottinghaus and Justin S. Vaughn, "How Does Trump Stack Up Against the Best—and Worst—Presidents?," *The New York Times*, February 19, 2018, nytimes.com/interactive/2018/02/19/opinion/how-does-trump-stack-up-against-the-best-and-worst-presidents.html.

54. 以下を参照。Binyamin Appelbaum, *The Economists' Hour: False Prophets, Free Markets, and the Fracture of Society* (New York: Little, Brown and Company, 2019), pp. 3–18.
55. Frank, *Listen, Liberal*, p. 39.
56. 一般住民のうちでプライベートスクールへ通っている割合（7%）とオックスフォードまたはケンブリッジ大学へ通っている割合（1%）に関する数字は、以下の資料による。*Elitist Britain 2019: The Educational Backgrounds of Britain's Leading People* (The Sutton Trust and Social Mobility Commission, 2019), p. 4, suttontrust.com/wp-content/uploads/2019/06/Elitist-Britain-2019.pdf; ボリス・ジョンソン内閣に関する数字と、過去の内閣におけるプライベートスクール出身者の割合は以下による。Rebecca Montacute and Ruby Nightingale, Sutton Trust Cabinet Analysis 2019, suttontrust.com/research-paper/sutton-trust-cabinet-analysis-2019.
57. Sutton Trust Cabinet Analysis 2019; Adam Gopnik, "Never Mind Churchill, Clement Attlee Is a Model for These Times," *The New Yorker*, January 2, 2018, newyorker.com/news/daily-comment/never-mind-churchill-clement-attlee-is-a-model-for-these-times.
58. Gopnik, "Never Mind Churchill, Clement Attlee is a Model for These Times"; ベヴィンとモリソンの労働者階級としての経歴は以下で論じられている。Michael Young, "Down with Meritocracy," *The Guardian*, June 28, 2001, theguardian.com/politics/2001/jun/29/comment. ベヴァンの経歴については以下も参照のこと。the BBC, "Aneurin Bevan (1897–1960)," bbc.co.uk/history/historic_figures/bevan_aneurin.shtml. The assessments of the Attlee government are from the BBC, "Clement Attlee (1883–1967)," bbc.co.uk/history/historic_figures/attlee_clement.shtml, and John Bew, *Clement Attlee: The Man Who Made Modern Britain* (New York: Oxford University Press, 2017), quoted in Gopnik.
59. トランプへの投票者に非大卒白人が占める割合については以下を参照。2016 exit polls, CNN, cnn.com/election /2016/results/exit-polls; クリントンへの投票者に学士号より上の学位を持つ者が占め

る割合は以下に載っている。Thomas Piketty, "Brahmin Left vs. Merchant Right: Rising Inequality & the Changing Structure of Political Conflict," WID.world Working Paper Series, March 2018, piketty.pse.ens.fr/files/Piketty2018.pdf, Figure 3.3b; 教育 vs 所得に関しては以下を参照。Nate Silver, "Education, Not Income, Predicted Who Would Vote for Trump," November 22, 2016, FiveThirtyEight.com, fivethirtyeight.com/features/education-not-income-predicted-who-would-vote-for-trump.

60. Silver, "Education, Not Income, Predicted Who Would Vote for Trump." トランプの発言は以下より。Susan Page, "Trump Does the Impossible—Again," *USA Today*, February 25, 2016, usatoday.com/story/news/politics/elections/2016/02/24/analysis-donald-trump-does-impossible-again/80843932.

61. Thomas Piketty, "Brahmin Left vs. Merchant Right: Rising Inequality & the Changing Structure of Political Conflict."

62. Ibid., Figures 1.2c and 1.2d.

63. Ibid., p.3; 2018 exit polls, CNN, cnn.com/election/2018/exit-polls.

64. 2018 exitp olls, CNN, cnn.com/election/2018/exit-polls; Aaron Zitner and Anthony DeBarros, "The New Divide in Politics: Education," *The Wall Street Journal*, November 10, 2018, wsj.com/articles/midterm-results-point-to-a-new-divide-in-politics-education-1541865601.

65. Oliver Heath, "Policy Alienation, Social Alienation and Working-Class Abstention in Britain, 1964–2010," p. 1064, Figure 4; Oliver Heath, "Has the Rise of Middle Class Politicians Led to the Decline of Class Voting in Britain?," February 12, 2015, LSE blogs, blogs.lse.ac.uk/politicsandpolicy/the-rise-of-middle-class-politicians-and-the-decline-of-class-voting-in-britain.

66. "People Without Degrees Are the Most Under-represented Group," *The Economist*, May 12, 2018, economist.com/britain/2018/05/12/people-without-degrees-are-the-most-under-represented-group; Matthew Goodwin and Oliver Heath, "Brexit Vote Explained: Poverty,

Low Skills and Lack of Opportunities," Joseph Rowntree Foundation, August 31, 2016, jrf.org.uk/report/brexit-vote-explained-poverty-low-skills-and-lack-opportunities.

67. Goodwin and Heath, "Brexit Vote Explained: Poverty, Low Skills and Lack of Opportunities."

68. Thomas Piketty, "Brahmin Left vs. Merchant Right: Rising Inequality & the Changing Structure of Political Conflict," pp. 13, Figures 2.3a–2.3e.

69. Ibid., pp. 2, 61.

70. Jérôme Fourquet, "Qui sont les Français qui soutiennent Emmanuel Macron?," *Slate*, February 7, 2017, slate.fr/story/136919/francais-marchent-macron.

71. Pascal-Emmanuel Gobry, "The Failure of the French Elite," *The Wall Street Journal*, February 22, 2019. 以下も参照のこと。Christopher Caldwell, "The People's Emergency," *The New Republic*, April 22, 2019, newrepublic.com/article/153507/france-yellow-vests-uprising-emmanuel-macron-technocratic-insiders.

72. Kim Parker, "The Growing Partisan Divide in Views of Higher Education," Pew Research Center, August 19, 2019, pewsocialtrends.org/essay/the-growing-partisan-divide-in-views-of -higher-education.

73. オバマの発言は以下より。Adam J. White, "Google.gov," *The New Atlantis*, Spring 2018, p. 15, thenewatlantis.com/publications/googlegov. The video of Obama's talk at Google is at youtube.com/watch?v=m4yVlPqeZwo&feature=youtu.be&t=1h1m42s.

74. Ibid. 以下も参照のこと。Steven Levy, *In the Plex: How Google Thinks, Works, and Shapes Our Lives* (New York: Simon & Schuster, 2011), p. 317.

75. オバマによる「コストカーブ」の使用例に関する著者の調査には以下のオンライン・アーカイブを利用した。the American Presidency Project, presidency.ucsb.edu/advanced-search.

76. オバマによる「インセンティバイズ」の使用例に関する著者の調査には以下のオンライン・アーカイブを利用した。the American

Presidency Project, presidency.ucsb.edu/advanced-search.
77. オバマによる「スマート」の使用例に関する著者の調査には以下のオンライン・アーカイブを利用した。the American Presidency Project, presidency.ucsb.edu/advanced-search.
78. Henry Mance, “Britain Has Had Enough of Experts, says Gove,” June 3, 2016, *Financial Times*, ft.com/content/3be49734–29cb-11e6–83e4-abc22d5d108c.
79. Peter Baker, “From Obama and Baker, a Lament for a Lost Consensus,” *The New York Times*, November 28, 2018, nytimes.com/2018/11/28/us/politics/obama-baker-consensus .html.
80. 以下より引用。Obama speaking at MIT’s Sloan Sports Analytics Conference on February 23, 2018. この集会は非公式のものだったが、オバマのコメントは以下のウェブサイトに掲載されている。***Reason***, a libertarian magazine, at reason.com/2018/02/26/barack-obama-mit-sloan-sports.
81. オバマの発言は以下より。Baker, “From Obama and Baker, a Lament for a Lost Consensus.” 実際の映像は以下にある。C-SPAN video of President Obama at Rice University, November 27, 2018, at c-span.org/video/?455056–1/president-obama-secretary-state-james-baker-discuss-bipartisanship.
82. Hillary Clinton, “Address Accepting the Presidential Nomination at the Democratic National Convention in Philadelphia, Pennsylvania,” July 28, 2016, the American Presidency Project, presidency.ucsb.edu/node/317862; Barack Obama, “Remarks to the Illinois General Assembly in Springfield, Illinois,” February 10, 2016, the American Presidency Project, presidency.ucsb.edu/node/312502; Katie M. Palmer, “Cool Catchphrase, Hillary, but Science Isn’t about Belief,” *Wired*, July 29, 2016, wired.com/2016/07/cool-catchphrase-hillary-science-isnt-belief.
83. オバマはさまざまな機会にモイニハンを引き合いに出した。たとえば、以下を参照。Barack Obama, *The Audacity of Hope: Thoughts on Reclaiming the American Dream* (New York: Three Rivers Press,

2006)（バラク・オバマ『合衆国再生――大いなる希望を抱いて』棚橋志行訳、ダイヤモンド社、2007），2007年のグーグルでの選挙遊説（Adam J. White, "Google.gov," *The New Atlantis*, Spring 2018, p. 16 に引用されている），2018年の MIT での発言。MIT での発言の際には、モイニハンは賢明だという意見を付け加えている。reason.com/2018/02/26/barack-obama-mit-sloan-sports.

84. Frank Newport and Andrew Dugan, "College-Educated Republicans Most Skeptical of Global Warming," Gallup, March 26, 2015, news.gallup.com/poll/182159/college-educated-republicans-skeptical-global-warming.aspx. 2018年には、共和党支持者では69％、民主党支持者ではわずか4％が、地球温暖化は全体的に誇張されていると考えていた。一方、民主党支持者では89％、共和党支持者ではわずか35％が、地球温暖化は人間の活動に起因すると考えていた。以下を参照のこと。Megan Brenan and Lydia Saad, "Global Warming Concern Steady Despite Some Partisan Shifts," Gallup, March 28, 2018, news.gallup.com/poll/231530/global-warming-concern-steady-despite-partisan-shifts.aspx.

85. Ibid.

86. Caitlin Drummond and Baruch Fischhoff, "Individuals with Greater Science Literacy and Education Have More Polarized Beliefs on Controversial Science Topics," *Proceedings of the National Academy of Sciences* 114, no. 36 (September 5, 2017), pp. 9587–92, doi.org/10.1073/pnas.1704882114.

87. オバマの発言は以下より。Robby Soave, "5 Things Barack Obama Said in His Weirdly Off-the-Record MIT Speech," February 27, 2018, *Reason*, at reason.com/2018/02/26/barack-obama-mit-sloan-sports, ここにはスピーチの録音も用意されている。

88. Ibid.

89. Encyclical Letter Laudato Si' of the Holy Father Francis, "On Care for Our Common Home," May 24, 2015, paragraph 22, w2.vatican.va/content/dam/francesco/pdf/encyclicals /documents/papa-francesco_20150524_enciclica-laudato-si_en.pdf.

第5章　成功の倫理学

1. 現在のアメリカではこうした不平等が広がっている。所得分布の数字は以下による。Thomas Piketty, Emmanuel Saez, and Gabriel Zucman, "Distributional National Accounts: Methods and Estimates for the United States," *Quarterly Journal of Economics* 133, issue 2 (May 2018), p. 575. 資産分布はさらに不平等だ。大半の資産（77%）は上位10%が保有しており、上位1%が保有する資産は下位90%の合計資産をはるかに超えている。以下を参照のこと。Alvardo et al., eds., *World Inequality Report* 2018, p. 237. A valuable online resource, the World Inequality Database, provides updates, for the U.S. and other countries: wid.world.
2. Piketty, Saez, and Zucman, "Distributional National Accounts," p. 575.
3. Michael Young, *The Rise of the Meritocracy* (Harmondsworth: Penguin Books, 1958).
4. Ibid., p. 104.
5. Ibid., pp. 104–5.
6. Ibid., p. 105.
7. Ibid., p. 106.
8. Ibid.
9. Ibid., pp. 106–7.
10. Ibid., p. 107.
11. Amy Chozick, "Hillary Clinton Calls Many Trump Backers 'Deplorables,' and G.O.P. Pounces," *The New York Times*, September 10, 2016, nytimes.com/2016/09/11/us/politics /hillary-clinton-basket-of-deplorables.html.
12. Young, *The Rise of the Meritocracy*, pp. 108–9.
13. Piketty, Saez, and Zucman, "Distributional National Accounts," p. 575.
14. 増え続ける膨大な数の文献が能力主義的特権の強まりを記録している。たとえば、以下のようなものがある。Matthew Stewart, "The Birth of a New American Aristocracy," *The Atlantic*, June 2018, pp.

48–63; "An Hereditary Meritocracy," *The Economist*, January 22, 2015; Richard V. Reeves, *Dream Hoarders* (Washington, D.C.: Brookings Institution Press, 2017); Robert D. Putnam, *Our Kids: The American Dream in Crisis* (New York: Simon & Schuster, 2015)（ロバート・D・パットナム『われらの子ども——米国における機会格差の拡大』柴内康文訳、創元社、2017）; Samuel Bowles, Herbert Gintis, and Melissa Osborne Groves, eds., *Unequal Chances: Family Background and Economic Success* (Princeton, NJ: Princeton University Press, 2005); Stephen J. McNamee and Robert K. Miller, Jr., *The Meritocracy Myth* (Lan- ham, MD: Rowman & Littlefield, 3rd ed., 2014).

15. アームレスリングをはじめとするニッチなスポーツの視聴者数やその競技者の経済的展望は改善しつつあるようだ。以下を参照。Paul Newberry, "Arm Wrestling Looks to Climb Beyond Barroom Bragging Rights," Associated Press, September 6, 2018, apnews.com/842425dc6ed44c6886f9b3aedaac9141で閲覧可能。Kevin Draper, "The Era of Streaming Niche Sports Dawns," *The New York Times*, July 17, 2018.

16. Justin Palmer, "Blake Trains Harder Than Me, but Won't Take 200 Title: Bolt," Reuters, November 12, 2011, reuters.com/article/us-athletics-bolt/blake-works-harder-than-me-but-wont-take-200-title-bolt-idUSTRE7AB0DE20111112で閲覧可能。Allan Massie, "Can a Beast Ever Prevail Against a Bolt?," *The Telegraph*, August 6, 2012, telegraph.co.uk/sport/olympics/athletics/9455910/Can-a-Beast-ever-prevail-against-a-Bolt.html. で閲覧可能。

17. このパラグラフは拙著 *The Case Against Perfection: Ethics in the Age of Genetic Engineering* (Cambridge, MA: Harvard University Press, 2007)（マイケル・J・サンデル『完全な人間を目指さなくてもよい理由——遺伝子操作とエンハンスメントの倫理』林芳紀・伊吹友秀訳、ナカニシヤ出版、2010), pp. 28–29による。

18. "Global Attitudes Project, "Pew Research Center, July 12, 2012: pewglobal.org/2012/07/12/chapter-4-the-casualties-faith-in-hard-work-and-capitalism.

19. Friedrich A. Hayek, *The Constitution of Liberty* (Chicago: University of Chicago Press, 1960)（フリードリヒ・A・ハイエク『自由の条件』気賀建三ほか訳、春秋社、1960）, pp. 92–93.
20. Ibid., pp. 85–102.
21. Ibid., p. 93.
22. Ibid., p. 94.
23. John Rawls, *A Theory of Justice* (Cambridge, MA: Harvard University Press, 1971)（ジョン・ロールズ『正義論〔改訂版〕』川本隆史ほか訳、紀伊國屋書店、2010）.
24. Ibid., pp.73–74.
25. Ibid., p. 75.
26. Kurt Vonnegut, Jr., "Harrison Bergeron" (1961) in Vonnegut, *Welcome to the Monkey House* (New York: Dell Publishing, 1998)（カート・ヴォネガット・ジュニア「ハリスン・バージロン」伊藤典夫訳、『モンキーハウスへようこそ1』〔ハヤカワ文庫、1989〕所収）. Michael J. Sandel, *Justice: What's the Right Thing to Do?* (New York: Farrar, Straus and Giroux, 2009)（『これからの「正義」の話をしよう――いまを生き延びるための哲学』鬼澤忍訳、ハヤカワ文庫、2011）, pp. 155–56における議論も参照のこと。
27. Rawls, *A Theory of Justice*, p. 102.
28. Ibid., pp. 101–2.
29. Ibid., p. 104.
30. この主張の詳細については以下を参照のこと。Michael J. Sandel, *Liberalism and the Limits of Justice* (Cambridge: Cambridge University Press, 1982)（マイケル・J・サンデル『リベラリズムと正義の限界』菊池理夫訳、勁草書房、2009）, pp. 96–103, 147–54.
31. "Remarks by the President at a Campaign Event in Roanoke, Virginia," July 13, 2012: obamawhitehouse.archives.gov/the-press-office/2012/07/13/remarks-president-campaign -event-roanoke-virginia.
32. Ibid.
33. こうした見解のもう一つの例として、以下を参照。T. M. Scanlon,

Why Does Inequality Matter? (Oxford: Oxford University Press, 2018), pp. 117–32.

34. Hayek, *The Constitution of Liberty*, pp. 94, 97.

35. Rawls, *A Theory of Justice*, pp. 310–11; Hayek, *The Constitution of Liberty*, p. 94.

36. 功績の役割をめぐるリベラル哲学と一般の意見の隔たりに関する啓発的議論として、以下を参照。Samuel Scheffler, "Responsibility, Reactive Attitudes, and Liberalism in Philosophy and Politics," *Philosophy & Public Affairs* 21, no. 4 (Autumn 1992), pp. 299–323.

37. Hayek, *The Constitution of Liberty*, p. 98.

38. C. A. R. Crosland, *The Future of Socialism* (London: Jonathan Cape, 1956), p. 235（C.A.R. クロスランド『社会主義の将来――「左翼陣営のあたらしい思考」の要求に対する回答』日本文化連合会訳、日本文化連合会、1959), 以下より引用。Hayek, *The Constitution of Liberty*, p. 440.

39. N. Gregory Mankiw, "Spreading the Wealth Around: Reflections Inspired by Joe the Plumber," *Eastern Economic Journal* 36 (2010), p. 295.

40. Ibid.

41. Frank Hyneman Knight, *The Ethics of Competition* (New Brunswick, NJ: Transaction Publishers, 1997), p. 46. この本はナイトの論文 "The Ethics of Competition," を採録している。この論文の初出は、The *Quarterly Journal of Economics* xxxvii (1923), pp. 579–624. ナイトに関する概説は、Transaction edition by Richard Boyd の introduction を参照。

42. ロールズがナイトに負っているものついては、以下に有益な解説がある。Andrew Lister, "Markets, Desert, and Reciprocity," *Politics, Philosophy & Economics* 16 (2017), pp. 47–69.

43. Ibid., pp. 48–49.

44. Ibid., p. 34.

45. Ibid., p. 38.

46. Ibid., p. 41.

47. Ibid., p. 47.
48. Ibid., pp. 43–44.
49. Rawls, *A Theory of Justice*, pp. 310–15.
50. Ibid., p. 311.
51. Ibid., pp. 311–12.
52. Ibid., pp. 312–13.
53. Ibid., p. 313.
54. 報酬格差に関するこうした説明は、大学が入試の合格者と不合格者に対し、合否の理由を説明すべく送る通知として私が想像したものに、いくつかの点で似ている。Michael J. Sandel, *Liberalism and the Limits of Justice*, pp. 141–42.
55. スキャンロンは、成功と失敗に対する態度が問題になっているところで、「正」と「善」のもつれをほどく難しさを認識しているようだ。以下を参照。Scanlon, *Why Does Inequality Matter?*, pp. 29, 32–35.
56. Thomas Nagel, "The Policy of Preference," *Philosophy & Public Affairs* 2,no.4(Summer1973), reprinted in Nagel, *Mortal Questions* (Cambridge: Cambridge University Press, 1979), p. 104.
57. Rawls, *A Theory of Justice*, p. 102.
58. Richard Arneson, "Rawls, Responsibility, and Distributive Justice," in Marc Fleurbaey, Maurice Salles, and John Weymark, eds., *Justice, Political Liberalism, and Utilitarianism: Themes from Harsanyi and Rawls* (Cambridge: Cambridge University Press, 2008), p. 80.
59.「運の平等主義」という言葉を使いはじめたのは、エリザベス・アンダーソンだ。この教義に関する私の議論は、それに対する彼女の強力な批判に負っている。以下を参照。Elizabeth S. Anderson, "What Is the Point of Equality?," *Ethics* 109, no. 2 (January 1999), pp. 287–337.
60. Ibid., p. 311.
61. Ibid., pp. 292, 299–96. 無保険のドライバーについて、アンダーソンは以下を引用している。Eric Rakowski, *Equal Justice* (New York: Oxford University Press, 1991).

62. Anderson, "What Is the Point of Equality?," pp. 302–11.
63. See Yascha Mounk, *The Age of Responsibility: Luck, Choice, and the Welfare State* (Cambridge, MA: Harvard University Press, 2017), pp. 14–21.
64. Ibid.
65. Ibid., pp. 308, 311.
66. Ronald Dworkin, "What Is Equality? Part 2: Equality of Resources," *Philosophy & Public Affairs* 10, no. 4 (Autumn 1981), p. 293.
67. Ibid., pp. 297–98.
68. サミュエル・シェフラーが評するように、運の平等主義者が選択と環境の区別を強調することは、暗に「人は自らの選択の結果に値する」ことを想定しており、「それがほのめかしているのは、運の平等主義はその提唱者が認識している以上に、功績に対して基本的な役割を委ねているということだ」。Scheffler, "Justice and Desert in Liberal Theory," *California Law Review* 88, no. 3 (May 2000), p. 967, n. 2.
69. G. A. Cohen, "On the Currency of Egalitarian Justice," *Ethics* 99, no. 4 (July 1989), p. 933.
70. Nagel, "The Policy of Preference," p. 104.
71. Anderson, "What Is the Point of Equality?," p. 325.
72. ジョゼフ・フィシュキンは「出生の環境も含め、世界がわれわれにもたらす機会に仲介されていない『生来の』才能とか努力といったものは存在しない」と主張している。フィシュキンは「遺伝子と環境は、ばらばらの独立した因果的力として働く」という考えに異議を唱える。彼によると、こうした考えは「遺伝学についての一般向けの軽い科学読み物」に由来するという。人間の発達は「遺伝子の働き、人間、環境のあいだの相互作用」に関わっており、これらの要素は、機会の平等理論の大半が前提しているのとは異なり、「生来の」部分と「社会的につくられた」部分へと分解できるわけではない。以下を参照。Joseph Fishkin, *Bottlenecks: A New Theory of Equal Opportunity* (New York: Oxford University Press, 2014), pp. 83–99.

73. ブレアの発言は以下より。David Kynaston, "The Road to Meritocracy Is Blocked by Private Schools," *The Guardian*, February 22, 2008.
74. Tony Blair, "I Want a Meritocracy, Not Survival of the Fittest," *Independent*, February 9, 2001: independent.co.uk/voices/commentators/i-want-a-meritocracy-not-survival-of-the-fittest-5365602.html.
75. Michael Young, "Down with Meritocracy," *The Guardian*, June 28, 2001.
76. Ibid.
77. Ibid.

第6章　選別装置

1. Jerome Karabel, *The Chosen: The Hidden History of Admission and Exclusion at Harvard, Yale, and Princeton* (Boston: Houghton Mifflin, 2005), pp. 21–23, 39–76, 232–36.
2. Nicholas Lemann, *The Big Test: The Secret History of the American Meritocracy* (New York: Farrar, Straus and Giroux, 1999)（ニコラス・レマン『ビッグ・テスト　アメリカの大学入試制度——知的エリート階級はいかにつくられたか』久野温穏訳、早川書房、2001), p. 7.
3. Ibid., p. 8.
4. Ibid., pp. 5–6.
5. Ibid.
6. Ibid., p. 28.
7. James Bryant Conant, "Education for a Classless Society: The Jeffersonian Tradition," *The Atlantic*, May 1940, theatlantic.com/past/docs/issues/95sep/ets/edcla.htm. コナントが引用した社会的流動性についてのターナーの記述は、Frederick Jackson Turner, *The Frontier in American History* (New York: Henry Holt and Co., 1921), p. 266に再録された"Contributions of the West to American Democracy," *The Atlantic*, January 1903より。

8.「社会的流動性」という用語を使ったのはターナーが最初だったことについては、以下を参照のこと。Christopher Lasch, *The Revolt of the Elites and the Betrayal of Democracy*(New York :W.W. Norton,1995)（クリストファー・ラッシュ『エリートの反逆——現代民主主義の病い』森下伸也訳、新曜社、1997), p. 73. Lemann, *The Big Test*, p. 48も参照。1869年から1909年までハーバード大学の学長を務めたチャールズ・W・エリオットは、1897年の論文 "The Function of Education in a Democratic Society"（Karabel, *The Chosen*, p. 41に引用されている）で「社会的流動性」という用語を使っている。

9. Conant, "Education for a Classless Society."

10. Ibid.

11. Ibid.

12. Ibid.

13. Ibid. コナントは以下を引用している。Jefferson, *Notes on the State of Virginia* (1784), edited by William Peden (Chapel Hill: University of North Carolina Press, 1954), Queries 14 and 19.

14. Ibid.

15. トマス・ジェファソンがジョン・アダムズに宛てた1813年10月28日付の書簡。以下に所収。Lester J. Cappon, ed., *The Adams-Jefferson Letters: The Complete Correspondence Between Thomas Jefferson and Abigail and John Adams* (Chapel Hill: University of North Carolina Press, 1959).

16. Jefferson, *Notes on the State of Virginia* (1784).

17. Ibid.

18. Lemann, *The Big Test*, p. 47に引用されたコナントの文言。レマンはこの文言を、コナントが1940年代前半に書いた以下の未刊行著作から引用した。James Bryant Conant, *What We Are Fighting to Defend*, unpublished manuscript, in the papers of James B. Conant, Box 30, Harvard University Archives.

19. Karabel, *The Chosen*, p. 152; Lemann, *The Big Test*, p. 59.

20. Karabel, *The Chosen*, pp. 174, 189.

21. Ibid., p. 188.

22. Ibid., pp. 172, 193–97.
23. 以下を参照のこと。Andrew H. Delbanco, “What's Happening in Our Colleges: Thoughts on the New Meritocracy,” *Proceedings of the American Philosophical Society* 156, no. 3 (September 2012), pp. 306–7.
24. Andre M. Perry, “Students Need More Than an SAT Adversity Score, They Need a Boost in Wealth,” *The Hechinger Report*, May 17, 2019, brookings .edu/blog/the-avenue/2019/05/17/students-need-more-than-an-sat-adversity-score-they-need-a-boost-in-wealth/,Figure 1; Zachary A. Goldfarb, “These Four Charts Show How the SAT Favors Rich, Educated Families,” *The Washington Post*, March 5, 2014, washingtonpost.com/news/wonk/wp/2014/03/05/these-four-charts-show-how-the-sat-favors-the-rich-educated-families. カレッジボードは、直近では2016年に家庭の所得によるSAT平均得点のデータを公表している。以下を参照のこと。“College-Bound Seniors, Total Group Profile Report, 2016,” secure-media.collegeboard.org/digitalServices/pdf/sat/total-group-2016.pdf,Table 10.
25. Paul Tough, *The Years That Matter Most: How College Makes or Breaks Us* (Boston: Houghton Mifflin Harcourt, 2019), p. 171. 個人教師で受験コンサルタント、著作家でもあるジェームズ・マーフィーによる、2017年のカレッジボードのデータについての未発表の分析が引用されている。
26. Daniel Markovits, *The Meritocracy Trap* (New York: Penguin Press, 2019), p. 133. Charles Murray, *Coming Apart* (New York: Crown Forum, 2012)（チャールズ・マレー『階級「断絶」社会アメリカ——新上流と新下流の出現』橘明美訳、草思社、2013), p. 60を引用。マレーは、2010年に大学進学を目指してSATを受けた高校3年生のうち、数学と口述試験で700点を超えた生徒の87%は両親の少なくともどちらかが大学の学位を持ち、56%は親の一人が大学院の学位を持っていたと報告している。マレーによれば、それらの比率はカレッジボードから提供された未発表の数値である（原書p.363)。アンソニー・P・カーネヴェイルとスティーヴン・J・ローズが1988年から1990年代のデータを調べた結果、SAT得点が1300点を

超える（上位8%）生徒の66%が社会経済的地位が高い（世帯の収入と教育が上から4分の1）家庭出身で、社会経済的地位が低い（下から4分の1）家庭の出身者はわずか3%であることがわかった。以下を参照のこと。Carnevale and Rose, "Socioeconomic Status, Race/Ethnicity, and Selective College Admission," in Richard B. Kahlenberg, ed., *America's Untapped Resource: Low-Income Students in Higher Education* (New York: Century Foundation, 2004), p. 130, Table 3.14.

27. Douglas Belkin, "The Legitimate World of High-End College Admissions," *The Wall Street Journal*, March 13, 2019, wsj.com/articles/the-legitimate-world-of-high-end-college-admissions-11552506381; Dana Goldstein and Jack Healy, "Inside the Pricey, Totally Legal World of College Consultants," *The New York Times*, March 13, 2019, nytimes.com/2019/03/13/us/admissions-cheating-scandal-consultants.html; James Wellemeyer, "Wealthy Parents Spend up to $10,000 on SAT Prep for Their Kids," *MarketWatch*, July 7, 2019, marketwatch.com/story/some-wealthy-parents-are-dropping-up-to-10000-on-sat-test-prep-for-their-kids-2019-06-21; Markovitz, *The Meritocracy Trap*, pp. 128–29.
28. Tough, *The Years that Matter Most*, pp. 86–92.
29. Ibid., pp. 172–82.
30. Ibid.
31. たとえば、プリンストン大学では2023年卒業予定の学生の56%が自らを有色学生だとしている。以下を参照のこと。Princeton University Office of Communications, "Princeton Is Pleased to Offer Admission to 1,895 Students for Class of 2023," March 28, 2019, princeton.edu/news/2019/03/28/princeton-pleased-offer-admission-1895-students-class-2023. ハーバード大学では2023年卒業予定の学生の有色率は54%である。以下を参照のこと。admissions statistics, Harvard College Admissions and Financial Aid, college.harvard.edu/admissions/admissions-statistics. アイビーリーグの他の大学の比率については、以下を参照。Amy Kaplan, "A Breakdown of Admission

Rates Across the Ivy League for the Class of 2023," *The Daily Pennsylvanian*, April 1, 2019, thedp.com/article/2019/04/ivy-league-admission-rates-penn-cornell-harvard-yale-columbia-dartmouth-brown-princeton.

32. 難関大学の上位146校に関する調査によれば、学生の74%は社会経済的階層の上位4分の1の出身である。Carnevale and Rose, "Socioeconomic Status, Race/Ethnicity, and Selective College Admissions," p. 106, Table 3.1. 一流大学91校に関する同様の調査では、72%の学生が上位4分の1の階層出身であることがわかった。Jennifer Giancola and Richard D. Kahlenberg, "True Merit: Ensuring Our Brightest Students Have Access to Our Best Colleges and Universities," Jack Kent Cooke Foundation, January 2016, Figure 1, jkcf.org/research/true-merit-ensuring-our-brightest-students-have-access-to-our-best-colleges-and-universities.

33. Raj Chetty, John N. Friedman, Emmanuel Saez, Nicholas Turner, and Danny Yagan, "Mobility Report Cards: The Role of Colleges in Intergenerational Mobility," NBER Working Paper No. 23618, July 2017, p.1, opportunityinsights.org/wp-content/uploads/2018/03/coll_mrc_paper.pdf. 以下も参照のこと。"Some Colleges Have More Students from the Top 1 Percent Than the Bottom 60. Find Yours," *The New York Times*, January 18, 2017, nytimes.com/interactive/2017/01/18/upshot/some-colleges-have-more-students-from-the-top-1-percent-than-the-bottom-60.html. このニューヨーク・タイムズ紙オンライン版の双方向型特集記事はチェティの研究データに基づき、大学2000校の経済状況を明らかにしている。イェール大学については以下を参照。nytimes.com/interactive/projects/college-mobility/yale-university; プリンストン大学については以下を参照。nytimes.com/interactive/projects/college-mobility/princeton-university.

34. Chetty et al., "Mobility Report Card," p. 1. 所得状況による大学進学率は以下に示されている。nytimes.com/interactive/2017/01/18/upshot/some-colleges-have-more-students-from-the-top-1-percent-

than-the-bottom-60.html.

35. Jerome Karabel, *The Chosen*, p. 547.

36. Chetty et al., “Mobility Report Cards,” and “Mobility Report Cards,” Executive Summary,opportunityinsights.org/wp-content/uploads/2018/03/coll_mrc_summary.pdf.

37. Ibid. ハーバード大学とプリンストン大学の移動率については、以下を参照のこと。nytimes.com/interactive/projects/college-mobility/harvard-university,nytimes.com/interactive/projects/college-mobility/princeton-university.

38. Ibid. ミシガン大学とヴァージニア大学の移動率については、以下を参照のこと。nytimes.com/interactive/projects/college-mobility/university-of-michigan-ann-arbor, nytimes.com/interactive/projects/college-mobility/university-of-virginia.

39. Chetty et al., “Mobility Report Cards,” Table IV; Chetty et al., “Mobility Report Cards,” Executive Summary, opportunityinsights.org/wp-content/uploads/2018/03/coll_mrc_summary.pdf.

40. Chetty et al., “Mobility Report Cards,” Table II.

41. チェティらのデータに基づいたニューヨーク・タイムズ紙オンライン版双方向型特集記事に、各大学で五分位階級を2つ以上あげる学生の割合が示されている。たとえば、ハーバード大学で五分位階級を2つあげる学生は11%だ。イェール大学では10%、プリンストン大学では8.7%である。以下を参照のこと。nytimes.com/interactive/projects/college-mobility/harvard-university; 各大学の「総合移動性指数」は、所得五分位階級を2つ以上あげる可能性を示す。

42. レガシー入学全般については、以下を参照のこと。William G. Bowen, Martin A. Kurzweil, and Eugene M. Tobin, *Equity and Excellence in American Higher Education* (Charlottesville: University of Virginia Press, 2005), pp. 103–8, 167–71; Karabel, *The Chosen: The Hidden History of Admission and Exclusion at Harvard, Yale, and Princeton*, pp. 266–72, 283, 359–63, 506, 550–51; Daniel Golden, *The Price of Admission* (New York: Broadway Books, 2006), pp. 117–44.「可

能性は6倍」という試算は、以下で報告されている。Daniel Golden, "How Wealthy Families Manipulate Admissions at Elite Universities," *Town & Country*, November 21, 2016, townandcountrymag.com/society/money-and-power/news/a8718/daniel-golden-college-admission. ハーバード大学のレガシー入学者の数値は2018年の訴訟で公表されたデータに基づき、以下で報告されている。Peter Arcidiacono, Josh Kinsler, and Tyler Ransom, "Legacy and Athlete Preferences at Harvard," December 6, 2019, pp. 14 and 40 (Table 1), public.econ.duke.edu/~psarcidi/legacyathlete.pdf; Delano R. Franklin and Samuel W. Zwickel, "Legacy Admit Rate Five Times That of Non-Legacies, Court Docs Show," *The Harvard Crimson*, June 20, 2018, thecrimson.com/article/2018/6/20/admissions-docs-legacy.

43. Daniel Golden, "Many Colleges Bend Rules to Admit Rich Applicants," *The Wall Street Journal*, February 20, 2003, online.wsj.com/public/resources/documents/golden2.htm; 以下も参照のこと。Golden, *The Price of Admission*, pp. 51–82.

44. ハーバード大学のアファーマティヴ・アクションの利用に異議を申し立てた訴訟が2018年にあり、その最中に提出された文書から、同大の2019年卒業生のうち10%超が、寄付者と関係のある出願者の名簿に記載されていることがわかった。名簿は同大理事が管理していた。2014年卒業生から2019年卒業生までの6学年の学生のうち9.34%が寄付者関係者名簿に記載されていた。名簿に記載された出願者の42%が合格しており、同期間のハーバード大全体の合格率のおよそ7倍に上る。Delano R. Franklin and Samuel W. Zwickel, "In Admissions, Harvard Favors Those Who Fund It, Internal Emails Show," *The Harvard Crimson*, October 18, 2018, thecrimson.com/article/2018/10/18/day-three-harvard-admissions-trial. この期間のハーバード大全体の合格率はおよそ6%だった。以下を参照のこと。Daphne C. Thompson, "Harvard Acceptance Rate Will Continue to Drop, Experts Say," *The Harvard Crimson*, April 16, 2015, thecrimson.com/article/2015/4/16/admissions-downward-trend-experts.

45. Golden, *The Price of Admission*, pp. 147–76.

46. David Leonhardt, "The Admissions Scandal Is Really a Sports Scandal," *The New York Times*, March 13, 2019, nytimes.com/2019/03/13/opinion/college-sports-bribery-admissions.html; Katherine Hatfield, "Let's Lose the Directors' Cup: A Call to End Athletic Recruitment," *The Williams Record*, November 20, 2019, williamsrecord.com/2019/11/lets-lose-the-directors-cup-a-call-to-end-athletic-recruitment.

47. Bowen, Kurzweil, and Tobin, *Equity and Excellence in American Higher Education*, pp.105–6(Table 5.1).

48. Tough, *The Years that Matter Most*, pp. 172–82.

49. Daniel Golden, "Bill Would Make Colleges Report Legacies and Early Admissions," *The Wall Street Journal*, October 29, 2003, online.wsj.com/public/resources/documents/golden9.htm; Daniel Markovitz, *The Meritocracy Trap* (New York: Penguin Press, 2019), pp. 276–77.

50. Lemann, *The Big Test*, p. 47および先述（注18）のコナントによる1940年代前半の未刊行著作からの引用部分を参照のこと。James Bryant Conant, *What We Are Fighting to Defend*, unpublished manuscript, in the papers of James B. Conant, Box 30, Harvard University Archives.

51. John W. Gardner, *Excellence: Can We Be Equal and Excellent Too?* (New York: Harper & Brothers, 1961)（ガードナー『優秀性——平等と優秀の両立は可能か』讃岐和家訳、理想社、1969), pp. 33, 35–36.

52. Ibid., pp. 65–66.

53. Ibid., pp. 71–72.

54. Ibid., pp. 80–81.

55. Ibid., p. 82.kokommade

56. 以下に引用されたブルースターの言葉。Geoffrey Kabaservice, "The Birth of a New Institution," *Yale Alumni Magazine*, December 1999, archives.yalealumnimagazine.com/issues/99_12/admissions.html.

57. Caroline M. Hoxby, "The Changing Selectivity of American

Colleges," *Journal of Economic Perspectives* 23, no. 4 (Fall 2009), pp. 95–118.

58. Ibid. 大半の大学での合格率の高さについては、以下を参照のこと。Drew Desilver, "A Majority of U.S. Colleges Admit Most Students Who Apply," Pew Research Center, April 9, 2019, pewresearch.org/fact-tank/2019/04/09/a-majority-of-u-s-colleges-admit-most-students-who-apply/; Alia Wong, "College-Admissions Hysteria Is Not the Norm," *The Atlantic*, April 10, 2019, theatlantic.com/education/archive/2019/04/harvard-uchicago-elite-colleges-are-anomaly/586627.

59. スタンフォード大学の合格率は1972年には32%だった。以下を参照のこと。Doyle McManus, "Report Shows Admission Preference," *Stanford Daily*, October 23, 1973, archives.stanforddaily.com/1973/10/23?page=1&section=MODSMD_ARTICLE4#article; Camryn Pak, "Stanford Admit Rate Falls to Record-Low 4.34% for class of 2023," *Stanford Daily*, December 18, 2019, stanforddaily.com/2019/12/17/stanford-admit-rate-falls-to-record-low-4-34-for-class-of-2023/;1988年のジョンズ・ホプキンズ大学の合格率は以下より。Jeffrey J. Selingo, "The Science Behind Selective Colleges," *The Washington Post*, October 13, 2017, washingtonpost.com/news/grade-point/wp/2017/10/13/the-science-behind-selective-colleges/; Meagan Peoples, "University Admits 2,309 Students for the Class of 2023," *Johns Hopkins News-Letter*, March 16, 2019, jhunewsletter.com/article/2019/03/university-admits-2309-students-for-the-class-of-2023; シカゴ大学の1993年の合格率は以下より。Dennis Rodkin, "College Comeback: The University of Chicago Finds Its Groove," *Chicago Magazine*, March 16, 2001, chicagomag.com/Chicago-Magazine/March-2011/College-Comeback-The-University-of-Chicago-Finds-Its-Groove/; Justin Smith, "Acceptance Rate Drops to Record Low 5.9 Percent for Class of 2023," *The Chicago Maroon*, April 1, 2019, chicagomaroon.com/article/2019/4/1/uchicago-acceptance-rate-drops-record-low.

60. Drew Desilver, “A Majority of U.S. Colleges Admit Most Students Who Apply,” Pew Research Center.

61. Hoxby, “The Changing Selectivity of American Colleges.”

62. Tough, *The Years that Matter Most*, pp. 138–42. この記述は以下に基づく。Lauren A. Rivera, *Pedigree: How Elite Students Get Elite Jobs* (Princeton, NJ: Princeton University Press, 2015).

63. Dana Goldstein and Jugal K. Patel, “Extra Time on Tests? It Helps to Have Cash,” *The New York Times*, July 30, 2019, nytimes.com/2019/07/30/us/extra-time-504-sat-act.html; Jenny Anderson, “For a Standout College Essay, Applicants Fill Their Summers,” *The New York Times*, August 5, 2011, nytimes.com/2011/08/06/nyregion/planning-summer-breaks-with-eye-on-college-essays.html. 大学入試の小論文に役立つ夏の活動を扱う大手業者については、以下を参照のこと。everythingsummer.com/pre-college-and-beyond.

64. “parent, v.” OED Online, Oxford University Press, December 2019, oed.com/view/Entry/137819（2020年1月24日にアクセス）. Claire Cain Miller, “The Relentlessness of Modern Parenting,” *The New York Times*, December 25, 2018, nytimes.com/2018/12/25/upshot/the-relentlessness-of-modern-parenting.html.

65. Matthias Doepke and Fabrizio Zilibotti, *Love, Money & Parenting: How Economics Explains the Way We Raise Our Kids* (Princeton, NJ: Princeton University Press, 2019)（マティアス・ドゥプケ、ファブリツィオ・ジリボッティ『子育ての経済学――愛情・お金・育児スタイル』鹿田昌美訳、慶應義塾大学出版会、2020）, p. 57.

66. Nancy Gibbs, “Can These Parents Be Saved?,” *Time*, November 10, 2009.

67. Doepke and Zilibotti, *Love, Money & Parenting*, pp. 51, 54–58,67–104.

68. Madeline Levine, *The Price of Privilege: How Parental Pressure and Material Advantage Are Creating a Generation of Disconnected and Unhappy Kids* (New York: HarperCollins, 2006), pp. 5–7.

69. Ibid., pp. 16–17.

70. Ibid., スニヤ・S・ルーサーの研究を引用。

71. Suniya S. Luthar, Samuel H. Barkin, and Elizabeth J. Crossman, " 'I Can, Therefore I Must': Fragility in the Upper Middle Classes," *Development & Psychopathology* 25, November 2013, pp. 1529–49, ncbi.nlm.nih.gov/pubmed/24342854.
72. Ibid. 以下も参照のこと。Levine, *The Price of Privilege*, pp. 21, 28–29.
73. Laura Krantz, "1-in-5 College Students Say They Thought of Suicide," *The Boston Globe*, September 7, 2018. この記事は以下の研究の結果を報告している。Cindy H. Liu, Courtney Stevens, Sylvia H. M. Wong, Miwa Yasui, and Justin A. Chen, "The Prevalence and Predictors of Mental Health Diagnoses and Suicide Among U.S. College Students: Implications for Addressing Disparities in Service Use," *Depression & Anxiety*, September 6, 2018, doi.org/10.1002/da.22830.
74. Sally C. Curtin and Melonie Heron, "Death Rates Due to Suicide and Homicide Among Persons Aged 10–24: United States, 2000–2017," NCHS Data Brief, No. 352, October 2019, cdc.gov/nchs/data/databriefs/db352-h.pdf.
75. Thomas Curran and Andrew P. Hill, "Perfectionism Is Increasing Over Time: A Meta-Analysis of Birth Cohort Differences from 1989 to 2016," *Psychological Bulletin* 145 (2019), pp. 410–29, apa.org/pubs/journals/releases/bul-bul0000138.pdf; Thomas Curran and Andrew P. Hill, "How Perfectionism Became a Hidden Epidemic Among Young People," *The Conversation*, January 3, 2018, theconversation.com/how-perfectionism-became-a-hidden-epidemic-among-young-people-89405; Sophie McBain, "The New Cult of Perfectionism," *New Statesman*, May 4–10, 2018.
76. Curran and Hill, "Perfectionism Is Increasing Over Time," p. 413.
77. college.harvard.edu/admissions/apply/first-year-applicants/considering-gap-year.
78. Lucy Wang, "Comping Harvard," *The Harvard Crimson*, November 2, 2017, thecrimson.com/article/2017/11/2/comping-harvard/; Jenna M. Wong, "Acing Rejection 10a," *The Harvard Crimson*, October 17,

2017, thecrimson.com/article/2017/10/17/wong-acing-rejection-10a.
79. Wang, "Comping Harvard."
80. Richard Pérez-Peña, "Students Disciplined in Harvard Scandal," *The New York Times*, February 1, 2013, nytimes.com/2013/02/02/education/harvard-forced-dozens-to-leave-in-cheating-scandal.html; Rebecca D. Robbins, "Harvard Investigates 'Unprecedented' Academic Dishonesty Case," *The Harvard Crimson*, August 30, 2012, thecrimson.com/article/2012/8/30/academic-dishonesty-ad-board.
81. Hannah Natanson, "More Than 60 Fall CS50 Enrollees Faced Academic Dishonesty Charges," *The Harvard Crimson*, May 3, 2017, thecrimson.com/article/2017/5/3/cs50-cheating-cases-2017.
82. ジョンズ・ホプキンズ大学は2014年にレガシーの優遇を廃止した。以下を参照のこと。Ronald J. Daniels, "Why We Ended Legacy Admissions at Johns Hopkins," *The Atlantic*, January 18, 2020, theatlantic.com/ideas/archive/2020/01/why-we-ended-legacy-admissions-johns-hopkins/605131.
83. 以下に示されたデータから計算した。Desilver, "A Majority of U.S. Colleges Admit Most Students Who Apply," Pew Research Center.
84. Katharine T. Kinkead, *How an Ivy League College Decides on Admissions* (New York: W. W. Norton, 1961), p. 69.
85. くじ引き入試はここ数十年、多くの人びとが提案している。最初期の提案者の一人がロバート・ポール・ウルフで、1964年に高校生に無作為に大学を割り当てる案を提示した。Wolff, "The College as Rat-Race: Admissions and Anxieties," *Dissent*, Winter 1964; Barry Schwartz, "Top Colleges Should Select Randomly from a Pool of 'Good Enough,' " *The Chronicle of Higher Education*, February 25, 2005; Peter Stone, "Access to Higher Education by the Luck of the Draw," *Comparative Education Review* 57, August 2013; Lani Guinier, "Admissions Rituals as Political Acts: Guardians at the Gates of Our Democratic Ideals," *Harvard Law Review* 117 (November 2003), pp. 218–19; チャールズ・ピーターセンが以下の博士論文で論じた無作為選別を参考にさせてもらった。Charles Petersen, "Meritocracy in

America, 1930–2000"(PhD dissertation, Harvard University, 2020).

86. 資格の基準としての優秀さという概念については、ダニエル・マーコヴィッツとの対話と、学部で私が担当するゼミ「能力主義とその批判者」の学生たちとの会話を参考にさせてもらった。

87. Andrew Simon, "These Are the Best Late-Round Picks in Draft History," MLB News, June 8, 2016, mlb.com/news/best-late-round-picks-in-draft-history-c182980276.

88. National Football League draft, 2000, nfl.com/draft/history/fulldraft?season=2000.

89. スタンフォード大学で提案された実験に関しては、以下の論文に、記録の調査に基づいた記述がある。Petersen, "Meritocracy in America, 1930–2000."

90. Sarah Waldeck, "A New Tax on Big College and University Endowments Is Sending Higher Education a Message," *The Conversation*, August 27, 2019, theconversation.com/a-new-tax-on-big-college-and-university-endowments-is-sending-higher-education-a-message-120063.

91. 先述の通り、ダニエル・マーコヴィッツは、私立大学の寄付金収入を非課税とする際に条件をつけることを提案している。学生の階級の多様性を、理想的には定員の増員によって増すことが、その条件だ。以下を参照のこと。Markovits, *The Meritocracy Trap* (New York: Penguin Press, 2019), pp. 277–78.

92. Michael Mitchell, Michael Leachman, and Matt Saenz, "State Higher Education Funding Cuts Have Pushed Costs to Students, Worsened Inequality," Center on Budget and Policy Priorities, October 24, 2019, cbpp.org/research/state-budget-and-tax/state-higher-education-funding-cuts-have-pushed-costs-to-students.

93. Jillian Berman, "State Colleges Receive the Same Amount of Funding from Tuition as from State Governments," *MarketWatch*, March 25, 2017. この記事には、クリーヴランド連邦準備銀行のエコノミスト、ピーター・ヒンリクスによる以下の分析が引用されている。marketwatch.com/story/state-colleges-receive-the-same-amount-of-funding-from-

tuition-as-from-state-governments-2017–03–24.
94. 以下を参照のこと。Andrew Delbanco, *College: What It Was, Is, and Should Be* (Princeton, NJ: Princeton University Press, 2012), p. 114.
95. Budget in Brief, Budget Report 2018–2019, University of Wisconsin–Madison, p. 3, budget.wisc.edu/content/uploads/Budget-in-Brief-2018–19-Revised_web_V2.pdf.
96. "The State of the University: Q&A with President Teresa Sullivan," *Virginia*, Summer 2011, uvamagazine.org/articles/the_state_of_the_university.
97. UT Tuition: Sources of Revenue, tuition.utexas.edu/learn-more/sources-of-revenue. 数値は、石油とガスから収益を生じる基金からの収入を含まない。授業料および諸経費が占める割合は1984-85年の5%から2018-19年には22%に増えた。
98. Nigel Chiwaya, "The Five Charts Show How Bad the Student Loan Debt Situation Is," NBC News, April 24, 2019, nbcnews.com/news/us-news/student-loan-statistics-2019-n997836; Zack Friedman, "Student Loan Debt Statistics in 2020: A Record $1.6 Trillion," *Forbes*, February 3, 2020, forbes.com/sites/zackfriedman/2020/02/03/student-loan-debt-statistics/#d164e05281fe.
99. Isabel Sawhill, *The Forgotten Americans: An Economic Agenda for a Divided Nation* (New Haven, CT: Yale University Press, 2018), p. 114.
100. Ibid.
101. Ibid., pp. 111–113. OECD 諸国のデータ。
102. Ibid., p. 113.
103. これは私の個人的な印象だが、このような印象を述べるのは私が初めてというわけではない。例として、以下を参照のこと。Delbanco, *College: What It Was, Is, and Should Be*; Anthony T. Kronman, *Education's End: Why Our Colleges and Universities Have Given Up on the Meaning of Life*(New Haven, CT: Yale University Press, 2008); William Deresiewicz, *Excellent Sheep: The Miseducation of the American Elite and the Way to a Meaningful Life* (New York: Free Press, 2014).（ウィリアム・デレズウィッツ『優秀なる羊たち——

米国エリート教育の失敗に学ぶ』米山裕子訳、三省堂、2016)
104. Michael J. Sandel, *Democracy's Discontent: America in Search of a Public Philosophy* (Cambridge, MA: The Belknap Press of Harvard University Press, 1996)(マイケル・J・サンデル『民主政の不満——公共哲学を求めるアメリカ(上・下)』金原恭子・小林正弥監訳、千葉大学人文社会科学研究科公共哲学センター訳、勁草書房、2010), pp. 168–200.
105. Christopher Lasch, *The Revolt of the Elites and the Betrayal of Democracy* (New York: W. W. Norton & Company, 1995), pp. 59–60.
106. Ibid., pp. 55–79.

第7章　労働を承認する

1. Anne Case and Angus Deaton, *Deaths of Despair and the Future of Capitalism* (Princeton, NJ: Princeton University Press, 2020), p. 51. 以下も参照のこと。Sawhill, *The Forgotten Americans*, p. 60; Oren Cass, *The Once and Future Worker* (New York: Encounter Books, 2018), pp. 103–4.
2. Case and Deaton, *Deaths of Despair and the Future of Capitalism*, p. 161; Sawhill, *The Forgotten Americans*, p. 86.
3. Sawhill, *The Forgotten Americans*, pp. 140–41; Case and Deaton, *Deaths of Despair and the Future of Capitalism*, p. 152.
4. Sawhill, *The Forgotten Americans*, p. 141.
5. Case and Deaton, *Deaths of Despair and the Future of Capitalism*, p. 7; Sawhill, *The Forgotten Americans*, p. 19.
6. Sawhill, *The Forgotten Americans*, p. 18; Case and Deaton, *Deaths of Despair and the Future of Capitalism*, p. 51. 以下も参照のこと。Nicholas Eberstadt, *Men Without Work: America's Invisible Crisis* (West Conshohocken, PA: Templeton Press, 2016).
7. Case and Deaton, *Deaths of Despair and the Future of Capitalism*, pp. 2, 37–46; Associated Press, "For 1st Time in 4 Years, U.S. Life Expectancy Rises—a Little," *The New York Times*, January 30, 2020, nytimes.com/aponline/2020/01/30/health/ap-us-med-us-life-

expectancy-1st-ld-writethru.html; Nicholas D. Kristof and Sheryl WuDunn, *Tightrope: Americans Reaching for Hope* (New York: Alfred A. Knopf, 2020).

8. Case and Deaton, *Deaths of Despair and the Future of Capitalism*.
9. Ibid., pp. 40, 45.
10. Ibid., p. 143.
11. アメリカ疾病予防管理センターの国立衛生統計センターによれば、2016年には6万4000人のアメリカ人が薬物の過剰摂取で亡くなった。cdc.gov/nchs/nvss/vsrr/drug-overdose-data.htm. ヴェトナム戦争では5万8220人のアメリカ人が命を落とした。"Vietnam War U.S. Military Fatal Casualty Statistics, National Archives": archives.gov/research/military/vietnam-war/casualty-statistics.
12. Nicholas Kristof, "The Hidden Depression Trump Isn't Helping," *The New York Times*, February 8, 2020, nytimes.com/2020/02/08/opinion/sunday/trump-economy.html. 以下も参照のこと。Kristof and WuDunn, Tightrope, p. 10.
13. Case and Deaton, *Deaths of Despair and the Future of Capitalism*, p. 3.
14. Ibid., p. 57.
15. Ibid., pp. 57–58.
16. Ibid., pp. 133, 146.
17. Ibid., p. 3.
18. Michael Young, "Down with Meritocracy," *The Guardian*, June 28, 2001, theguardian.com/politics/2001/jun/29/comment.
19. John W. Gardner, *Excellence: Can We Be Equal and Excellent Too?*, p. 66.
20. Jeff Guo, "Death Predicts Whether People Vote for Donald Trump," *The Washington Post*, March 4, 2016, washingtonpost.com/news/wonk/wp/2016/03/04/death-predicts-whether-people-vote-for-donald-trump.
21. Richard Butsch, "Ralph, Fred, Archie and Homer: Why Television Keeps Re-creating the White Male Working Class Buffoon," in Gail

Dines and Jean Humez, eds., *Gender, Race and Class in Media: A Text-Reader*, 2nd ed. (Thousand Oaks, CA: Sage, 2003), pp. 575–85; Jessica Troilo, "Stay Tuned: Portrayals of Fatherhood to Come," *Psychology of Popular Media Culture* 6, no. 1 (2017), pp. 82–94; Erica Scharrer, "From Wise to Foolish: The Portrayal of the Sitcom Father, 1950s–1990s," *Journal of Broadcasting & Electronic Media* 45, no. 1 (2001), pp. 23–40.

22. Joan C. Williams, *White Working Class: Overcoming Class Cluelessness in America* (Boston: Harvard Business Review Press, 2017)（ジョーン・C・ウィリアムズ『アメリカを動かす「ホワイト・ワーキング・クラス」という人々』山田美明・井上大剛訳、集英社、2017）.
23. Joan C. Williams, "The Dumb Politics of Elite Condescension," *The New York Times*, May 27, 2017, nytimes.com/2017/05/27/opinion/sunday/the-dumb-politics-of-elite-condescension.html.
24. Joan C. Williams, "What So Many People Don't Get About the U.S. Working Class," *Harvard Business Review*, November 10, 2016, hbr.org/2016/11/what-so-many-people-dont-get-about-the-u-s-working-class.
25. Barbara Ehrenreich, "Dead, White, and Blue," TomDispatch.com, December 1, 2015, tomdispatch.com/post/176075/tomgram:_barbara_ehrenreich,_america_to_working_class_whites:_drop_dead!/; W・E・B・デュボイスの引用は以下より。*Black Reconstruction in America*(1935).
26. Barbara Ehrenreich, "Dead, White, and Blue".
27. Katherine J. Cramer, *The Politics of Resentment: Rural Consciousness in Wisconsin and the Rise of Scott Walker* (Chicago: The University of Chicago Press, 2016).
28. Katherine J. Cramer, "For Years, I've Been Watching Anti-Elite Fury Build in Wisconsin. Then Came Trump," *Vox*, November 16, 2016, vox.com/the-big-idea/2016/11/16/13645116/rural-resentment-elites-trump.
29. Arlie Russell Hochschild, *Strangers in Their Own Land: Anger and*

Mourning on the American Right (New York: The New Press, 2016)（A・R・ホックシールド『壁の向こうの住人たち——アメリカの右派を覆う怒りと嘆き』布施由紀子訳、岩波書店、2018), p. 135.

30. Ibid., p. 141.
31. Ibid., pp. 136–40.
32. Ibid., p. 144.
33. 著者が「労働の尊厳（dignity of labor)」を以下のオンライン・アーカイブで検索。the American Presidency Project, presidency.ucsb.edu/advanced-search.
34. Jenna Johnson, "The Trailer: Why Democrats Are Preaching About 'the Dignity of Work," *The Washington Post*, February 21, 2019, washingtonpost.com/politics/paloma/the-trailer/2019/02/21/the-trailer-why-democrats-are-preaching-about-the-dignity-of-work/5c6ed0181b326b71858c6bff/; Sarah Jones, "Joe Biden Should Retire the Phrase 'Dignity of Work,' " *New York*, May 1, 2019, nymag.com/intelligencer/2019/05/joe-biden-should-retire-the-phrase-dignity-of-work.html; Marco Rubio, "America Needs to Restore the Dignity of Work," *The Atlantic*, December 13, 2018, theatlantic.com/ideas/archive/2018/12/help-working-class-voters-us-must-value-work/578032/; Sherrod Brown, "When Work Loses Its Dignity," *The New York Times*, November 17, 2016, nytimes.com/2016/11/17/opinion/when-work-loses-its-dignity.html; Arthur Delaney and Maxwell Strachan, "Sherrod Brown Wants to Reclaim 'The Dignity of Work' from Republicans," *Huffington Post*, February 27, 2019, dignityofwork.com/news/in-the-news/huffpost-sherrod-brown-wants-to-reclaim-the-dignity-of-work-from-republicans/; Tal Axelrod, "Brown, Rubio Trade Barbs over 'Dignity of Work' as Brown Mulls Presidential Bid," *The Hill*, February 22, 2019, thehill.com/homenews/campaign/431152-brown-and-rubio-trade-barbs-over-dignity-of-work-as-brown-mulls.
35. ソニー・パーデュー農務長官の発言は以下より。Johnson, "Why Democrats Are Preaching about 'The Dignity of Work' "; Donald J.

Trump, "Remarks on Tax Reform Legislation," December 13, 2017, the American Presidency Project, presidency.ucsb.edu/node/331762; 減税の分配的効果については、以下を参照のこと。Danielle Kurtzleben, "Charts: See How Much of GOP Tax Cuts Will Go to the Middle Class," NPR, December 19, 2017, npr.org/2017/12/19/571754894/charts-see-how-much-of-gop-tax-cuts-will-go-to-the-middle-class.

36. Robert F. Kennedy, Press Release, Los Angeles, May 19, 1968, in Edwin O. Guthman and C. Richard Allen, eds., *RFK: Collected Speeches* (New York: Viking, 1993), p. 385.

37.「貢献的正義」の議論については、以下を参照のこと。Paul Gomberg, "Why Distributive Justice Is Impossible but Contributive Justice Would Work," *Science & Society* 80, no. 1 (January 2016), pp. 31–55; Andrew Sayer, "Contributive Justice and Meaningful Work," *Res Publica* 15, 2009, pp. 1–16; Cristian Timmermann, "Contributive Justice: An Exploration of a Wider Provision of Meaningful Work," *Social Justice Research* 31, no. 1, pp. 85–111; United States Conference of Catholic Bishops, "Economic Justice for All: Pastoral Letter on Catholic Social Teaching and the U.S. Economy," 1986, p. 17, usccb.org/upload/economic_justice_for_all.pdf.

38. 政治に関する市民的観念と消費者的観念の対比についての詳細は、以下を参照のこと。Sandel, *Democracy's Discontent*, pp. 4–7,124–67, 201–49; Sandel, *Justice: What's the Right Thing to Do?* (New York: Farrar, Straus and Giroux, 2009), pp. 192–99.

39. Adam Smith, *The Wealth of Nations*, Book IV, Chapter 8 (1776; reprint, New York: Modern Library, 1994)（アダム・スミス『国富論』高哲男訳、講談社学術文庫、2020）, p. 715.

40. John Maynard Keynes, *The General Theory of Employment, Interest, and Money* (1936; reprint, London: Macmillan, St. Martin's Press, 1973)（ケインズ『雇用、利子および貨幣の一般理論（上・下）』間宮陽介訳、岩波文庫、2008）, p. 104.

41. 以下を参照のこと。Sandel, *Democracy's Discontent*, pp. 124–200.

42. この転換については、以下でも述べている。ibid., pp. 250–315.
43. 1968年3月18日、テネシー州メンフィスでのマーティン・ルーサー・キング牧師の言葉。kinginstitute.stanford.edu/king-papers/publications/autobiography-martin-luther-king-jr-contents/chapter-31-poor-peoples.
44. John Paul II, *On Human Work* (Encyclical *Laborem Exercens*), September 14, 1981, vatican.va/content/john-paul-ii/en/encyclicals/documents/hf_jp-ii_enc_14091981_laborem-exercens.html,sections 9 and 10.
45. United States Conference of Catholic Bishops, "Economic Justice for All: Pastoral Letter on Catholic Social Teaching and the U.S. Economy," 1986, p. 17, usccb.org/upload/economic_justice_for_all.pdf.
46. Axel Honneth, "Recognition or Redistribution? Changing Perspectives on the Moral Order of Society," *Theory, Culture & Society* 18, issue 2–3(2001), pp. 43–55.
47. Axel Honneth, "Work and Recognition: A Redefinition," in Hans-Christoph Schmidt am Busch and Christopher F. Zurn, eds., *The Philosophy of Recognition: Historical and Contemporary Perspectives* (Lanham, MD: Lexington Books, 2010), pp. 229–33. 関連するヘーゲルの記述は、以下を参照のこと。G. W. F. Hegel, *Elements of the Philosophy of Right*, edited by Allen W. Wood, translated by H. B. Nisbet (Cambridge: Cambridge University Press, 1991)（ヘーゲル『法の哲学（1・2)』藤野渉・赤沢正敏訳、中公クラシックス、2001), paragraphs 199–201, 207, 235–56 (Wood edition, pp. 233–34, 238–39, 261–74). 以下も参照のこと。Nicholas H. Smith and Jean-Philippe Deranty, eds., *New Philosophies of Labour: Work and the Social Bond* (Leiden, NL: Brill, 2012), and Adam Adatto Sandel, "Putting Work in Its Place," *American Affairs* 1, no. 1 (Spring 2017), pp. 152–62, americanaffairsjournal.org/2017/02/putting-work-place. ヘーゲルの労働の観念に関する私の理解は、アダム・サンデルとの議論に負うものである。

48. Axel Honneth, “Work and Recognition,” pp. 234–36. 以下を参照のこと。Émile Durkheim, *The Division of Labor in Society* (1902), edited by Steven Lukes, translated by W. D. Halls (New York: Free Press, 2014)（エミール・デュルケーム『社会分業論』田原音和訳、筑摩書房、2017）.
49. Robert F. Kennedy, Press Release, Los Angeles, May 19, 1968, in Guthman and Allen, eds., *RFK: Collected Speeches*, pp. 385–86.
50. Oren Cass, *The Once and Future Worker: A Vision for the Renewal of Work in America* (New York: Encounter Books, 2018).
51. Ibid., pp. 161–74. 賃金補助の考え方については以下も参照。Daniel Markovits, *The Meritocracy Trap*, pp. 282–83.
52. Peter S. Goodman, “The Nordic Way to Economic Rescue,” *The New York Times*, March 28, 2020, nytimes.com/2020/03/28/business/nordic-way-economic-rescue-virus.html; Richard Partington, “UK Government to Pay 80% of Wages for Those Not Working in Coronavirus Crisis,” *The Guardian*, March 20, 2020, theguardian.com/uk-news/2020/mar/20/government-pay-wages-jobs-coronavirus-rishi-sunak; Emmanuel Saez and Gabriel Zucman, “Jobs Aren't Being Destroyed This Fast Elsewhere. Why Is That?,” *The New York Times*, March 30, 2020, nytimes.com/2020/03/30/opinion/coronavirus-economy-saez-zucman.html.
53. Open Crass, *The Once and Future Worker,* pp. 79–99.
54. Ibid., pp. 115–39.
55. Ibid., pp. 25–28, 210–12.
56. Oren Cass, *The Once and Future Worker,* pp. 26, 211–12.
57. Robin Greenwood and David Scharfstein, “The Growth of Finance,” *Journal of Economic Perspectives* 27, no. 2 (Spring 2013), pp. 3–5, pubs.aeaweb.org/doi/pdfplus/10.1257/jep.27.2.3, 金融業界の収入については以下から引用。Thomas Philippon and Ariell Reshef, “Wages and Human Capital in the U.S. Financial Industry: 1909–2006,” NBER Working Paper 14644 (2009); Adair Turner, *Between Debt and the Devil: Money, Credit, and Fixing Global Finance*(Princeton, NJ:

Princeton University Press, 2016)（アデア・ターナー『債務、さもなくば悪魔——ヘリコプターマネーは世界を救うか？』高遠裕子訳、日経BP社、2016), pp. 1, 7, 19–21; 以下も参照のこと。Greta R. Krippner, *Capitalizing on Crisis: The Political Origins of the Rise of Finance* (Cambridge, MA: Harvard University Press, 2011), p. 28.

58. Rana Foroohar, *Makers and Takers: The Rise of Finance and the Fall of American Business*(New York: Crown Business, 2016); Adair Turner, *Economics After the Crisis: Objectives and Means* (Cambridge, MA: MIT Press, 2012), pp. 35–55; J. Bradford Delong, "Starving the Squid," Project Syndicate, June 28, 2013, project-syndicate.org/commentary/time-to-bypass-modern-finance-by-j-bradford-delong.

59. Adair Turner, "What Do Banks Do? Why Do Credit Booms and Busts Occur and What Can Public Policy Do About It?" in *The Future of Finance: The LSE Report*, London School of Economics (2010), harr123et.wordpress.com/download-version.

60. Michael Lewis, *Flash Boys: A Wall Street Revolt* (New York: W. W. Norton & Company, 2015)（マイケル・ルイス『フラッシュ・ボーイズ——10億分の1秒の男たち』渡会圭子・東江一紀訳、文春文庫、2019), pp. 7–22.

61. James Tobin, "On the Efficiency of the Financial System," *Lloyds Bank Review*, July 1984, p. 14, 以下に引用。Foroohar, *Makers and Takers*, pp. 53–54.

62. Foroohar, *Makers and Takers*, p. 7.

63. Warren E. Buffet, "Stop Coddling the Super-Rich," *The New York Times*, August 14, 2011, nytimes.com/2011/08/15/opinion/stop-coddling-the-super-rich.html.

64. ライアンは後に自らの意見を修正した。以下を参照のこと。Paul Ryan, "A Better Way Up From Poverty," *The Wall Street Journal*, August 15, 2014, wsj.com/articles/paul-ryan-a-better-way-up-from-poverty-1408141154?mod=article_inline; Greg Sargent, "Paul Ryan Regrets That 'Makers and Takers' Stuff. Sort of, Anyway," *The Washington Post*, March 23, 2016, washingtonpost.com/blogs/plum-

line/wp/2016/03/23/paul-ryan-regrets-that-makers-and-takers-stuff-sort-of-anyway.

65. Rona Foroohar, *Makers and Takers*, p. 13.

66. Ibid., p. 277.

結論——能力と共通善

1. Howard Bryant, *The Last Hero: A Life of Henry Aaron* (New York: Pantheon Books, 2010), pp. 23–27.
2. Ibid., p. 25.
3. R. H. Tawney, *Equality* (1931, reprint ed., London, Unwin Books, 1964)（R・H・トーニー『平等論』岡田藤太郎・木下建司訳、相川書房、1995).
4. Ibid.
5. James Truslow Adams, *The Epic of America* (Garden City, NY: Blue Ribbon Books, 1931)（J・T・アダムズ『米國史』藤井千代ほか訳、理想社、1941), p. 404.
6. Ibid.
7. Ibid., pp. 414–15.
8. Ibid., p. 415.
9. このパラグラフは以下より。Michael J. Sandel, *What Money Can't Buy: The Moral Limits of Markets* (New York: Farrar, Straus and Giroux, 2009)（マイケル・サンデル『それをお金で買いますか——市場主義の限界』鬼澤忍訳、ハヤカワ文庫、2012), p. 203.

翻訳協力
佐藤絵里
林民雄

本書は二〇二一年四月に早川書房より単行本として
刊行された作品を文庫化したものです。

訳者略歴　1963年生まれ　成城大学経済学部経営学科卒，埼玉大学大学院文化科学研究科修士課程修了　翻訳家　訳書『これからの「正義」の話をしよう』サンデル，『国家はなぜ衰退するのか』アセモグル＆ロビンソン，『滅亡へのカウントダウン』ワイズマン（以上早川書房刊）他多数

HM=Hayakawa Mystery
SF=Science Fiction
JA=Japanese Author
NV=Novel
NF=Nonfiction
FT=Fantasy

実力《じつりよく》も運《うん》のうち　能力主義《のうりよくしゆぎ》は正義《せいぎ》か？

〈NF602〉

二〇二三年九月　十　日　印刷
二〇二三年九月十五日　発行

（定価はカバーに表示してあります）

著者　マイケル・サンデル
訳者　鬼澤《おにざわ》　忍《しのぶ》
発行者　早川　浩
発行所　株式会社　早川書房
郵便番号　一〇一 - 〇〇四六
東京都千代田区神田多町二ノ二
電話　〇三 - 三二五二 - 三一一一
振替　〇〇一六〇 - 三 - 四七七九九
https://www.hayakawa-online.co.jp

乱丁・落丁本は小社制作部宛お送り下さい。
送料小社負担にてお取りかえいたします。

印刷・精文堂印刷株式会社　製本・株式会社フォーネット社
Printed and bound in Japan
ISBN978-4-15-050602-5 C0110

本書は活字が大きく読みやすい〈トールサイズ〉です。